Gullible Coyote / Una'ihu

Gullible Coyote
Una'ihu

A Bilingual Collection of Hopi Coyote Stories

Ekkehart Malotki

Michael Lomatuway'ma
Hopi Consultant

Anne-Marie Malotki
Illustrator

The University of Arizona Press

Publication of this work was assisted
by a grant from Northern Arizona University.

THE UNIVERSITY OF ARIZONA PRESS
Tucson, Arizona
Copyright © 1985
The Arizona Board of Regents
All Rights Reserved

This book was set in Linotron 202 Raleigh with Cartier Italic
Manufactured in the U.S.A.

Library of Congress Cataloging in Publication Data

Malotki, Ekkehart.
Gullible coyote.

English and Hopi.
Bibliography: p.
1. Hopi Indians—Legends. 2. Hopi language—Texts.
3. Indians of North America—Arizona—Legends.
4. Coyote (Legendary character) I. Lomatuway'ma, Michael.
II. Title. III. Title: Una'ihu.
E99.H7M32 1985   398'.369974442   85-14101
ISBN 0-8165-0908-5
ISBN 0-8165-0913-1 (pbk.)

For Tawvaya and Yeeva
two not so gullible youngsters

Also For Paa'isaw
the "Water Coyote" who went on a river trip

Contents

Appendixes

Preface

Gullible Coyote / Una'ihu represents the third volume of Hopi narratives in my ongoing effort to salvage Hopi oral literature. Unlike *Hopitutuwutsi / Hopi Tales*, which presented only the stories bilingually, and *Hopi Coyote Tales / Istutuwutsi* which in addition to the stories featured a bilingual glossary, the present monograph also includes a bilingually conceived introduction.

Conceptually, the book constitutes a collection of primary Hopi folk materials relating to Coyote. It is based almost entirely on information gathered in the field from Hopi consultants not only knowledgeable in the subject matter but also willing to see their recollections shared with the general public. The book's analytic scope is limited for this reason by the number of Hopis consulted and their level of familiarity with the topic in question. Furthermore, while the picture of Coyote that emerges may be shared by the majority of Hopi, it is not necessarily complete. It may contain inconsistencies in the eyes of some Hopi, and certainly has gaps. Many precious details of a once much broader lore of the animal can be inferred by examining the existing literature. Unfortunately, most of these details seem to be lost irretrievably. A "door-to-door dragnet" for additional information would certainly not only fill some of the gaps but also unearth new facts. Logistically, however, such an approach is not feasible under present-day fieldwork conditions.

The book does not seek to interpret Hopi culture as it transpires in the tales. Nor does it discuss the existing Coyote literature or compare the Hopi view of Coyote with views held in other American Indian cultures, particularly those of the Southwest. Likewise, no attempt is made to analyze the narratives according to overall structure and style, content, motifs, etc. Addressing such secondary issues would require a separate monograph.

In presenting as much of the materials—both narrative and ethnographic—in the source or donor language, several objectives are achieved:

First, portions of Hopi language are preserved for posterity. After several generations of exposure to the linguistic medium of the all-encompassing Euro-American culture, the Hopi language is today in acute danger of slowly being replaced by English. One only needs to listen to Hopi youngsters at play to get an impression of the trends and ultimate fate of this native American tongue. Closely linked with the linguistic deterioration of Hopi is, of course, the demise of those culture-specific customs which owe their very existence to a sound command of the native tongue. Of these, the once flourishing tradition of entertainment through storytelling can be considered extinct today. The typical Hopi under twenty is barely capable of transmitting basic oral traditions and exhibits a much stronger fascination with the plots spun, for example, in the media than those unfolding in his own myths and legends.

Second, the bilingual methodology adopted here is designed to ensure a maximum of cultural authenticity. This is primarily achieved by the presence of the source text which guarantees a more accurate account. Obviously, to convey fully the complex associations and thought structures inherent in the indigenous texts by way of translation must always remain a futile undertaking. The English renderings, nevertheless, attempt to capture the spirit of the originals by steering a middle course between too close and too free a translation. As in any translation, this middle course relies of necessity on a good deal of interpretative license. Thus, wherever the English versions might appear too vague to a cultural outsider, I have incorporated additional interpretative elements. Others, too extensive to be included in the text, are set apart in the glossary and should be read in conjunction with the translations.

Third, the stories, all of which were recorded, transcribed, and translated by me, are unabridged and unexpurgated. They represent original source materials hitherto unpublished. The same applies to the descriptive and analytic passages in the Introduction reflecting the wide range of folk beliefs about Coyote still prevalent among speakers of the older generation of Hopi. These passages are designed to complement the portrait of the animal that emerges from the present collection as well as from the cycle of narratives compiled in *Hopi Coyote Tales / Istutuwutsi* for Luckert's American Tribal Religions series.

Finally, by using a bilingual presentation, it is my intention to set new directions and standards in the ethnolinguistic presentation of Amerindian oral literature. Naturally, I am aware that the technique used here is only feasible where the language of the donor culture is still intact to the degree that it allows viable fieldwork. I hope equally to encourage those younger Hopi, who truly identify with their cultural heritage and care to carry on its traditions, to cultivate actively their native vernacular. May they collect and preserve oral traditions of their fascinating culture before both the Hopi language and the esoteric knowledge contained in it are lost forever in the American mainstream.

While active storytellers are basically nonexistent today among the Hopi, "story rememberers" can still be found. It is to their acute memories that the narrative core of this monograph owes its existence. Although very much in favor of seeing their oral traditions in print, several of the narrators preferred to remain anonymous. Of the other contributors, two are already deceased. The older of them, Charlie Talawepi of Hotevilla, is still remembered as a great storyteller among those who knew him. Permission to use the tape-recorded versions of his "Coyote and Bird Woman," "Coyote and the Cats," as well as "Coyote and Little Turtle" was kindly granted by Roy Albert (1968), whose interest in his native Hopi became manifest, among other ways, in his involvement with the Northern Arizona Supplementary Education Center, which published a set of bilingual booklets featuring Coyote. "Coyote and Skeleton" was told by the late Leslie Koyawena of Shipaulovi. His narrative style was distinguished by a highly dynamic, near physical interpretation in the presentation of his tales. "Coyote Goes on a Prayer Mission" was remembered by Rebecca Namingha of Hotevilla, who is always willing to share her knowledge of old Hopi lore.

"Coyote and Maasaw" as well as "Witch Coyote and Skunk" were narrated by Michael Lomatuway'ma, my long-time friend and research consultant from Hotevilla. For five years, while studying for a Bachelor of Science degree in General Studies, he worked closely with me on various linguistic Hopi projects. In the course of this work he became literate in his native language. This faculty in conjunction with his thorough background in Hopi culture enabled him to edit the transcribed materials from a Hopi point of view. Since the art of storytelling has been so long dormant, spontaneous recordings of folk narratives, which "story rememberers" last heard twenty or thirty years ago, are never on the level of flawless prose. Certain narrative passages may be out of sequence and require rearrangement. Episodes crucial to the story may be only partly recalled by one narrator yet may be available in a variant form from another. Furthermore, free speaking typically produces unfinished clauses, rephrasings, repetitions, afterthoughts, slurs, occasional vagueness, syntactically awkward formulations, even grammatical mistakes. "Flaws" of this kind were ironed out by

Michael Lomatuway'ma. Since listening to a given story usually refreshed his memory of the story, he was also able to add recollected details of his own and thereby enrich the overall text. All the tales are thus truly characterized by his editing skills. In addition to these contributions, Michael provided a considerable portion of the input to the glossary and assisted me in resolving translation difficulties. He deserves my unqualified and sincere *kwakwhay*.

Anne-Marie Malotki is responsible for the esthetic representation of the tales. She conceived and completed the original illustrations, inspired by the thousand-year-old artistic traditions of the Pueblo Southwest.

I gratefully acknowledge the financial assistance of Northern Arizona University in the form of a publication grant. In this matter I am especially indebted to Henry Hooper, catalyst at Northern Arizona University as always. The university also rendered indirect support to the book. The majority of the textual materials were collected as part of my research effort to accumulate data for a Hopi grammar, a project which has received various degrees of support through the University Organized Research Committee since 1980. Monies granted through this organization thus paid for the remuneration of Hopi narrators and consultants in the field.

Robert Kemper, Director of Northern Arizona Libraries and patron of the arts, enthusiastically encouraged the making of the book from its first conceptualization. He generously provided an allowance for Michael Lomatuway'ma to edit the Hopi materials and arranged for assistance in duplication of manuscript and illustrations. For his forthright support I am deeply grateful.

For valuable suggestions in smoothing the readability of the English translations I am greatly indebted to Susan Lang-McMonagle and Jill Settlage. Karl Luckert's critical comments on the Introduction were equally appreciated. Jennifer Sunkel, Tom Carpenter, and in particular Louella Holter eased the continual chore of typing and retyping the various stages of the manuscript. Hanne and Helmbrecht Breinig were sincere critics of the first round of illustrative sketches.

I acknowledge my appreciation to the University of Nebraska Press for granting permission to reprint the essay on the Hopi Alphabet and portions of the Glossary from *Hopi Coyote Tales / Istutuwutsi*.

EKKEHART MALOTKI

Introduction

Of all the wild creatures indigenous to North America, perhaps none better symbolizes the untamed American spaces than the coyote. In the vast expanses of the United States and Mexico, *Canis latrans* has left its imprint not only on the land but also on the people, in particular on the American Indian.

   Coyote's role as mythical hero or folktale character in a considerable body of oral literature recorded among various Amerindian tribes has been widely studied and analyzed by folklorists, ethnographers, and other scholars. Of the many statements concerning the near-universal and idiosyncratic aspects recognized in the makeup of Coyote's personality, only three representative samples will be given here:

> As a trickster, Coyote is to the western Indian what Br'er Rabbit is to the southern Negro, what Reynard is to the European (Barclay 1938:36).

> Like Loki in Scandinavian myth, like Anansi the Spider in African tradition, like Crow in Indian stories of other regions, Coyote keeps mediating, now creatively, now mischievously, between the Way of the Tribe, and the Way of the unrestricted Ego (Ramsey 1977:xxxi).

> Say, if you will (and some have), that Coyote is the exponent of all possibilities through whose antics and actions we see ourselves and the moral ramifications of our thoughts; or say that Coyote is the philosophical embodiment of a native world view of relationships between mankind and nature; or say that Coyote is a freak of the

primitive mind—the impulsive and self-destructive char-
acter that proves the savage did not "have it all together."
Or say simply that Coyote is a Gemini. All these things are
true; all these things are false. (Toelken in Lopez 1977: xiv).

Although such appraisals of cultural phenomena by evaluators from outside a given target
culture enjoy a justifiable and well-established tradition, I have tried here to cast some light
on the function of the animal within its native domain from inside the target culture. A
target culture is, of course, best captured through its own language. For this reason the origi-
nal texts, oral artifacts, are rendered in their native idiom. These texts are complemented by
this bilingual introduction, which attempts to reveal aspects of the native Hopi point of view
in regard to coyote the animal and Coyote the myth figure. All the Hopi comments given
here, whether descriptive, analytical, or merely speculative, thus constitute true source ma-
terial which has never before been published in the enormous corpus of works on Hopi.
Most of it provides insights into Coyote's nature. Following a few initial linguistic observa-
tions concerning the Hopi term for coyote, the bilingual passages below first deal with
coyote the physical creature before they turn to him as a mythical figure or folktale charac-
ter. Such dualistic treatment is not always possible; quite a bit of intertwining of these as-
pects of the animal will inevitably occur.

The indigenous comments on coyote stem from interviews in the field over the last two or
three years with a number of Hopi consultants ranging in age from their early forties to late
seventies. I am greatly indebted not only to their detailed cultural recollection but also to
their goodwill expressed by volunteering this information and by sharing my concern for
seeing their cultural heritage preserved. In addition, some materials have been drawn from
records that, in my general endeavor to salvage aspects of the Hopi language and culture, I
have accumulated over the years. Salvage ethnography, in which all responses are recorded
in the native language, obviously has its drawbacks. I do believe, however, that new primary
information, couched in its own linguistic medium, is more revealing about the tangible and
intangible aspects of a culture than the rehash of "ancient" secondary sources. In the case of
Hopi, the latter were compiled mostly during the late nineteenth and early twentieth cen-
turies in English, by Euro-American ethnographers, anthropologists, missionaries, and other
observers. In this respect I fully subscribe to Paul Radin's opinion (1920) in his introduction
to *The Autobiography of a Winnebago Indian*, where he notes that "... personal reminiscences

and impressions, inadequate as they are, are likely to throw more light on the workings of the mind and emotions of primitive man than any amount of speculation from a sophisticated ethnologist or ethnological theorist."

The Hopi term for the *aztequismo coyote*, which is a corruption of the Nahuatl word *coyotl* (Cabrera 1974:53), is *iisaw*. It denotes the animal "coyote" and is semantically not linkable to any other Hopi lexeme. As Miller has shown, it is clearly related to the reconstructed Uto-Aztecan proto element **is*, which is also found in such northern Uto-Aztecan languages as Mono, Panamint, and Tubatulabal (Miller 1967:27). The animate nominal *iisaw*, which in utterance-final situations attaches the characteristic pausal suffixes *-u* or *-'u*, thus *iisawu* or *iisaw'u*, can be marked for dual (*iisawt*) and plural (*ii'ist*) number. The respective singular, dual, and plural objective case forms are *iisawuy*, *iisawtuy*, and *ii'istuy* in the dialect region comprising the Third Mesa Hopi villages. While the term *iisaw* does not specify the biological sex of the animal, sexual differentiation within the narrative context of Coyote stories is generally accomplished by compounding the stem *is-* with various kin terms. Thus, we encounter *is-tiyo* 'coyote-boy,' *is-mana* 'coyote-girl,' as well as *is-wuuti* 'coyote-woman,' *is-so'-wuuti* 'coyote-old-woman,' and *is-wuu-taqa* 'coyote-old-man,' to list the most prevalent members of the entire 'coyote-family' or *is-nanatim*.

The stem *is-* also figures in several topographical and ethnobotanical appellations. Among the former we find *is-tsomo* 'Coyote-hill,' *is-mo'-wala* 'Coyote-mouth-gap,' *is-qaasok-pu* 'Coyote-belch-place,' *is-va* 'Coyote-spring,' *is-mo'-mok-pu* 'Coyote-mouth-dead-place,' *is-tuyqa* 'Coyote-corner,' *is-qöt-tanga* 'Coyote-head-container,' *is-vap-tukwi* 'Coyote-?-butte,' *is-tiya* 'Coyote-?,' etc.; among the latter we find *is-löhavu* 'Coyote-testes' and *is-'aagawu* 'Coyote-sunflower,' which refer to *Asclepias involucrata* and *Verbesina encelioides exnariculata*, respectively (Whiting 1966: 104–5).

Personal names with a direct incorporation of the modifier *is-* are relatively rare. To date, I have encountered *is-vukya* 'Coyote-pelt,' *is-naqvu* 'Coyote-ear,' the diminutive form *isaw-hoya* 'Little-coyote,' and *is-lalay-hoya* ('Coyote-driving/herding along-person') 'person on a coyote drive.' Examples of names bearing only indirectly on coyote are *wahamti* 'he uttered a bark,' *kuwan-hoynaya* 'they raised them (i.e., the coyote pups) beautifully,' and *waha-yes-nöm* 'they exist barking,' which displays the female onomastic suffix *-nöm*. However, all of these names may equally well relate to *leetayo* 'gray fox' and *sikyaatayo* 'yellow fox,' two canines with whom members of the Coyote clan have established some sort of totemic relationship.

The overall esteem that the Hopi have for coyote the "range creature" is quite low. The predominant view holds that the animal is a rather ordinary critter with no positive attributes whatsoever.

Hopitniqw iisaw pay nu'an iisaw'u. Pam pay ngasta wuwniy'ta, pu' qa hiita tuwiy'ta. Pam pay pas ngasta nanvotiy'numa himu. Noq pam pi pay itamuy hopiituyniqw qa hiita pas aw awiwa.

The coyote is to a Hopi nothing more than a coyote. He has no intelligence and no know-how. He is a creature roaming around unaware of things. According to us Hopi he has no function whatsoever.

Within the general fabric of Hopi economic life the coyote is considered utterly worthless. To the horticulturist and agriculturist, he is a pest who pilfers their crops; the sheepherder regards him as a sneak-thief against whom he has to guard his flock. Although the hunter has no use either for the coyote's pelt or his meat, a coyote hunt in wintertime provided a welcome diversion, which might itself be deemed as a positive contribution to Hopi life.

Pam pi pay tuwat haqam hiita hovale'ningwu. Niiqe oovi hakim ephaqam haqam kaway'uyiy'yungqw pam pay put pep paysoq tuuvettangwu. Noq pu' hakim itsivu'iwyungngwu. Noq oovi pam panhaqam hintangwuniqw oovi pay qa suukya put aw itsivu'iwta, tis uuyiy'taqa. Pam pay panwat piw qa hopiningwu. Pu' pay piw ima kanelvokmuy'yungqam put iisawuy aw itsivu'iwyungngwu. Pam pay ephaqamtiqw soq pumuy pokmuyatuy angqw hiitawat pay uu'uyngwu, tis imuy mamngyatuy. Iisawuy puukyayat pay itam qa yuuyuwsiya, pu' pay itam piw qa hinwat putakw mongvasya. Pay qa hisat hak haqam panhaqam yu'a'ata itam hopiit put iisawuy sikwiyat noonovaqat. Pay itam imuysa taataptuy, sowiituy, nöqkwakwangwtuysa pas sikwiyamuy oovi maqnumyangwu.

It is in coyote's nature to waste things. So, if people have watermelons somewhere, he just takes a bite out of them and lets the rest go to waste. People are upset about that. And because he is like that, many are angry with him, especially a person who has plants. In this sense the coyote is also bad. Also those who have sheep are mad at the coyote. Once in a while he has a habit of stealing an animal from their flock, especially a lamb. The coyote pelt is not worn ceremonially, and we have absolutely no other use for him. No one has ever said anything to the effect that we Hopi eat coyote meat. We only hunt cottontails, jackrabbits, and good-tasting game for their meat.

Communal coyote hunts, now extinct but once quite popular, were usually organized during the winter months. Since the animal was not hunted for food, for raw materials for the fabrication of utilitarian objects, or for ceremonial purposes, the main motive may have been to keep a check on the coyote population and in the process provide a social outlet for fun and excitement. The technique employed on coyote hunts resembled that of the rabbit drive and was known as *islalayya* 'they are driving coyote.'

Pay kya puma hisatsinom pumuy ii'istuy qa pas kyaysiw-tiniqat oovi pumuy maqnumyangwu. Noq hisat pi yaw pumuy ii'istuy maqwise' puma kya pi kyaysiwngwu. Niiqe puma yaw pumuy pongokye' pu' pumuy naanamiq laalay-yangwuniqw oovi paniqw piw pangqaqwangwu puma islalayyaqat.

The old people, I guess, used to hunt coyotes so that there would not be too many. When long ago they went hunting coyotes there were many people involved. They generally encircled them and then drove them toward each other; for this reason they refer to this as "coyote driving."

Many fascinating details concerning the hunting and trapping of coyote, which need not be repeated here, are given in Titiev (1944: 191–93). The following excerpt from my corpus of field data, however, may shed some additional light on the Hopis' attitude toward Coyote. It reveals something about the hunting magic used to cast a spell on the animal before the actual hunt.

Hakimuy islalayyaniqw i' mong'iwtaqa nakwakwusit yukungwu. Pam sukw wuupat hikwsiy'taqat nit pu' su-kwat tsaavat hikwsiy'taqat yukungwu. I' hiisavawyat hikwsiy'taga iisawuy engemningwu. Put hapi warikna-yaqw pam hiisavat hikwsiy'te' qa wuuyavo warikqw puma maamaakyam qa pas maqsontotat put niinayaniqw oovi. Noq pu' i' wuupat hikwsiy'taqa imuy maamaakyamuy amungemningwu. Puma hapi wuupat hikwsiy'yungwe' qa iits maamanguy'niqat oovi.

When people go on a coyote drive, the one in charge of the hunt fashions prayer feathers. Usually he makes one with a long breath string and one with a short breath string. The one with the short breath string is for the coyote. Thus, when the hunters have flushed out a coyote, he will not run very far because he has short breath; therefore, he can be killed without too much effort. The one with the long breath string is, of course, for the hunters. When they are long-winded they will not tire so quickly.

Noq yaw iisaw motsovuy mokhuruy'tangwu. Put yaw hak motsovuyat wungwvaqw pam yaw sumokngwu. Paniqw oovi iisawuy motsovuyat tuwat mamavisyangwu wungwvayanik.

They say a coyote's snout is his weak spot. If someone hits his snout with a stick he dies instantly. For this reason the hunters aim for his snout when they try to hit him.

According to Hopi lore the animal's most vulnerable spot is his snout. A direct hit with a curved rabbit stick on this part of the body is said to be the surest way for an instant kill.

In conjunction with the killing of a coyote it was once customary to stage what might be termed a "coyote pelt dance." The Hopi expression for this practice, long extinct, was *isnönönga*. It is perhaps best rendered as "they are coming out (of the kiva) with coyote."

Hisat kya pi himuwa haqam iisawuy niine' pam put haqamiwat kivami haqam tuwanlalwaqat awnen pu' pam put pangsoq tuuvangwu. Noq pu' puma kivay'yungqam pepeq put siskwayat pu' put puukyayat söngniy'kyaakyangw nöönöngangwu. Pu' puma pangqw kiisonmiye' pu' pep put söngniy'kyaakyangw tiivangwu. Paniqw oovi put pan tuwiy'yungngwu, isnönönga.

Long ago when someone killed a coyote he went to a kiva where people were practicing (i.e., for a dance) and threw the carcass down into it. The kiva members first skinned the animal and then emerged with the animal's skin on a pole. Next they marched to the plaza and danced with the pelt on a pole. That's why they knew this (custom) as "coming out with coyote."

Prior to the actual skinning, the dead animal apparently had to be thrown down into the kiva through the hole in the roof. In this conjunction a folk saying still survives, warning a person not to sit at the foot of the entrance ladder.

Antsa paamuyva hakim kivaapa hiituy tuwanlalwaqw hak yaw qa saaqat ep qatungwu. Hak saqpe qatuwtaqw ima wuuwuyom hakiy aw pangqaqwangwu: "Um qa pep qatuwtani taq hakiy aw iisawuy tuuvayangwu." Noq hintaqat pi akw hakiy aw puma kitotangwu, niikyangw pay naat hakiy aw pangqaqwangwu.

Truly, during the month of *paamuya* when we practice for dances in the kivas, it is said that one should not sit on the ladder. When one is sitting on the ladder the elders say to him: "Don't sit there because they throw coyote at you." For what reason they say this, I do not know, but the saying still exists.

A means more frequently employed to destroy a coyote than the communal hunt was a dead-fall method commonly referred to as *is-tsaqami* 'coyote-stone trap.' While the mechanisms of the trap, described in detail by Beaglehole (1936:17), need not concern us here, certain ritualistic observances in connection with the disposal of the animal's dead body shed additional light on the Hopis' attitude toward the creature. These ritualistic measures were primarily prophylactic in that they were undertaken to prevent the trapper and his children from contracting Coyote's "curse" of gullibility. However, they also contained aspects of restitution, particularly if the animal was skinned.

Hisat pi antsa imuy ii'istuy huuhuwyangwuniqw himuwa iisawuy niine' put tavitongwu. Engem nakwakwustat pu' put ngöntoynangwu. Pu' pam put pay qa pas wukotsorposit moytoynangwu. Pantit pu' put tavitongwu. Hak yaw iisawuy qa tsorposmoytoyne' hak iisawuy an hiita suuptutsiwngwu. Pu' hakiy timat iisawuy na'palye' hiita suupantotingwu hak hiita amumi tutaptaqw. Pam put iisawuy

Long ago they used to trap coyotes, and whenever a person killed one he had to go and bury it. He would then fashion prayer feathers for the creature and put them around its neck. He also would place a small piece of turquoise in its snout. Then he went to bury the animal. They say that if someone failed to place the turquoise in coyote's snout he would believe everything, just like coyote. As a

puukyayat nawkingwuniiqe oovi pu' put tsorposit ahoy aw sisvingwu.

result, the person's children would contract this trait of coyote and do exactly what they were asked. Whenever one deprives coyote of his pelt he pays coyote back with the turquoise bead.

The Hopi have no material use for the coyote; nor do they derive beneficiary powers from him on a more nonmaterial or metaphysical level. This can be readily understood from the following passages relating to esoteric areas of hunting magic, healing practices, and ceremonial activities. As the first passage indicates, appeal was never made to a coyote, prior to a hunt, for good hunting fortune in general.

Hakim imuy leeletaytuy, totokotstuy, tohootuy, kwee-kwewtuy pay pumuy hiituy amumi naanawaknat pu' maqwisngwu. Puma hapi maamaakyamniqw oovi maqwisniqam pumuy amumi naanawaknangwu. Noq i' iisaw qa pumuy amun maakyaniqw oovi qa hisat hak hopi put aw naawaknat pu' maqto.

People pray to the yellow fox, the bobcat, the mountain lion, the wolf, and similar animals before they set out on a hunt. These animals are good hunters and, therefore, those who plan to go hunting pray to them. The coyote is not such a good hunter, so for that reason a Hopi has never yet prayed to a coyote before going out hunting.

Nor was coyote ever designated by a prospective medicine man to serve as his spiritual father from whom healing powers could be derived.

Himuwa hopi tuuhikyatinik pam qa hisat it hiita iisawuy namaqa; pam pay imuy hiituy pavanyaqamuy hoohontuy, hohonantuy pu' hikis it tamotsvöshoyat namaqngwu. Pu' it iisawuy pay puma tuutuhikt qa hisat pantsatskya. Pam pi pay hiita suutuptsiwngwuniiqe putakw pay sutsep tuuwutsit ep naap naaqalomahintsanngwu. Noq puma qa panyaniqe oovi pay qa hisat put nalalwa.

If a Hopi wishes to become a medicine man he never gives himself to the coyote. Rather he gives himself to such powerful animals as the bear and the badger. Even the little field mouse may qualify. But medicine men have never done this with the coyote. Since the coyote believes everything right away, he usually gets himself into a harmful situation in a story. Because medicine men don't want that, they never make him their father.

That the Hopi never revered the coyote is evident in the fact that he was not incorporated into their pantheon of kachinas.

Hopi pi pay it iisawuy qa hisat katsinta. Pay as pi pam peep soosok hiituy popkotuy katsinmuy'ta. Pay i' kwewu, pu' i' honani, pu' i' laqana, pu' hikis pi pooko katsina. Pu' mooro,

The Hopi has never made the coyote into a kachina. He has almost all creatures and animals as kachinas. The wolf, the badger, the rock squirrel, even the dog is a kachina.

kawayo, waakasi, noq pamsa suukya iisaw qa katsina. Noq imuy popkotuy hapi hopi amumi enang tatqa'nangwkyangw pu' piw amutsviy mongvasniiqe oovi pumuy katsinmuy'ta. Noq it iisawuy angqw hopi qa hisat hiita nukngwat hintiqe oovi paniqw pam put pay qa katsinay'ta.

Also the burro, the horse, and the cow; only the coyote is not a kachina. Because a Hopi benefits from the animals and accomplishes things because of them, he has them as kachinas. From the coyote, however, the Hopi has never derived anything good, and for that reason he does not have him as a kachina.

An interesting aside in this connection is the fact that the old Orayvi chief Tawakwaptiwa, who was set against breaking the ancient taboo of selling kachina dolls, carved figures that in his eyes were nonauthentic. He also fashioned dolls in the likeness of coyote. One such doll is portrayed in *Kachinas: The Barry Goldwater Collection at the Heard Museum* (1975:50).

On the contrary, the coyote is associated with a rather sinister and destructive side of Hopi life, the practice of witchcraft. The animal's largely nocturnal prowling habits are mentioned as primary evidence for the connection with sorcery.

Pay kya pi ima powaqyungtaqam piw ii'istuy akw enang yakta. Pay pi iisaw tuwat qa taalatniqw pu' waynumngwuniqw oovi pay kya paniqw powaqa iisawuy akw enang angqe' nakwsungwu. Pay pi pangqaqwangwuniqw yaw taawat pakiqw paapiy pay yaw nukpanat qeni'atningwu. Noq i' himu powaqa pi pay sutsep hiita nukushintaqat wuuwankyangw piw paasatsa waynumngwu. Noq oovi pay kya pam powaqaniqa qa naasumats'ewakwtanik put hiita akw waynumngwu. Pu' pay puma popwaqt piw imuy hiituy mihikqwsa pas yaqtaqamuy akw enang mongvasya. Meh, pay himuwa yaw sawyat akw naamongvasnakyangw pu' put akw piw waynumngwu. Pu' himuwa pay kwewut akwningwu pu' pay sen mongwut akwningwu, pu' pay piw tohot akwa'. Ii'ima hiitu pi pay paasatniqwsa pas neengem tunöshepnumyangwu. Niiqe oovi puma tuwat paasatniqwhaqamsa yaktangwu, nukpanat qeniyat epe'.

Those who are initiated into witchcraft also travel about in the guise of the coyote. Because the coyote himself roams in the dark, a sorcerer walks about in his likeness. People say that the time for an evil person begins after sundown. And since a sorcerer always has destructive thoughts on his mind he, like the coyote, also goes about only at that time. And probably because he doesn't want to be recognized as a sorcerer, he walks about in the guise of such a creature. Sorcerers use only nocturnal animals. For example, one may profit from being a bat, so he uses that creature to travel about. Another may use a wolf or an owl, and also a mountain lion. These animals search for food only at night. Therefore, sorcerers, too, are out only at that time, at the time of an evil person.

In connection with this sinister facet of the coyote, mention must be made of the rather intriguing interpretation the Hopi put on the animal's black tail tip, which is supposed to point to the blackness that will engulf Hopikind at the end of this fourth world. Such an interpretation takes on eschatological significance in the Hopi socioreligious framework. And once again a facet of the coyote's nature is oriented toward a negative rather than a positive aspect of Hopi reality.

Pay pi soosoy himu taytaqa sonqa hiita api'iwtaniqw oovi i' qataymataqpuve qatuuqa pew tuuwaqatsit aw itamuy oya. Noq it iisaw yaw pay put pas nu'an tuuwiki'at. Noq put suru'at qömvit so'ngway'ta. Noq ima wuuwuyom pang-qaqwangwuniqw yaw pam it tu'awiy'ta, yaw itam qatsiso'-ngwamiq ökye' itam yaw pantaqat qömvit qatalpumiq löhökniqat kitotangwu. Noq it iisawuy suru'at yaw put tu'awiy'ta.

All living beings have a purpose, that's why the creator put us here on this earth. The coyote is no better than his slave. His tail has a black end. For this reason the elders attribute to it the following significance: when we come to the end of the world we will fall into a pitch black darkness the color of the coyote's tail tip. That is what his tail represents.

In this respect the coyote compares quite unfavorably with *qöyaletayo* the 'gray fox' and *sikyaatayo* the 'yellow fox,' both of which are considered to be related to the coyote in the Hopi view of things. However, unlike that of the coyote, the color symbolism associated with the foxes pertains to the appearance of light and represents a new beginning.

Hopiituyniqw leeletayt pi pay as iisawuy aapiyya. Yaw taa-lawvaniqw i' taawa kivay angqw yamakye' pu' it qöyaletay-vukyat yawkyangw pangqw yamakngwu. Nen pu' pam put kivay atsve saqpe söngnaqw paasat pu' yaw qöyangw-nuptungwu. Pu' paasat sikyangwnuptuniqw pu' pam paasat it sikyaataypukyatwat saaqat ep söngnaqw pu' paasat sikyangwnuptungwu.

According to the Hopi, foxes are relatives of the coyote. When the day is about to break, the Sun leaves his kiva taking the gray fox pelt along. He places it on top of his kiva ladder and then it becomes gray dawn. Later, when yellow dawn is to appear in the sky, he puts the yellow fox pelt on the ladder pole, and then it becomes yellow dawn.

Much in the same way, one can treat the Hopi belief associated with the yelping bark of the coyote. Its acoustic impression is captured by the verb *pakmumuya* 'to cry/to weep.' The multiplicity of sounds distinguishing coyote's yipping howl has been termed "ventrilo-quistic" (Holder 1909:692), which, in a humorous fashion, is also recognized by the Hopi.

Iisaw yaw pakmumuye' kuringaqw enang pakmumuy-ngwu. Noq oovi yaw iisaw pantsakqw suupan yaw kyay-siwqam ii'ist tsaykitangwu. Pu' piw pangqaqwangwuniqw yaw iisaw kuringaqw wahahatangwu. Noq oovi hak is-

When a coyote howls he also howls through his behind. Then it seems as if a whole group of coyotes are howling. People also say that a coyote uses his behind when he barks. Therefore, if someone has paternal aunts who be-

ngyamuy kyamuy'taqw hakiy kyayat koongya'at mööyiy yuuyuyne' pan tuwiy'tangwu, "kuriwahaha."

long to the Coyote clan, the husband of such an aunt teases his nephew by referring to him as "ass-barker."

A coyote howling in the immediate vicinity of a village is tantamount to the portent of an unpleasant event.

Ephaqam i' iisaw kiimi pite' pay pep ahayphaqam pakmu-muyngwu. Noq pu' sinom nanapte' pu' pangqaqwangwu, pam pay piw hiita qa lomahintaqat navotiy'taqe oovi pan-haqam hingqawlawu. Itamuy hiita nukushintaqat aawinta. Noq pu' oovi hakimuy amumi pangqaqwangwu: "Pay itam naalös taalat ang namitunatyaltotini. Ason ep qa himu hintiqw paapiy pu' pay itam piw hinyaniqey pan yesni."

Occasionally a coyote comes to the village and howls close by. When the people hear this, they say he has knowledge of something bad and is howling for this reason. He is tell-ing us about some danger. Then they say to the people: "For a span of four days let's be careful. If nothing happens within that time we'll live again as before."

Among the most characteristic traits that, in the Hopi view of things, distinguish Coyote the "tale character" from all the other creatures are his extreme gullibility, his bent for mimi-cry, and his carnal wantonness. All three of these characteristics have found their linguistic conceptualization in Hopi. Thus, Coyote the lecher is attested in the expressions *tsung'isaw* 'making-love coyote' and *löwason'isaw* 'cunt-craving coyote.' His allomimetic inclinations, which are near-obsessive and usually lead to his destruction, are referred to in the com-pound noun *nawin'isaw* 'imitator coyote.' The feature most deeply anchored in Hopi thinking finally is Coyote's hasty readiness to believe in totally fabricated stories and to fall for utterly inconceivable situations. This disposition of Coyote is captured by the composite expression *una'isaw*, which in its variant form of *una'ihu* or simply *ihu*, is also applied to people. Both translate as 'gullible coyote' and contain as premodifying element the nominal *uuna*, which denotes both 'credulous person' and 'forgetful person.' In reference to Coyote, however, *uuna* is always used to describe his gullible and overcredulous nature.

Iisawuy pi pay pangqaqwangwu una'ihu, pam hiita aw suu'unatingwuniqw oovi. I' iisaw pi pay hiita tuuwutsit ep pakiwte' pay pas son hiita qa suutuptsiwngwu. Niiqe putakw pam pay naanukushintsanngwu. Pay himuwa naamahin paysoq put aw hingqawqw pay pam piw su-'unate' pu' pay hiita sunakwhe' pantingwu.

Coyote is called a gullible creature because he is quickly duped. Whenever he occurs in a story, he always believes anything right away. Because of this trait he regularly brings harm upon himself. Even if someone says some-thing without really meaning it, he is immediately taken in, agrees to it, and carries it out.

The Hopi are also familiar with the animal's strongly developed curiosity, which regularly gets him into trouble.

Pu' iisaw piw pas hiita aw poote'ningwu.

It is also Coyote's nature always to investigate things for himself.

Most of the negative aspects associated with Coyote are also readily "detected" by many Hopi in fellow tribesmen who are members of the Coyote clan. The designation for a singular Coyote clan member is *iswungwa*, the corresponding plural form is the suppletive *isngyam*. Coyote clan members recognize the animal as their *naatoyla*, i.e., their 'identifying emblem/clan symbol' and their *wu'ya*, i.e., their 'clan ancient/clan ancestor/clan totem.'

Isngyam pi tuwat iisawuy naatoylay'yungwa. Son pi puma put aw hin qa tuwat lomananaptaqe oovi put wu'yatota.

Coyote clan members, of course, have Coyote as a clan symbol. They must have found something good in him to take him as their clan ancestor.

What exactly this virtue was, which back in Hopi prehistory attracted one of the migrating Hopi bands to the animal, is difficult to elicit today. The following reasons were suggested by a Coyote clan member:

Noq pam iisaw piw maktuwiy'kyangw pu' piw hiita hintininik mooti aw paas wuuwat, mooti aw hahaskyelawt put aw hintsanngwu. Paniqw oovi itam put tuwat wu'yay'yungwa.

The coyote is a good hunter. Also, when he plans to do something, he first ponders every aspect of the situation carefully. Next, he makes several attempts, and finally he executes it. For this reason we possess him as a clan totem.

When one inquires about the specific phratry affiliation of a Coyote clan member, the Kookop clan is usually the first mentioned.

Uma isngyam tuwat hakimuy amumumya? Pay itam imuy kookopngyamuy amumumya.

Who are you Coyote clan members affiliated with? We are jointed (in a phratry) with the Kookop clan members.

In addition, Third Mesa Hopi mention *paa'isngyam* 'Water Coyote clan members,' *masngyam* 'Maasaw clan members,' *kwanngyam* 'Agave clan members,' *leengyam* 'Indian Millet clan members,' *hongyam* 'Juniper clan members,' etc. More exhaustive lists of phratry connections, given by Fewkes (1897:584) and Titiev (1944:49), could not be verified.

Today, members of the Coyote clan still constitute rather a sizable group in Hopi society.

Before the breakup of Orayvi in 1906, then the most populated Hopi town, the Coyote clan actually owned its own kiva.

Noq naat pay hisat orayviy kwiniwiq qa haqam kitso-kiniqw pep orayve yaw qa suukya kivaningwu. Noq ima pep wungwyaqam pakwt paykomuy siikyay'taqat kivat pas suyan u'niy'yungwa. Pu' pam pang kiva piw nanap maamatsiwya. Suukyawa oovi kwankivaniqw pu' piw marawkivaniqw pu' tawkiva, alkiva, pongovi, wikwlapi, hotsitsvi. Pay yaayan pam pang peehu maamatsiwyaqw pu' i' suukyawa piw iskivaniqw pepeq ima isngyam tuwat put kivat himuy'yungwa.

In the days when no other settlement north of Orayvi yet existed, there were many kivas in this village. People who were raised there clearly recall thirteen kivas, each with its own name. One was called Kwankiva, others were named Marawkiva, Tawkiva, Alkiva, Pongovi, Wikwlapi, and Hotsitsvi, to mention but a few. Among them was also one called Iskiva or 'Coyote kiva' which was owned by the members of the Coyote clan.

Genesis of the Water Coyote clan, the clan most intimately affiliated with the Coyote clan, is explained in the following passage by a Piikyas clan member:

Pay yaw naat pas hisat itam piikyasngyam haqamiyaqw pu' i' itaawu'ya ahooli piw itamumniiqe pam hiihiita himuy qa'öwikiy, poovoshumiyinit pu' kuywikiy enang yanmaqe pam put soosok naamangw'iwa. Noq pu' i' iswungwa yaw aqle' waymaqw pu' yaw pam ahooli put aw pangqawu, "Ya um sen son nuy tu'sawnani?"

"As'awuy," yaw pam iswungwa kitaqw pu' oovi pam ahooli put kuywikiy aw tavi.

Noq pu' yaw puma haqami ökiqw pay yaw pam iswungwa put kuywikit ahoolit aw qa ahoy no'a. Noq paniqw yaw pam oovi paa'iswungwa.

Long ago when we Piikyas clan people were migrating somewhere, our clan ancestor Ahooli was with us. He was burdened down with all sorts of things, strung up dried corn, seeds, and a canteen of water. It so happened that a Coyote clan man was walking alongside Ahooli, so Ahooli asked him, "Can you relieve me of some of my load?"

"Of course," replied the Coyote clan man, whereupon Ahooli handed him the canteen.

However, after reaching a certain destination, the Coyote clan man would not surrender the water to Ahooli. For this reason he is referred to as a *paa'iswungwa* or 'Water Coyote clan member.'

Relations between the two Coyote branches were apparently never cordial. However, tensions and rivalries among clan groups related to each other in the larger exogamic group unit of the phratry always seem to have been a typical Hopi phenomenon.

Niikyangw pu' ima isngyam piw tuwat lööpwatya. Ima peetu pas isngyamniqw pu' peetuwat yaw ima hiitu paa'is-

The Coyote clan is divided into two groups. Some of its members are *pas isngyam* or 'Coyote clan people proper,'

ngyam. Noq imuy paa'isngyamuy pangqaqwangwuniqw puma yaw pay nuunukpant. Niikyangw pay soosokmuy ngyamuy anqgw pam panta. Pay hakim naamahin hakimuy amumumyakyangw pay hakim mimuywatuy son amumum hiita ep qa hintotingwu. Noq oovi hisat ima wuuwuyoqam hakimuy amumi pangqaqwangwu pay yaw itam qa pas pumuywatuy amuupungyalyani. Yaniqw oovi i' iswungwa pay piw qa pas put paa'iswungwat tuwat sinolawu. Pu' pan pay piw i' iswungwa son put paa'iswungwat qa tuwat nukpansasvingwu.

while others are those referred to as *paa'isngyam* or 'Water Coyote clan people.' The latter are said to be evil. But this attitude is widespread among all the clans. Even though there may exist a special relationship among certain clan groups, one clan is bound to have some differences with another related group. Little wonder then that in the past the elders did not encourage their own clan members to become too involved with other phratry groups. Therefore, Coyote clan affiliates do not associate too closely with the related Water Coyote band. A Coyote clan person, as do others, most likely labels a Water Coyote member as evil.

The Coyote clan is said to have been a latecomer in the overall chronology of migrating groups that found acceptance into the village of Orayvi. Its last migration station prior to its arrival at Orayvi was Sikyatki, now a ruin site northeast of Walpi. Owing to their totemic links with Coyote, members of the clan are generally barred from important ceremonial roles within the Hopi ritual system.

Ima isngyam susmooti peqw hopiikimiq ökiiqe puma yaw yep haqam walpiy aqlap sikyatkive yesva. Pangqw pu' puma kya pi oraymiqyakyangw yaw puma susnuutungk pangso öki. Niiqe paniqw yaw puma oovi pay qa hiita pas it hintsakpit ep nuutum tangawta, pu' puma piw qa hiita pas wiimiy'yungwa. Puma pay pep pas panis nuutum si- notiqe oovi qa hiita mongqenit ep tangawta.

When the members of the Coyote clan first came to Hopi country they settled at Sikyatki, a place near Walpi. From that location, I suppose they went on to Orayvi, where they were the last to arrive. For this reason the Coyote clan, unlike the other clans, is not involved in any cere- monial doings; also, it has no ceremony of its own. The Coyote clan just became part of the general population there, and so its members do not occupy any high positions.

The only significant role occasionally attributed to Coyote clan members is that of a *qaleetaqa* or 'warrior/guardian' status. "When the clans settled at one place for a long period, a member of the Coyote clan called a Qaletaqa [Guardian] always acted as guard. A Qaletaqa also brought up the rear of every procession to guard against evil" (Waters 1963:85).
As the following episode points out, however, the position of *qaleetaqa*, as claimed by the

Coyote clan, seems to be based on usurpation. One also notes that the negative trait of Coyote being branded as a thief is ascribed to Coyote clan people.

I' pi pay navotiniqw yaw ima isngyam hiitu qaqleetaqt-niwtini. Noq pam pay it uyingwuy akw pu' put hiita antsa ep wunu. I' qaleetaqaniqa pay as peetuy himungyamuy-watuy as pas himu'am.

Noq hisat yaw ima hakim ngyam haqam tsovawkyangw yaw as pumuy wukw'aymat haqawatuy o'yaqw yaw puma as pumuy aakwayngyangaqw tuwalniy'wisni. Noq pay yaw hintaqat akw pay puma as oyiltiqam qa naanawakna. Noq naat yaw puma pay qa aapiy nankwusaqw pay yaw i' hak iswungwa pumuy amumi pituuqe yaw pumuy tuuvingta, "Ya uma hiita oovi yep tsovawta?"

"Itam imuy itaatimuy itamuukwayngyangaqw hongni-qat put itam makiway'yungway. Puma as itamuy tuutuwa-laniqat paniqw oovi itam yep tsovawta."

"Noq puma qa naanawaknay?"

"Qa'e, pay ima itaahongvi'a'yam qa naanawakna. Noq itam oovi hakiy hepnumya. Noq sen pi um itamungem qaleetaqtini."

Noq pu' yaw puma oovi put aw pan tu'awiy'yungqw pu' pay yaw iisaw pas hiita ningwuniiqe pay yaw pumuy tuwalniy'maniqey pay yaw suunaatavi. "Kur antsa'ay, pay nu' umungem pantiniy," yaw kita amumi. "Pay nu' umungem aqw wunupte' nu' umuy tuwalniy'mani."

"Kur antsa'ay," yaw kitota. Pu' yaw puma put oovi aqw aakwayngyavoq taviyat pu' pangqw nankwusa. Panma-kyangw pu' yaw ima hakim put hongvi'aytotaqam nanap-taqe puma yaw pangqaqwa, "Is ohi, kur itam son as it yan-totinikyangoy. I' hapi it himlawe' ii'it itamuy nawkiniy," kitota yaw pumaniiqe pu' yaw haqam piw yesva. Pu' yaw pumuy wukw'aymat put iswungwat aw pangqaqwa, "Pay

It had been predicted that the people of the Coyote clan would acquire the status of *qaqleetaqt*, i.e., of 'guardians' or 'warriors'. But it is through thievery that they now hold this office. *Qaleetaqa* status in Hopi society actually be-longs to another clan.

At one time in the past, while a certain clan was con-gregated, the elders appointed a number of men to pro-tect the rear. But for some reason those selected re-fused. Prior to the clan's departure its members were approached by a Coyote clan member who inquired of them, "Why are you gathered here?"

"We have a duty to place our youths in the rear. The purpose of our meeting is to select those who will guard us."

"And they refused?"

"Yes, our strong men refused. We are therefore look-ing for somebody else. Maybe you could become our guardian."

Thus they related their problems. And as it is Coy-ote's nature to get involved in anything, he quickly con-sented to go along as their protector. "Of course, I'll do that for you," he assured them. "I'll take on the rank of *qaleetaqa* and will defend you."

"Very well," they replied. The Coyote clansman was therefore placed at the rear and then the clan continued its migration. Some time later, those who had given the Coyote man this position realized what they had done. "How unfortunate! We should never have done this. He will be claiming this role as his own now and take it away from us." So, upon halting at some site, the elders

kya yuk paasavoni. Pay um yangqw tuwat nakwse' pay um angqe' pannumni. Kya um haqe' tuwat sinomuy'ta. Um pumuy amuupanen um pumuy amumum yannumni. Niikyangw um qa it himlawni. Um qaleetaqtiqey qa pangqawlawni," kitota yaw as awi'.

Noq pu' yaw pam oovi as paas nakwhat pu' yaw pangqw sinomuy amumi ahoyniiqe pu' pay piw pan sinomuy amumi lalvaya hin pam pumuy hiituywatuy ngyamuy paas tumaltaqey. Pu' pam piw yaw amumi pangqawu pam yaw qaleetaqaniqw son yaw puma oovi qa put lavayiyat yaapiy yesniqat.

Noq pay yaw pam panis as yantikyangw pay yaw put qaleetaqat himuy'va. Niikyangw pay yaw pam put oovi songyawnen uu'uyi.

Pu' himuwa iswungwat ti'atniqw hakim put aw pangqaqwangwu: "Pay kur pas um ti'amniiqe oovi pas hiita suutuptsiwngwu." Peetu hopiit pangqaqwaqw yaw ima isngyam ii'istniiqe oovi a'ni unangway'yungwa. Noq oovi hisat kya pi naat pu' isngyam peqw ökiqw ima tiyomuy'yungqam manmuy'yungqam pumuy timuy amumi meewantotangwu: "Pay uma qa pumuy amumlalwani taq puma pay ii'istniiqe a'ni unangway'yungwa. Puma son umuy haqaapiy kyaptsiy'yungwni, tis it hiita wiimit tuwitote'. Oovi uma qa pumuyyaniqey wuuwantotani." Nit pu' peqwhaqami pay itam pumuy amumum a'ni neengaltiqw oovi pay peetu pumuy amum yeese. Peetu hopiit isngyamuy pay amumiq pangqaqwangwu puma pay iisawuy anyungqe nu'an hiitu, pay qa hopiit. Pay ephaqam hiita qa hopihintotingwu. Pu' tis it tuutsönlalwaniqey puma yaw pas a'niya.

said to the Coyote clan member, "You need not guard us any longer. Why don't you set out yourself and travel about? You must have kinfolk of your own somewhere. Join them and wander about with them. But do not claim this role as yours. Don't tell anybody that you were a *qaleetaqa*."

The Coyote clansman readily agreed, but when he came back to his own people he told them how circumspectly he had cared for that one particular clan. In addition, he related that since he had become a warrior, they would have to do his bidding in the future.

This was the sole instance in which the Coyote clan member had performed this task, and already he laid claim to being a guardian. In a way he had stolen the office.

Next to their gullibility, Coyote clan members are said to have been feared for their aggressive behavior as well as their general disposition toward adultery.

If someone is a child of a male Coyote clan member we say: "Obviously, you are his child because you believe everything right away." Some Hopi claim that, because Coyote clan members are coyotes, they are very aggressive. And for this reason, I guess, long ago, when the Coyote clan members had just arrived, those who had sons and daughters warned their children as follows: "Don't marry them because they are coyotes and, therefore, very fierce. After a while they won't respect you any more, especially if they learn a ceremony. So don't even consider marrying them." By now we have, of course, really mixed in with them, so some are married to them. Some Hopi also maintain that the members of the Coyote clan are much like coyote and, therefore, are no good and are evil. Every so often they do things which are not right. They are particularly clever

Paniqw oovi iswungwa pas son haqam qa hakiy kong-nawkingwu, pu' piw nömanawkingwu.

Pu' peetu isngyam haqawatuy amumumyaqamuy piw amumiq pangqaqwangwuniqw pumawat pay tsivaato-ngyamu. Noq pay qa haqawat put naanawakna tsivaato-ngyamniiqey, ispi i' himu tsivaato pay tuwat hopitniqw löwasonaningwu.

when it comes to adultery. That's why one can count on a Coyote clan member taking away someone's husband or wife.

Some Coyote clan members in turn label certain other groups within their phratry as *tsivaatongyam* or "Goat clan people." But no one appreciates this label because according to Hopi thinking the goat is associated with lechery.

Of interest in this connection is also the following *tsatsawinpi* or "fear-inspiring admonition." It outlines certain negative consequences for the person displaying behavior of the type warned against. This time not only aggressive but outright destructive forces relating to coyote are alluded to.

Hak yaw qa tuvatsoningwu. Hak yaw tuvatsoniqw ha-kiy yaw iisaw wiikye' qötöyat kuyaptangwu. Pam pi pay sonqa hakiy qötöyat aasonngaqw soosok hiita sowaqw pangqw himu sulawte' pam oovi kuyapit antingwu.

A child should not be a crybaby. People say that when a child is like that, the coyote will kidnap it and fashion a dipper from its head. This threat is probably derived from the fact that when a coyote feeds on a skull he will devour all that is inside so that the empty skull then resembles a dipper.

Coyote's extreme readiness for self-deception and his propensity for credulity are so deeply rooted in the Hopi language today that the very term *iisaw* may be applied to any person who distinguishes himself as a 'gullible dupe' or 'sucker.'

Pu' piw pangqaqwangwu: "Um iisawniiqe oovi hiita suu-tuptsiwngwu, naamahin himu pay atsaniqw."

They also say: "You are a coyote for believing everything at once, even something false."

Of the approximately fifty coyote tales I have salvaged to date in the Hopi language, and of those of other collectors published in English, the overwhelming majority casts Coyote either in the role of a bungling trickster or that of an imitator whose foolish bent to copy others usually backfires with often fatal consequences. There is, however, another side to Coyote: the folktale character. On very rare occasions he is portrayed as a benefactor or miracle worker.

In one such account he actually saves the people of Walpi from starvation. However, more often than not even his philanthropic intentions fail. They are either thwarted by outside forces of evil, as in the narrative where he tries to bring game animals to the Hopi village of Musangnuvi only to have his plans wrecked at the crucial moment by a sorcerer, or he succumbs to his innate weakness in the process. In one such situation he offers to carry prayer plumes to the Grand Canyon as an enticement for the clouds to alleviate a drought at Orayvi, only to be sidetracked on the way by a naked girl floating in a spring.

In another myth, where he quite heroically tries to rise to the Promethean challenge of introducing fire to the Hopi, he fails because the fire singes his pelt and he runs away in fear. In their quest for fire the Hopi also employ the owl, the gopher, and the vulture. It is the vulture who finally carries the day. All the animals suffer in the process, which leads to four "why" passages that explain the appearance of these animals.

Noq pu' yaw puma piw wuuwanlalwa hakiy as senyaniqey. Pu' yaw iisawuy wuuwaya. Iisawuyyaqw pay as oovi pam yaw qööhit aw pitu. Nit pu' yaw oovi qööhit suukyaatsantat pu' yaw wari. Pu' yaw warikqw pay pam a'ni uwiwiyku. Uwiwiykukyangw pu' yaw pay put soosok puukyayat tsirikna. Paniqw oovi yaw pam iisaw soosoy maasi.

They kept thinking and thinking who they might get. Then they thought of Coyote. They got Coyote and so he came to the fire. He quickly grabbed the fire with his teeth and ran off. But as he dashed off with it, it really started flaring up. Flaring up it singed his entire pelt. For this reason Coyote's body is gray all over.

To my knowledge this is one of the few instances where Coyote comes close to fulfilling the role of a culture hero in Hopi mythology. In another passage, which is part of the Hopi creation myth, Coyote is assigned the task of placing the stars in the sky by Spider Woman. Again he fails to rise to the occasion.

Noq pu' yaw pam kookyangwso'wuuti it iisawuy tuwaaqe pu' pam put ayatat pu' put aw it tukput ang imuy sootuy tangawtaqat tavi. Noq pu' yaw oovi pam iisaw ep mihikqw haqami pas wukotsomomiq wupqe pu' yaw antsa pang pumuy sootuy pan paas oo'oya. Niiqe pay yaw oovi pam qa suukw pan mooti pang oova oyaata, yaw pam it sookuyapit yuku, pu' imuy hotomqamuy pu' tsöötsöqamuy. Noq pay hapi yaw nuwu nawutstiqw pay yaw pam qa yukiy'maqe pu' yaw pay haqaapiy öönati. A'ni hapi yaw

When Spider Woman had found Coyote she told him what to do and gave him a sack filled with stars. That same night Coyote climbed a high mountain and carefully began placing the stars in the sky. He had arranged many of them up in the sky, the Big Dipper, Orion, and the Pleiades. Meanwhile quite a long time had passed and, since he still had not finished, he became weary of his work. He really had been given an arduous task. It was a difficult job. So he picked up the bag and simply strew its contents up into

kur pam tumalat makiwa. Maqsoni yaw himu. Paasat pu' yaw pay pam put tukput tsöpaatat pu' yaw pay put oomiq pas nu'an tsalakna. Yanti yaw pamniqw oovi yaw pang oova ima sootu qa soosoy sun lomahinyungwa. Pay yaw puma pas hikiyom panyungwa.

the sky. That's what he did, and for that reason the stars up there are not all arranged nicely. Only a few are well arranged.

While the above-cited passage presents Coyote in a situation that is perhaps most fittingly described in Tyler's term of "cosmic bungling" (1975:163), the subsequent variant of this episode portrays Coyote in a more positive light. This time he actually volunteers his help, only to cause the "stellar disarray" through imprudent over-eagerness.

Once more I quote below the entire section, not only to preserve precious coyote material in print but also to illustrate that narratives which are transmitted orally are almost always multifaceted and are generally not reducible to one single version. The following scene again takes place in the post-emergence phase of Hopi mythology. People are on the move in the dark upper world, accompanied by Spider Woman who lugs a heavy load along on her back.

Panmakyangw pu' yaw pam kookyangwso'wuuti haqami maangu'i. Niiqe pu' yaw pangqawu, "Haaki," yaw kita. "Pas i' hin'ur putuutiqw nu' maangu'i," yaw pam kitalawu. Pu' yaw pam oovi pep put tavi. "Ason nuy it angqw peetsangwnaqw pu' itam piw aapiytotani," yaw pam kita.

Noq yaw kur iisaw pay piw pumuy amumuma. Niiqe pu' yaw pam put taviqw pavan yaw iswuutaqa put so'wuutit pas aw yanta. Pu' yaw pam kookyangwso'wuuti put mookiy tavit pu' put momokpiy tsawikna. Pu' yaw pam put kuysivut pay qa angqw ayo' soosok höloknat pay yaw pam hiisaq haqaqw hötsitniqw pangqw yaw pam aqw maakwutsi. Noq pangqw yaw kur ima sootu tangawta.

Pu' yaw pam pumuy pangqw ipwankyangw pu' yaw pam pumuy oomiq maataplawu. Noq pu' yaw pam pangqe pumuy akw penta. Pay yaw pam angqw suskomuy ipwankyangw yaw pam pangqe pumuy akw nukwangwventa. Niiqe pam yaw oovi sootuviipit, pu' hotomqamuy pu' tsöö-

After a while Old Spider Woman became exhausted and exclaimed, "Hold it! This bundle is so heavy that I have become tired." With that she placed it on the ground. "Wait till I have removed some of its contents. Then we'll continue on our journey."

Now it so happened that Coyote was also trotting along with them. When Old Spider Woman set down her burden, Coyote was right next to her. She unwrapped the bundle; however, she did not completely remove the wrapping from the vessel inside. Instead she reached into it through a small opening. The vessel itself was full of stars.

Spider Woman now began to take them out and release them into the sky. She actually used the stars to decorate the heavens. One by one she took them out and created the most delightful pictures with them. She made the *Sootuviipi* or 'Star Slingshot,' Orion, the Pleiades, the

tsöqamuy, soongwuqat pu' sookuyapit pu' o'waqöltuy, puuvumuy yaw pam pangqe nukwangwvena.

Naat yaw pam oovi panis paasa' pumuy pantiqw pu' yaw pam iisaw pangqawu, "Pay itam naamanen suyukuni. Nu' ung pa'angwaniy," yaw pam put kookyangwso'wuutit aw kitaaqe pu' yaw oovi put kuysivut aqw suyta. Pu' yaw pam so'wuuti aw pangqawu, "Haaki," yaw aw kita, "haak um pay qa. . . ."

Naat yaw pam qa so'tapnaqw pay yaw oomiqhaqami soosoyam puuyaltotiqe pay angqe naanaphin aatsavala. Yan pay yaw pam antsa suyuku. "Is uti," yaw kookyangwso'wuuti kita, "naat pi nu' as pay imuy akw angqe pas paas nukwangwvenaniqw pay piw um pantsaki," yaw aw kita.

"Pay pi. Pay pi son hintiniy," yaw pam iisaw kitaaqe pay yaw qa hin unangwti.

Niiqe pay yaw oovi put iisawuy atsviy yaw puma sootu pangqe naanaphin panyungwa.

Milky Way, the *Sookuyapi* or 'Star Dipper,' and the constellation of the O'waqölt. All of these she marked out in beautiful fashion in the firmament.

Old Spider Woman had only drawn these few constellations when Coyote exclaimed, "Let us do this task together and we'll be finished in a jiffy. I'll help you." He said it and jerked away the covering of the vessel. The Old Lady shrieked, "Wait a minute! Wait and do not. . . ."

She had not finished her utterance before Coyote had completely uncovered the vessel. As a result all the stars escaped and flew skyward, where they scattered haphazardly. This was how he finished the work in no time. "My goodness," said Old Spider Woman, "I was going to draw some more nice pictures with these stars and now you had to do this," she scolded him.

"Ah heck, it doesn't matter," Coyote responded without regret.

So it is Coyote's fault that the stars are up there in a rather disorderly manner.

Story excerpts or plots of the kind quoted above seem to indicate that long ago Coyote may have enjoyed an entirely different role in the Hopi belief system, one more akin to a divine god-hero who was secularized at a later time. In this role Coyote is assigned the compound appellation *a'ni himu*—*hin'ur himu* in female speech—which approximates our notion of 'powerful/divine being.'

Pu' ayanwatniniqw ima wuuwuyom pangqaqwangwu pay pam piw pas a'ni himu. Pam soosok hiita tuwiy'ta. Pam pas tuhisa. Kitotangwuniqw oovi itam son as kya putakw naanami kunalalwani.

In another way the old ones used to say that Coyote is also endowed with great powers. He knows everything. He is very skillful. Because they used to say that, maybe we should not use him to make fun of each other.

The former greater importance of Coyote also seems to be confirmed by another excerpt from a Hopi emergence myth in which he actually seals off the *sipaapuni*, that is, the emergence hole through which the Hopi gained entrance into this upper world.

Pu' yaw puma pay pepeq haqam nöngakqey put paaqavit wa'öknayaqw pu' yaw pay piw pam iisaw pangsoq uuta. Paniqw yaw oovi hak mokq hakiy toko'at qa amum pangsoq pakingwu. Hak yaw mokq pay yaw hakiy hikwsi'atsa pangsoq ahoyningwu.

At the site of the emergence the Hopi felled the reed through which they had climbed from the underworld, and it was again Coyote who sealed up the exit. Tradition has it that for this reason the body of a deceased person cannot reenter the *sipaapuni* anymore. When someone dies it is only his soul that can return through this place to the underworld.

In the eyes of the Hopi nowadays, Coyote's most important contribution is to entertain as a story character. This amusement, which outwardly rests on his antics as trickster, prankster, mimic, wizard, glutton, dupe, lecher, braggart, thief and many other roles, is, however, transcended by certain didactic elements which are implied by most of his adventures. In this respect, Coyote is likened to the Hopi clown whose sacred duty it is, among other things, to hold up a mirror to the foibles, evil intentions, and wrong-doings of the Hopi audience.

Pay pam piw pas qa paysoq iisaw'u. Antsa pay hiitawat tuuwutsit ep pam pakiwte' pam hiita suutuptsiwngwu. Pu' pam hiita nanan'ewakw hintiqw hakim aw tsutsuyngwu. Pay pam soosok hiita haalaypit enangniikyangw pay put tuutuwutsit ang himu piw qa sumats'eway, pay himu peehu tupkiwyungwa. Niiqe pay pam iisaw oovi tsukut piw anta. Pay i' tsuku piw sinot aw qa antaqayat kiisonve maataknangwu. Hakim hinyungqey qa nanvotiy'kyaakyangw amumi tsutsuyngwu. Hak qa namiwuwat pep nuutum nananngwu.

Then again he is not just an ordinary coyote. Indeed, whenever he appears in a story, he believes everything right away. Then he does something funny and we laugh at him. There is fun in the stories but also things not readily recognized, things that are hidden. In this respect Coyote is like the clown. The clown shows the people in the plaza their faults. And we, not aware of what is wrong with us, laugh at the clown. Without thinking of ourselves we join the others in the laughter.

The linguistic material presented above is sufficient evidence that Coyote is still surviving at Hopi—"incredibly" so, to employ Gary Snyder's essay title (1975). Coyote is definitely not dead in Hopi culture; but he is not exactly flourishing either—he is no longer the dynamic cultural component he apparently once was. The selected Hopi commentaries presented above bear ample testimony to the pervasive role he must once have enjoyed within the Hopi cultural fabric. However, this fabric is wearing thinner and becoming more threadbare by the day. Coyote, though still part of the cultural memory of many elderly Hopi, is fading rapidly from the tribal heritage. While still remembered in a number of tales, he also survives in other lore, in certain proverbial sayings, and other reminiscences—even in a song. I will conclude the bilingual portrayal of Coyote with this song. Coyote as a cultural entity will survive, of course, as long as the Hopi language survives. But the Hopi language itself is currently moving toward a complete displacement by English. How Coyote will adapt to anglicization, and whether this bilingual publication will improve his chances of survival in Hopi culture, time will tell. For the time being, in any case, Coyote is still hanging on by the skin of his teeth.

Iisaw'u, iisaw'u,	Coyote, Coyote.
Kwangwatayta, kwangwatayta	He enjoys watching, he enjoys watching.
Iisaw'u, iisaw'u,	Coyote, Coyote.
Kwangwatayta, kwangwatayta.	He enjoys watching, he enjoys watching.
Qa nu' iisaw'u,	I'm not a coyote,
Pay pi nu' paa'isawniikyango	I'm a water coyote.
Yaasavo um yephaqamo hiita hovalantani.	You stop wasting things from now on.
Itam naama teevenge payutmomi ikiy awi'i.	We'll both go west to my den at Payutmo.
Pep itam tsöötsöptuyu, sowi'ngwamuyu,	There we can feast on antelopes and deer,
Taataptuy, sowiituyu	Cottontails and jackrabbits.
Itam noonova, noonova.	We feast, we feast.
Ali, ali, wa' wa',	Yummy, yummy, bark, bark,
Ali, ali, wa' wa'.	Yummy, yummy, bark, bark.
Meeyeye aayaha haya	Meeyeye aayaya haya
Ii'iyi hiyi.	Ii'iyi hiyi.
Meeyeyeyeye aaha,	Meeyeyeyeye aaha,
Iihiyiyiyiyi hiyi.	Iihiyiyiyiyi hiyi.
Hapi meh, hapi meeyeye	Hapi meh, hapi meeyeye,
Hapi meh, hapi meeyeye.	Hapi meh, hapi meeyeye.
Atkya tuuwanasave'e	Down below at Tuuwanasavi
Sonway sakwavaho, masivaho	Beautiful paaho in blue and gray
Itamungem yuuwasiniwa pewi'i.	Were made for us here.
Itam naayuwsinayat'a	We adorned ourselves with these paaho.
Itam palawalpa haaniwmakyango	On our way down then through
Istiyayuy anga'	Palawalpi, Istiya and Istsomo

Istsomova suvuyoylekiy akwa'
Itam naanakwusama pewi'i.
Haw, haw ingumu,
Haw, haw inamu!
Meeyeye aayaha haya
Ii'iyi hiyi.
Meeyeyeyeye aaha,
Iihiyiyiyiyi hiyi.

We come here traveling on fine falling rain.
Listen, my mothers,
Listen, my fathers!
Meeyeye aayaha haya,
Ii'iyi hiyi.
Meeyeyeyeye aaha,
Iihiyiyiyiyi hiyi.

REFERENCES

Albert, Roy, Tom Mootzska, and Charlie Talawepi. *Coyote Tales.* Eighteen bilingual booklet sets. Flagstaff: Northern Arizona Supplementary Education Center, 1968.

Barclay, Lillian E. "The Coyote: Animal and Folk-Character." In *Coyote Wisdom,* edited by J. Frank Dobie, Mody C. Boatright, and Harry H. Ransom, pp. 36–103. Austin: Folk-Lore Society, 1938.

Beaglehole, Ernest. *Hopi Hunting and Hunting Ritual.* Yale University Publications in Anthropology, vol. 4. New Haven: Yale University Press, 1936.

Cabrera, Luis. *Diccionario de Aztequismos,* 2nd ed. Oaxaca: Ediciones Oasis, S.A., 1978.

Fewkes, Jesse W. "Tusayan Migration Traditions." In *Smithsonian Institution, Bureau of American Ethnology, Annual Report,* vol. 19, pt. 2, (for 1897–1898), pp. 573–633.

The Goldwater Kachina Doll Collection, Tempe, Az.: Arizona Historical Foundation, 1975.

Holder, C. F. "Don Coyote." *Outing* 54 (1909): 692–96.

Malotki, Ekkehart. *Hopitutuwutsi/Hopi Tales: A Bilingual Collection of Hopi Indian Stories.* 1978. Reprint. Sun Tracks, vol. 9. Tucson: Sun Tracks and the University of Arizona Press, 1983.

Malotki, Ekkehart, and Michael Lomatuway'ma. *Hopi Coyote Tales/Istutuwutsi.* American Tribal Religions, vol. 9. Lincoln and London: University of Nebraska Press, 1984.

Miller, Wick R. *Uto-Aztecan Cognate Sets.* University of California Publications in Linguistics, vol. 48. Berkeley and Los Angeles: University of California Press, 1967.

Radin, Paul. *Autobiography of a Winnebago Indian.* 1920. Reprint. New York: Dover Publications, 1963.

Ramsey, Jarold, Ed. *Coyote Was Going There: Indian Literature of the Oregon Country.* Seattle and London: University of Washington Press, 1977.

Snyder, Gary. "The Incredible Survival of Coyote." *Western American Literature* 9 (1975): 255–72.

Titiev, Mischa. *Old Oraibi: A Study of the Hopi Indians of Third Mesa.* Papers of the Peabody Museum of American Archaeology and Ethnology, Harvard University, vol. 22(1). Cambridge, Mass.: The Museum, 1944.

Toelken, Barre. Introduction to *Giving Birth to Thunder, Sleeping with His Daughter,* by Barry H. Lopez. New York: Avon Books, 1981.

Tyler, Hamilton A. *Pueblo Animals and Myths.* Norman: University of Oklahoma Press, 1975.

Waters, Frank. *Book of the Hopi.* 1963. 2nd reprint. New York: Ballantine Books, 1970.

Whiting, Alfred F. *Ethnobotany of the Hopi.* 1939. Reprint. Flagstaff: Northland Press, 1966.

The Stories

Iisawniqw Tsöötsöpt   Coyote and the Antelopes

Aliksa'i. Yaw orayve yeesiwa. Pu' yaw ayam ismo'walpe piw tuwat iisaw kiy'ta. Pu' ayam pangavenpe yaw piw tsöpwuuti kiy'ta, niikyangw pam yaw timuy'ta. Pu' yaw i' iswuuti piw timuy'ta. Niikyangw puma yaw naakwatsimniiqe pay yaw puma sutsep naama haqe' waynumngwu. Pay yaw naama haqami komoktongwu, pu' piw pay yaw timuy amungem tunösheptongwu. Noq pay yaw puma haqaminen utuhu'niqw pay haqam kiisit ep naasungwne' pu' yaw pay naa'atumintangwu. Pu' himuwa mongvastiqw pu' yaw piw suukyawaningwu, naa'atumintangwu.

Noq pay yaw puma yantsakngwu. Noq pu' yaw aapiy pantaqw pu' yaw puma piwni. Naama yaw haqami komoktoni. Kya pi yaw ko'am sulawtiqw pu' yaw puma put wuuwanta haqami yukutoniqey. Noq pu' yaw oovi puma ep qavongvaqw yaw nakwsuniniqw pu' yaw i' tsöpwuuti timuy aw pangqawu yaw puma komoktoniqat. Pay kya pi tsöpwuuti hin piw navotiy'ta qa ahoy pituniqe. Yaw oovi timuy pan aa'awna. Yaw iswuuti put atuminte' pas yaw peep put möötsiknangwu, yaw tsöpwuuti timuy amumi kita. Pu' yaw pam pumuy amumi piw pangqawu, "Pay hapi pam hisat pas qa naa'angwutaqw pay nu' hapi hisat son ahoy pituni. Noq oovi kur panhaqamniqw pay uma sonqa navotni. Noq pay pi pam

Aliksa'i. They say people were living in Orayvi. Over at Ismo'wala Coyote Woman had made her home and at Pangavenpi Antelope Woman had a house. Both she and Coyote had children. They were good friends and were always roaming about together. The two of them would go to collect wood or search for something to eat for their children, and, if ever on such an outing the weather was hot, the two rested in the shade and picked lice off each other. When one was finished, it was the other's turn, and in this fashion they used to delouse one another.

These were some of the things the two did together. As time passed they planned to do it again. Both were going to collect wood together. I suppose their supplies were depleted, and so they thought of going somewhere to get some. They intended to leave the following morning. Antelope Woman told her children about the wood-gathering trip. Somehow, it seems she had a premonition that she might not return, so she shared this feeling with her children. She explained to them that, whenever Coyote Woman was picking lice off her, Coyote Woman nearly seized her with her teeth. "If ever she should forget herself and hurt me," said Antelope Woman, "I will not come home. But if that happens, you

27

pas hiita hin navotniqey antangwuniiqe son hapi umuy qa tuuvingtani hintiqw umuuhotpa tsokokota. Noq uma hapi ason aw pangqawni, 'Pay itangu yep tuumat ep put tuumat yukumaqe pu' put qeeniy'tat pu' put mowatiqw pu' pam itaahotpa put akw tsokomna. Pantit pu' pam kivaapeq ngömaapit uwiknat pu' pantaqat aqw pam itamuy uuta. Noq qavongvaqw pu' itam yankyangw pangqw yama. Pam tuuma kwasiiqe pas itamumi huurtiqw oovi pam pay itamuupa qa sulawtingwu.' Yan ason uma put aw tutaptani". Yan yaw yu'am pu muy amumi tutapta. Paas yaw oovi puma tsaayom naanakwhaniy'ta.

Paasat pu' yaw pam qavongvaqw hisatniqw put iswuutit amum komokto. Niiqe pu' yaw puma angqe' pannuma, kootinuma. Niikyangw pu' yaw puma yukuuqe pu' yaw puma angqw nima, niiqe pay haqam pi yaw puma pas sonqa naasungwnangwu, kiisiy'taqat epe'. Niiqe pangso yaw puma pituuqe pu' pep puma naasungwna. Niiqe pu' yaw puma piw naa'atuminta. Noq yaw tsöpwuuti kya pi oovi iisawuy mooti atuminta. Pu' yaw pam yukuqw pu' yaw paasat iswuuti tuwat tsööviwuy atuminta. Noq pam yaw put aw paas tunatyawta, iswuutit awi'; ayo' kya pi yaw kiisiwni'at susmataq. Noq pay kya pi yaw aw tsangwtit pu' piwningwu. Pantsakkyangw pay yaw iisaw hisatniqw qa naa'angwutaqe pu' yaw pam put tsöpwuutit niina.

Niinaqe pu' yaw pam mooti siskwa. Pantit pu' yaw sikwita. Sikwitaqe pu' yaw pam put pangqaqw kima, tapkiqw. Pu' yaw pam pituuqe kiy ep put sikwit oyat pu' yaw tsööviwuy timuyatuy amumi'. Noq pam pi yaw pay pumuy aw paas hintiniqat tutapta, naat qe'nit. Noq pu' yaw qa yu'am mooti ep pituqw pay yaw puma put iisawuy aw hin suuwuwa. Pi yaw as puma

will probably know. And because she is the kind of creature that likes to find out about things, she's bound to ask you why you have spots on your back. If she does, I want you to tell her the following: 'Our mother went to get some white clay at Tuuma, soaked it in water, and when it got mushy, used it to make spots on our backs. She then lit some juniper branches in the kiva and locked us in. The next day we came out like this. As the clay baked, it stuck to us and won't come off anymore.' That is what you will tell her." These were the instructions Antelope Woman had for her children. They agreed to everything she said.

Sometime the following morning she and Coyote Woman started out for wood. They kept collecting dead sticks. When they had finished, they headed back home. As always, they stopped at a shady place where they rested and began picking lice off each other. At first Antelope Woman deloused Coyote Woman; when she had finished, it was the latter's turn. All of Antelope Woman's attention was focused on Coyote, or rather on her shadow, which was clearly visible. Again and again Coyote Woman bared her fangs. This went on for some time, but then she could no longer control herself. She sank her teeth into Antelope Woman and killed her.

The first thing Coyote did was to skin her. Then she butchered her and brought the meat home that evening. Having dumped it at her den, she headed over to see the children of Antelope Woman. The latter had, of course, revealed to her little ones before she left what might happen to her. Thus, when their mother was not the first to arrive, they became suspicious of Coyote; after

sunaasaq naama komoktoq puma tsaayom navotiy'ta.

"Ya umungu naat qa pitu?" yaw pam iisaw put timu-yatuy aw kita.

"Qa'ey," yaw puma aw kita.

"Is uti, pay as songqa angqaqwni," yaw kita. "Nu' pi pay se'elhaq pitu," kita yaw amumi'.

Noq yaw pam tsöpwuuti naat pay yaw pu' hisat pumuy tsaakwmuy tiitaqe pay yaw oovi naat pumuy qa hisat haqe' wiknumngwuniqw yaw oovi pam iisaw naat qa hisat pumuy amumi yori. Noq yaw pam pumuy amumi yorikqw piw yaw puma nukwangwhoyat. Yaw qöötsat akw yaw pumuy amuupa tsokokota. "Is uni, uma hiitu nukwangwhoyat," yaw pam amumi kita. "Ya umuy hintiqw oovi piw pas umuuhotpa nukwangw-hinta?" yaw pam pumuy amumi kita.

Pu' yaw puma oovi put aw pan lalvaya, yanhaqam-niqw hin puma iisawuy aw atsalawniqat, hin pumuy yu'am amumi tutaptaqw. Noq pay yaw antsa piw iisaw suutuptsiwqe yaw pangqawu, "Is uni, nu' tuwat itimuy pantsanniy," yaw kita.

Pu' yaw iisaw pangqw nima. Pam yaw ahoy pituqw pay yaw kur timat puwva, pay pi tapkiqw oovi. Qavong-vaqw pu' yaw pam tuwat tuumat awi'. Niiqe pu' yaw pam put ep tuwat yaahaqe pu' yaw put pangqw kima. Pu' yaw pam piw haqam ngömaapit tutkitaqe pu' yaw put piw enang angqw kima. Pantit pu' yaw pam put timuy akw tuwat tsokomna yawi'. Pantit pu' yaw pam kivamiq ngömaapit taqtsokya yawniqw a'ni yaw epeq kwiikwitsi. Pu' yaw pam timuy aqw tangata. Niiqe pu' yaw pam pantit pu' yaw aqw huur uuta. Pantit pu' yaw pam put aw maqaptsiy'kyangw pu' mihikna.

Qavongvaqw pu' yaw pam kwangwtoyqe pu' yaw

all, the two had departed together to collect wood, and the children were aware of that.

"Is your mother not back yet?" Coyote inquired of the children.

"No," they replied.

"Dear me, she should have come by now. I arrived a while ago."

Antelope Woman had only recently given birth to her offspring, so she had not yet taken them along on her outings. Coyote, therefore, had never seen the little ones before. As she ran her eyes over them, she noticed that they were quite dainty and had white spots on them. "How cute!" she exclaimed. "You are two nice little fellows! How come your backs are so beautiful?"

The children repeated exactly the lies that their mother had prepared for this occasion. Sure enough, Coyote believed them and said, "How pretty! I will do that with my pups, too."

With that she left for home. When she got back, her children had already fallen asleep, for it was evening. The next morning she went to Tuuma. She dug up some white clay and carried it home. Somewhere along the way she also picked a few juniper branches and in-cluded them in what she brought home. Having done this, she used the clay to paint white spots on the backs of her children. Then she set fire to the juniper greens in the kiva. Thick smoke rose up. Presently she placed her children inside and closed the door tight. While she waited for the result, night fell.

The next morning Coyote Woman was up bright and

pam su'its taytaqe pu' yaw aqw höta. Paysoq yaw kwii- tsingw angqaqw aw yama. Yaw hihin qenitiqw pu' yaw pam aqw paki. Yaw aqw pakiqw pay yaw okiw timat so'pum angqe' yaw wa'ökiwyungwa. Pu' hapi yaw puma kur pepeq kwiitsingwuy akw hin unangw- totiqe pu' yaw epeq yuyuttinumyakyangw pu' yaw puma siisisitinumya, sisiwkukutinumya. Pas hapi yaw epeq itsehe'hinta. Pantaqat yaw ang put timat so'pum wa'ökiwyungwa.

Noq puma piyarhoyat pay yaw qa ep mihikqw pay waaya. Puma hapi yaw pang tutskwat naat qa tuwiy'ta, naat qa hisat pangqe' waynumqe. Pu' yaw oovi pay panis hihin taalawvaqw pay yaw puma pangqw kiy angqw nakwsu. Niiqe puma yaw pay oovi nuvatukya'omi.

Pu' yaw pam iswuuti tuwat pep pumuy pan yorikqe pu' yaw pam pangqawu, "Is itse, pay kur hak inumi yeeta," yaw kita. "Son pi nu' qa amuminen pumuy

early because she was full of anticipation. She unlocked the door. Nothing but smoke poured out of the kiva. When it had cleared a little, she stepped inside. But, alas, she found her poor children lying dead on the floor. They had been overcome by the smoke. In their fear they had been dashing about and had urinated and defecated all over. The whole place was a mess. And right in its midst lay her children, dead.

Now, the two Antelope fawns had not run away that same night because they were not yet familiar with the area and had never been out for a walk. As soon as the new day broke, however, they set out from their house. They headed home toward Nuvatukya'ovi.

When Coyote beheld her children in that state, she howled out. "Curse! Someone really tricked me! Now I must go to the Antelope children and devour them."

sowani," kita yawi'. Pangqawt pu' yaw pam aw wari. Yaw aw pituuqe aqw supkiqw naat yaw puuwi. Pu' yaw pam aapayamuy suwlöknaqw pay yaw kur puma put ang atsata. "Is uti, son pi nu' umuy qa heeve', umuy tuwe', umuy sowaniy," yaw kita. Pu' yaw pam angqw yamakqe pu' yaw kukyamuy heeva. Noq pay yaw kur aqwhaqami teevenge yaw puma'ay, naasiwam. Pangqw pu' yaw pam pumuy ngöyva. Kukyamuy ang amungk yaw pam aqw hintsakma.

Yaw puma paayumiq. Yaw payutmomiq puma wupto-kyangw ahoy yorikqw pay yaw angqw amungk qö'angw-pokniy'ma. Paasat pu' yaw pam tiyooya siway aw kyaktayti, yaw pisoqtiniqat. Angqw pay yaw amungk. Noq pay yaw mi' manawya okiw maangu'i. Pu' pay hapi yaw iisaw pumuy wiikiy'ma. Pu' yaw puma pangqw pisoq'iwma.

With those words she bolted off to their house. As she arrived, she dashed in and found them still asleep in their bed. However, as she yanked off the cover, she realized that they had deceived her anew, this time with a decoy. "Damn," she swore, "I'll look for you and when I find you, I'll eat you, you can be sure of that." Coyote now ran back out and began looking for their tracks. From what she was able to gather, the brother and sister had left in a westward direction. She pursued their tracks all the way to the Little Colorado River.

As the Antelopes made their way to the river and up to Payutmo, they looked back and saw dust rising behind them. The little boy now urged his younger sister to hurry, for Coyote was close behind. The little girl, poor thing, was already tired, and Coyote was beginning to catch up with them. They were really speeding along now.

Yaw puma paayumiq pituqw yaw angqe a'ni muuna. Yaw piyarhoyat pangsoq pituqw piw yaw angqe himu paayawnuma. Noq yaw kur pam pahona. "Ta'ay, uma pisoqtini." Pay yaw kur pam pumuy nuutayta. "Taq pay umuy wiikiy'may," yaw amumi kita. "Oovi uma inutsmiq wupqw nu' umuy ayo'wat horoknaniy," yaw pam pumuy amumi kita.

Pu' yaw puma oovi put aqw wuuvi. Pu' yaw pam pumuy ayo'wat horoknat pu' yaw amumi pangqawu, "Uma pisoqtiniy," yaw kita, "pay naat nu' put son yep horoknani pew pituqw'ö," yaw kita amumi'.

Paapiy pu' yaw puma pisoqti, warikiwta. Pay yaw oovi pumuy haq'iwtaqw yaw pam iswuuti pangso paayumi pitu. "Is itse," yaw aw kita, "ya um hinoq pumuy horokna?" yaw pam put pahonwuutaqat aw kita.

Qa hingqawu yaw pahonwuutaqa awi'.

"Taq pi nu' pumuy ngöynumqö. Puma inumi yeetotaqw oovi nu' pumuy sowaniqe oovi pumuy ngöynuma," yaw kita put pahonwuutaqat awi'.

Pay yaw pam pas qa aw hingqawu. Angqe yaw pam paayawnuma, momortinuma.

"Pahonwuutaqa, um nuy horoknaniy," yaw aw kita. Qa aw yaw hingqawu. Pu' yaw piiw, "Hep um nuy ayo'wat horoknani, pahonwuutaqay," yaw aw kita.

"Pi um'i, um qa inumi naakyaakyawnaniqöö'," yaw aw kita.

"Is uti, pas pi pahonwuutaqa," yaw aw kita. Pu' yaw piiw aw pangqawu, "Um nuy horoknani, pahonwuutaqa."

"Pi um'i, qa naakyaakyawnaniqöö'."

When they reached the river it was full of water. But as the two fawns arrived, they found someone floating along its bank. It was Beaver. "Come on, you two, hurry!" he shouted. He had evidently been waiting for them. "Quick, because Coyote is catching up with you. Climb on my back and I'll take you across," he said to them.

The two fawns obeyed and climbed on top of him. Presently he ferried them across the water and said, "You hurry now. I won't let Coyote get across when she comes."

So the Antelopes hurried on. They were running fast. When Coyote Woman neared the Little Colorado River, they were already far away. "Darn it," she yelled at Old Man Beaver, "why did you help them across?"

Old Man Beaver didn't say a word.

"I am following the two because they tricked me," Coyote Woman cried. "I want to eat them, and that's why I am chasing them."

Beaver, however, did not reply. Instead, he was floating about in the river, swimming here and there.

"Old Man Beaver, take me across the river!" Coyote commanded. But she received no answer. Once more she shouted, "Old Man Beaver, take me to the other side!"

"Well, I will, if you give yourself to me," he replied.

"Dear me, you dirty old beaver!" Coyote Woman exclaimed. Once more she pleaded with him. "Help me across, Old Man Beaver!"

"That depends entirely on whether you are willing to let me have you."

"Ta'a, pay pi nu' son naakyaakyawnaniy. Ta'a, kyak- tayii', taq pi nuy kyaktayqöö'," yaw kita iswuuti.

Pu' yaw pahonwuutaqa ayanwat namtö. Is, a'ni yaw muusiwta pahonwuutaqa. "Is uti, pas pi um himu pa- honwuutaqa," yaw kita iswuuti. Pu' yaw iswuuti pay nawus suutaq'ewtaqe pu' yaw pahonwuutaqat atsmiq tso'omti. Pu' hapi yaw pahonwuutaqa kwasiy iisawuy löwayat su'aqw pana.

"Is uti," yaw pam kita, pu' yaw pam put paavaqe tsop- tinuma. Is ali hapi yawi'. "Ta'a, kyaktayii', taq pi nuy kyaktayqöö'."

Pu' yaw pam pangqe put tsoptinuma. "Hal'asan'o," yaw pahonwuutaqa kitat pu' yaw aqw yomikngwu. Pu' yaw pam put pangqe tsoptinumay. Pam pi yaw pay put sööwuy'toyna. Ason yaw mimuy tsaakwmuy yaaptiqw paasat pu' yaw pam put horoknaniqe oovi pay put pang-

"All right, I won't refuse. But make it quick because I'm in a hurry," Coyote Woman agreed.

Old Man Beaver now turned around in the water. Did he have an erection! "Dear me, dirty old creature that you are!" Coyote Woman protested. But then she re- signed herself to her fate and jumped on top of him. Old Man Beaver stuck his penis right into her cunt.

"You scoundrel!" she exclaimed while Beaver was cop- ulating with her as they crossed the river. How good that felt to him. "Come on, get going because I'm in a hurry!" Coyote urged.

Beaver, however, took his time. He was drifting around, copulating all the while. "Hal'asan'o," he cried as he pushed into her. All over the water he paddled as he copulated with her. He was, of course, delaying her. Only after the Antelopes were far away would he help

Coyote and the Antelopes

33

qe pantsaktinuma. "Is uti, um himuu', nukpanwuutaqaa," yaw put aw kita. Hisatniqw pu' yaw pam put ayo'wat horokna. Pu' yaw pam paasat paapiy piw wari. Ali yaw pahonwuutaqa löwat naasana.

Paapiy pu' yaw pam piw pumuy ngöytay. Pay yaw oovi puma nuvatukya'omi haykyalat pu' yaw ahoy yorikqw pay yaw piw angqw amungk qö'angw wunu. Pay yaw piw pumuy wiikiy'ma. Paapiy pu' yaw puma piiw. Pay yaw manawya pas maangu'i. Mi' tiyooya pi yaw pay a'ni hongviniiqe pay yaw naat oovi qa maangu'i. Pu' hapi yaw pay pumuy wiikiy'ma. Pu' yaw pam tiyooya put siway aw pangqawu, "Pay um haak inungk wari-kiwtani; nu' pay angwu awnen itaatahamuy amumi tuu'awvaniy," yaw pam siway aw kita.

Pu' yaw pam pay nawus put manawyat pephaqam maatapt pu' paapiy wari. Pu' hapi yaw okiw pam manawya maanguy'qe pakma. Pu' yaw paapiy put paava'at wari, pam pi yaw pay a'ni hongviniiqe oovi. Noq pephaqam yaw kur pumuy taahamat kiy'yungqw pangso yaw pami'. Yaw ep pituuqe pu' yaw aqw supkiqe pu' yaw pumuy amumi pangqawu, "Itamuy iswuuti ngöytaqe pay hapi isiway wiikiy'maqw oovi haqawa put as eepewtoni," yaw amumi kita.

Pu' yaw oovi pay suukyawa wukotaqa naatavi. Pu' yaw pam oovi put manawyat eepewto.

Pu' hapi yaw iswuuti pay put siwayat wiikiy'maqe pay yaw angk yotima. Pu' yaw oovi i' wukotaqa put manawyat eepewtoqa panis yaw pepeq pitut pu' yaw pam pay put su'ikwiltat pu' yaw pam pangqw ahoy wari. "Is uti, um hinoq pantsaki?" yaw aw kita. "Nu' hapi as pumuy sowani," yaw kita.

her across; for this reason he carried on with her there. "Oh, you rotten thing, you evil old man," Coyote Woman hissed at him when some time later he had ferried her across. Presently she started running again. What a pleasure this experience had been for Old Man Beaver; he had relished Coyote's cunt.

Coyote Woman pressed on with the chase. By the time the two Antelopes were approaching Nuvatukya-'ovi, they stopped to glance back and noticed dust rising behind them. Coyote was gaining on them again, so they sped on. The little girl, however, was exhausted. The boy was very strong and not so tired. As Coyote Woman was catching up, the little boy said to his younger sister, "Why don't you keep behind me for the time; I'll run ahead and tell our uncles."

Forced to leave the little girl behind, he rushed on ahead. The girl was so tired by now that she was crying. Her older brother pushed on because he was so strong. He knew that his uncles lived somewhere around there and that was his destination. When he finally arrived, he bolted headlong into their home. "Coyote Woman is pursuing us," he shouted. "She is catching up with my younger sister. Someone should go to meet her on the way."

One large buck volunteered and scudded off to meet the little girl.

By now Coyote Woman was gaining on the boy's younger sister and was trying to grab her. As soon as the large buck reached the little girl, he placed her on his back and quickly galloped back. "Darn it!" Coyote Woman swore. "Why on earth did you do that? I wanted to eat both of them."

Pay yaw qa aw hingqawu. Pay yaw pam put panis iikwiltat pu' pangqw ahoy wari. Pu' yaw pam put kiy aw pitsinaqe pu' yaw aqw pana. Pay yaw oovi pumuy paas hikwsuyaqw pu' yaw oovehaqam pusumti. Noq yaw kur paasat iswuuti pituuqe yaw aqw pangqawu, "Uma pew tsaakwmuy horoknayaniy," yaw aqwhaqami kita. Qa aqw hingqaqwa yaw puma'. Yaw angqw kukuylawqw yaw ep tuwakit atpip naasiwam susmataq qatu. "Uma pumuy pew horoknayaniy; nu' pumuy sowaniy," yaw kita. "Puma naanatim inumi yeetotay," yaw kita.

"Peqw um naap pakye' pi pumuy sowaniy," pu' yaw paasat haqawa aqw kita.

Pu' yaw iisaw hintsakkyangw pu' yaw kur hihin suutaq'ewtaqe pu' yaw angqaqw suukw saqleetat aw wuukukt pay yaw piw ahoy suymakma. Pu' yaw piiw. Pu' yaw paasat lööqmuy aw wuukukt pu' yaw pay piw

Without bothering to reply, the buck dashed off with the girl on his back. When he reached his house, he put her inside. They had hardly calmed down when there was a thud on top of the roof. Coyote Woman had evidently arrived. Through the sky hole she demanded, "Bring those kids out to me!" But there was no response from inside. Coyote peered in and clearly saw the brother and sister sitting below the storage niche at the end of the kiva. "Bring those two out! I'm going to devour them!" Coyote Woman screamed a second time. "Those two played a nasty trick on me."

"If you care to step in, you can eat them," one of the antelopes replied from inside.

Coyote wavered, but then she made up her mind and stepped on the first ladder rung. But she quickly retreated. Once more she stepped in. This time she advanced to the second rung, only to withdraw quickly

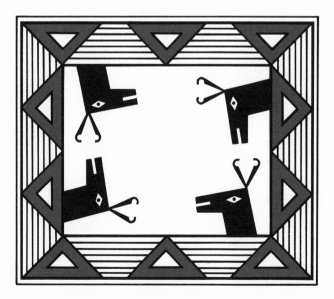

angqw suyma. Noq yaw puma tsaakwmuy taahamat pepeq naa'o'ya. Suukyawa yaw kivat kwiningyaqw wunuptuqw pu' yaw suukyawa taavangqwniqw pu' yaw suukyawa tatkyaqwniqw pu' yaw suukyawa hoopaqw. Pas pi yaw puma yangsakwhaqam aalay'yungwa. Panyungwa yaw pumaniikyangw pu' yaw puma put nuutayyungwa pakininiqw.

Pantsakkyangw pu' yaw iisaw paki. Pu' yaw angqw tsaakwmuy amumi'. Naat yaw pu' aw haykyalniy'maqw yaw kwiningyaqwniiqa aw wari. Pu' yaw pam iisawuy aalay akw sööngöntat pu' yaw ayo' taavangqwniiqatwat aw tuuva. Pu' yaw pam pangqwwatniiqa piw tuwat pantit pu' ayo'wat piw tuuva. Puma yaw okiw pepehaq put namitutupya. Pantsakkyaakyangw pu' yaw puma put niinaya, iswuutit. Noq naat kya sen puma tsöötsöpt pephaqam yeese. Pay yuk pölö.

again. The children's uncles now positioned themselves. One stood at the north end of the kiva, one at the west end, the third at the south end, and the fourth at the east end. All of them had large antlers. In these positions they waited for Coyote to come in.

After several attempts to enter, she finally came in and lunged at the children. Just as she came close to them, the buck at the north end ran at her. He gored Coyote Woman with his antlers and hurled her over to the buck on the west side. The latter did likewise and threw her to the other one. Back and forth they tossed her, and in this manner they destroyed Coyote Woman. I guess those antelopes are still living there somewhere. And here the story ends.

Iisawniqw Tsirowuuti

Coyote and Bird Woman

Aliksa'i. Yaw orayve hisat yeesiwa. Noq yaw pep orayviy taavangqöyve leenangvat kwiningqöyve yaw pas wuko'owa wunuwtaqw yaw put hihin hopqöyve yaw i' tsirowuuti kiy'ta. Pu' yaw pam piw puwsungway'ta. Pu' yaw puma piw naalöqmuy timuy'ta. Niiqe yaw puma pumuy amumi unangway'ta. Pu' yaw puma pumuy amungem hiihiituy imuy töötöltuy, kuukutstuy pay puuvumuy yaw amungem maqnumngwu. Pantsakkyangw pu' yaw puma pumuy wungwna. Pu' yaw pay paapu pas wuuwuyoqamtiqw pu' yaw na'am amungem it atö'hooyat yukuuta. Pu' yaw puma put pay yukyiq atkyamiqsa yaw kwasay'yungngwu.

Noq yaw pumuy kiiyamuy hopqömi kwangwavisay'taqw pay yaw tapkiwmaqw kisvutstiqw pep yaw put ep puma hohonaqyangwu, naangöynumyangwu. Noq yaw yu'am haqamininik pu' yaw amumi tutaptangwu, "Uma hapi pay paapu qa haqamiyani, taq iisaw panis yang waynumngwu, taq kya umuy hisat haqamiyaqw umuy haqam sowani. Pu' naap hisat sen pay naat yep umuyyaqw pite' umuy hapi sowaniqw uma hapi qa naanakwhaniy," yaw amumi kitangwu.

Pu' yaw paasat pam oovi aapiyniqw pu' yaw puma tapkiqw kisvutstiqw pu' yaw antsa puma tsitsirooyam kiy atpip naangöynumya, puuyawnumya. Naat yaw

Aliksa'i. They say people were living at Orayvi. East of Orayvi, on the north side of Leenangw Spring, stood a large boulder, and just a little to the east of it Bird Woman had her home. She also had a husband, and together they had four little ones. The two were very fond of their children and hunted all sorts of creatures for them, especially grasshoppers and lizards. This is the way they raised their children. By now the youngsters had grown up and their father had woven little capes for them. These they wore as dresses below the waist.

East of their house was a nice stretch of sand and in the evening, when the shadow was wide, they used to play there and chase each other around. Whenever their mother flew somewhere, she would tell them, "Be sure you don't go anywhere, for Coyote is always prowling around. If you fly off, he will eat you. Who knows, he might show up here, too, but if he wants to eat you, be sure you don't let him." This is what she used to say to them.

One day Bird Woman departed again, and by evening when the shadow was wide the little birds were, indeed, below their house chasing each other and flying

puma oovi kwangwa'ewlalwaqw yaw kur iisaw amumi pitu. Noq yaw pam iisaw ismo'walpe kiy'ta. Noq yaw pam sutsep pang o'watsmova leenangvat kwiniwiq owanmurva pam maqnumngwuniiqe pay yaw kur pam piw pam pangso'o. Noq yaw puma pep pan naangöynumyaqw pam amumi pituuqe yaw suwaptsokit hopqöyngaqw yaw tsorakiwkyangw amumi tayta. Paysoq yaw atsva himuwa puuyawmangwu. Yaw iisaw tsirooyat aw tangivuwkyangw angk taymangwu. Pantsakkyangw pu' yaw pam amumi pangqawu, "Is ali, as umuy sowa," yaw amumi kita.

around. They were still having fun when Coyote chanced upon them. He had his den at Ismo'wala. He usually hunted in that area, along the stony mounds and rocky ridges north of Leenangw Spring. So once again he had headed in that direction. And because he had come upon the little birds while they were chasing one another around, he settled down on his belly close to the eastern side of a saltbush. He was all eyes. One of the birds flew right over him. Coyote watched the little thing with raised head. Finally he said to the birds, "You look appetizing; I'd like to eat you."

"Son pi itam naanakwhani. Um yaw itamuy sowa-
niqw itam yaw qa naanakwhaniqat itangu itamumi
pangqawu," yaw kitota.

Pu' yaw pi'ep amumi pangqawu, "Is ali, as umuy
sowa," yaw amumi kitangwu.

Pantsakkyaakyangw pu' yaw pay himuwa pas angqe
ahaykye' puuyaltingwu. Pay pi yaw tsoorawtaqw paysoq
yaw suukya hiisap atsva puuyaltingwu. Pu' yaw pam
hiitawat aw yootokye' pay yaw okiw put sumoytangwu.
Pay yaw okiw put sukw'ukwngwu. Nuwu yaw panis
lööqmuy peeta. Pantsakkyangw pay yaw pam pumuy
soosokmuy kwu'u.

Pu' yaw pam pumuy kwu'ukwt pu' yaw angqw kwi-
niwiq owanmurva'a. Maqheptimakyangw naat yaw
pam qa haqami pitut pay yaw hin unangwti. Puma hapi
yaw kur put ponoveq naangöynumya. Yaw kur pam
pumuy pay qa ööpulawkyangw paysoq kwukwu'u. Pu'
hapi yaw kur puma pepeq hohonaqya, naangöynumya.
Pay yaw hin unangwti. Pu' yaw pam angqw pay hoopo
tupo. Pu' yaw pang hukwaltsava taatöq. Pay yaw hapi
pas hin unangway'ma. Pay hapi yaw pam kur hoonaqti.
Noq pu' yaw pam pan hoonaqtiqe yaw pay paasat a'ni
hiihiita navotiy'va. A'ni yaw pam hiihiita navotiy'vaqe
pu' yaw pangqawu, "Is han oraymi'i. Nu' ep pite' sinmuy
aa'awnani. Noq inumum hiita navotiy'yungwni."

Yaw pam kitaaqe pu' yaw pam pangqw oraymi'i. Pu'
yaw hisatniqw pay tapkiwmaqw kosngwawvaqw yaw
pam ep wuuvi. Uti, hapi yaw wupqe kiisonve a'ni hii-
numkyangw töqnuma, poniwnuma. Pu' yaw sinom na-
naptay. "Is uti, taq himu kiisonve hin'ur hingqawnu-

"We won't allow that. Our mother told us to refuse if
you wanted to eat us."

Coyote persisted, "You look delicious. I'd like to gob-
ble you up." This is what he kept saying to them.

While the birds carried on in this fashion, there was
always one of them that flew too close to Coyote. He
was, of course, lying there on his belly, and since the
bird was only just above him, he simply snatched at it
and right away had the poor thing in his mouth. Then
he swallowed it down in one gulp. And so it went on.
Soon only two birds were left. Finally, he had devoured
all of them.

After Coyote had gulped down the little birds, he
wandered north along the rock ridges in that area.
Hunting about, he had not really traveled far when all
of a sudden he felt quite funny. Evidently, the birds
were chasing each other around in his stomach. He had
swallowed them without harming them, and now they
were playing there, chasing each other around. Coyote
felt really strange. He now headed east toward the base
of the mesa. Then he trotted south, following the ledge
called Hukwaltsa. His head felt extremely weird. Evi-
dently he had gone insane. And because of this de-
mented state, lots of different things came into his mind.
When this happened he said, "Let me go to Orayvi. When
I get there, I'll tell the people what is in my thoughts.
Then they can share my knowledge."

And so he started out for Orayvi. Some time later
evening was beginning to approach. A nice breeze was
blowing by the time he had climbed the top of the
mesa. What a spectacle Coyote presented, now that he
was in the village! He was moving around the plaza in

may," yaw kitota. Pu' yaw oovi orayepsinom aw kiisonmi kuyvawisqw yaw kur iisaw pep hingqawnuma. Noq yaw yanhaqam hingqawnuma:

Siitanayoo, tanayoo, tanayoo.
Orayve maana qasipe'e'e'e höl höl.
Naalötok paatsikni.

Noq pay pi iisaw kya pi a'ni tönay'tangwuniiqe pas pi yaw pavan aatö' tawma, pavan yaw umukniy'ta. Noq yaw orayve paatsikniqat yan iisawuy taawi'at tu'awiy'ta.

Pu' hapi yaw orayvit pay as okiw qa paatsikniqey naanawakna. Pu' yaw puma kur hintotiniqe pu' yaw oovi kikmongwiy wiktamaya. Pu' yaw ep a'ni pang-qawnumqw pu' yaw pam kikmongwi aw pangqawu, "Is ohi, pas hapi so'on pantani, pay nu' yep okiw as itimuy kyaakyawnay," yaw kita. "Noq sen so'on itam uumi hiita sisviyaqw pay qa paatsikniy," yaw pam aw kita. "Pam hapi himu paatsikiw hakimuy qöyangwuy," yaw kita. "Noq pay nu' itimuy kyaakyawnaqw oovi uma angqe' umuumuy hiita ömaatote' pay pew aw o'yaqw pay itam sisviye' pay as kya itam qa paatsikniy," yaw kikmongwi kita.

Pu' yaw taataqt oovi kiikiy angqe' nankwusa. Pu' yaw hak naap hiita nukngwat, sowi'ngwat, kanelmötsaput, kweewat, tuukwavit, naaqat aw yawmangwu. Pu' hapi yaw put aw oo'oyayay. Pu' hapi yaw hotpa himuwa hiita kwusivaqey tsokyangwu. Nuwu hapi yaw hotpa wuuhaq himu pööngalti. Is hapi yaw hiihiimu nunuk-

erratic circles screaming all the while at the top of his voice. When the people heard the din, they exclaimed, "How dreadful! What on earth is that? There's someone on the plaza telling a horrible tale." Presently the Orayvi people ran to the plaza to look and found that it was Coyote who was hollering out. This is what Coyote had to say:

Siitanayoo, tanayoo, tanayoo.
At Orayvi there is a girl,
Who reveals her thighs.
Four days from now there will be a flood.

Coyote's voice was very deep. He sang so low that it sounded like thunder. His song predicted a flood at Orayvi.

The poor people of Orayvi didn't want a flood, of course. At a loss for what to do, they went to get their village leader. And while Coyote kept shrieking in a loud voice, the chief called to him, "Oh, my, such a flood must not happen! I don't want to lose my children here. Can't we possibly pay you something to keep back the flood? A flood like that drowns people." Then he turned to the people and said, "You are dear to me, my children. Go quickly and pick up some of your belongings what-ever they may be, and bring them here. If we use them as payments, maybe there won't be a flood."

The men obeyed and searched their houses. They brought anything of value—deer hides, native dresses, belts, necklaces, earrings—and handed them over to Coyote. Whatever anyone brought was heaped on Coy-ote's back. Already his back was stacked high with a great load of gifts. All sorts of precious presents were

ngwa. Pu' yaw yukuya. Pu' yaw iisaw pangqawu, "Nu' piw songoopaminiy," yaw kita iisaw.

"Ta'ay," yaw kitota.

Pu' yaw pam iisaw paapiy songoopami. Pu' yaw pam ayoq walapvömiq hawqe paapiy pu' yaw taawakit taavangqöyva warikiwma. Pu' yaw hisatniqw yaw ep wuuvi. Pu' yaw antsa piw pepwat kiisonmi paki. Pu' yaw ep piw pan hingqawlawu:

Siitanayoo, tanayoo, tanayoo.
Songoopave maana qasipe'e'e'e höl höl.
Naalötok paatsikni.

Pu' yaw pay piw an pavan aatö' tawmaqw pu' hapi yaw songoopavit nanaptaqe pu' yaw tuwat tsovalti. Pu' yaw ep puma momoyam yaw pangqaqwa, "Tii, piw iisaw

there. When the men had finished, Coyote cried, "I'll be going on to Songoopavi now."

"All right, all right," the people replied.

So Coyote continued to Songoopavi. He descended the road to Walpi and ran past the west side of Taawaki. Some time later he arrived at the village of Songoopavi. As before, he entered the dance court and began to blare out his song.

Siitanayoo, tanayoo, tanayoo.
At Songoopavi there is a girl,
Who reveals her thighs.
Four days from now there will be a flood.

As in Orayvi, he chanted in a very deep-throated voice. The people of Songoopavi heard it, of course, and flocked together. The women were wailing, "Oh, my, Coyote

hiita tuu'awnuma, yaw naalötok paatsikni. Himu ha-
qawa itanay kikmongwit wangwayqw hin pi pam lavay-
tini," yaw momoyam kitota.

Pu' yaw puma kikmongwiy kiiyat aw hepyaqw pay
yaw qatu. Pu' yaw oovi kiisonve wikvaya. "Ta'a, taq i'
yep pas hiita kyaatu'awva. Pay itam as okiw qa paatsik-
niqey naanawakna," yaw momoyam kitota.

"Is ohi, antsa'ay," yaw kikmongwi'am kita.

Naat yaw iisaw a'ni pangqawnuma. Noq pay yaw
pumawat piw tuwat hiita sisviye' pay yaw son paatsik-
niqat yaw iisaw amumi pangqawu. Pu' yaw pay kik-
mongwi'am sunakwha. Pay pi yaw timuy kyaakyawna.
"Pay itam oovi sonqa uumi sisviyani," yaw pam aw kita.

Pu' yaw puma pepwat taataqt tuwat kiikiy angqe'
hiita sisviyaniqey ooviya. Pu' hapi antsa piw puuvut
hiita sowi'ngwat, kanelmötsaput, kweewat, tu'oynaa-
qat, tuukwavit, naaqat tuukwavit ang somi'iwyungqat
aw oo'oyaya.

really has some bad news for us. There's going to be a
flood four days from now. Why doesn't someone call
our father, the village chief?"

They sought out their leader at his house, and, sure
enough, he was at home. They took him to the plaza
and cried, "Coyote here has come with some terrible
news. We don't want a flood."

"Dear me, that's true," the village chief replied.

Coyote continued at the top of his voice. If they were
to pay him something, they wouldn't get inundated,
Coyote informed them. The chief didn't hesitate to con-
sent. After all, he was fond of his children. "Rest as-
sured, we'll pay you something," he said.

Now it was the men's turn to go through their houses
and look for things they could give as insurance to pre-
vent this. As before, they brought out all their valuables:
deer hides, woven dresses, turquoise earrings, neck-
laces, jaclas, and so on.

Noq yaw pep tatkyaqöyvehaq hakim wuyonawuutim kiy'ta. "Tii, sen okiw itam hiita sisvini," yaw pam so'wuuti koongyay aw kita. "Pay pi kur itam hiita sisvinini," yaw kita. "Himu pay um uukwasataviy, uukwewataviy sisviniy?" yaw kita.

Pu' yaw pam so'wuuti okiw tsaakwakput kweeway tavi. "Noq hiita pi nu' sisviniy?" yaw koongya'at kita.

"Ura kivaapehaq uukolaasa qaatsi, put um aw sisvini."

"Ya vul antsa?" yaw kita. Pu' yaw pam oovi pangsoq pakiiqe pu' yaw pam put horokna.

Yan yaw puma oovi nuutum nuutungk put aw taviqw pangqw pu' yaw pam musangnumi'i. Pu' yaw ep pituuqe pay yaw oovi piw aw kiisonmi pituto. Pu' yaw aw kiisonmi piw paki, son pi qa taavangqöyngaqw torivangaqw.

Noq yaw tsirowuuti ahoy kiy aw haqaqw pitu. Ep pituqw pay yaw timat qa haqamya. Pu' yaw pam timuy kukyamuy ang pootiy'numkyangw yaw iisawuy kukyat tuwa. Pu' yaw pay pam suupan wuuwa, "Pay pi sonqa pam nukpan'isaw okiw itimuy sowa." Yan yaw pam wuuwaqe yaw okiw naavakhuruuta. Pu' hapi yaw pam pep kyaavaknua. "Pay sen kya as qa pas soosokmuy pam naat sowa. Pay kya as nu' angknen pay ahoy hiitawat naaptini," yan yaw pam wuuwa. Pangqw pu' yaw pam oovi kwiniwiq kukyat ang hiihintsakma. Yaw kur tupoqhaqami sokivuyawma, paysoq yaw kur harima. Put hapi yaw ponoveq puma naangöynumyaqw pam hoonaqtiqe paniqw pam harima. Yaw kur oraymihaqami.

On the south side of Songoopavi lived an old couple. "Oh dear me, I wonder what we are going to contribute," the old woman cried to her husband. "I don't know what we can pay. Why don't you give the dress and the belt that you have stored away?"

So the poor old woman sacrificed her worn-out belt. "But what on earth can I possibly give?" her husband asked.

"Don't you remember? You have your leather down in the kiva. You can pay with that."

"Oh yes, that's true," he replied, and he went down to the kiva and got it out.

The couple was among the last to give their share to Coyote, before he left for Musangnuvi. No sooner did he arrive there than he headed for the plaza again. He entered it, most likely coming from the west side, from Toriva.

Meanwhile, Bird Woman had returned from her excursion, but when she arrived, her children had gone. She checked her children's tracks and discovered those of Coyote. Immediately it dawned on her, "That dirty rascal must have eaten my poor children." With this thought flashing through her mind she burst into tears. "Well, maybe he hasn't eaten all of them yet. I guess I'll follow him to see if I can get one back." This is what she thought. So she followed Coyote's tracks in a northerly direction. On the imprints of his tracks one could see his claws. They showed that he had run to the mesa edge. He had scratched the ground all along the way. The little birds in his stomach had, of course, been chasing each other and that's why he had gone crazy. That was also the reason he had scratched the ground. Evidently he had headed toward Orayvi.

Pangqw pu' yaw pam tsirowuuti naat kyaavak-kyangw oraymi. Ep yaw pituuqe pu' sinmuy tuuving-tinuma noq yaw songoopamihaqami'i. "Antsa pi yep as pituma. Noq a'ni pi yep hiita tuu'awvaqw oovi itam aw sisviyay. Noq yaw songoopaminiqey pangqawuy," yaw aw kitota. "Um oovi pangso angkniy," yaw aw kitota.

"Uma tur inungk awyaniy," yaw kita tsirowuuti. "Pay hak hiita tunipiy oovi yawmamantani. Itam haqami angk ökye' pay niinayani. Pay pi hak hiita himuy tuwiy'-tangwu. Pay uma pep ason umuuhimuy naaptotiniy," yaw pam amumi kita.

Pangqw pu' yaw orayngaqw taataqt iisawuy angk songoopamiya. Pep ökiqw pay yaw kur antsa piw pep kiy'yungqamuy an yukuna. Pu' yaw songoopapsinom pumuy tuwat piw pan aa'awnaya. "Hep owi, pi pam yep pitumaqe a'ni hiita tuu'awvaqw oovi itam as okiw qa paatsikniqe aw hiihiita sisviyay. Noq kya pi antsa piw umuupeniiqe pas pi oovi hiihiita a'ni naamangw-'iwkyangw yep pituy. Nit pi musangnuminiqey pi pang-qawqe pay se'elhaq hopqöymiqhaqami hawmay," yaw puma songoopapsinom aw kitota. Pu' yaw puma orayvit songoopapsinmuy ngemnayaqw pu' yaw pay puma pumuy amumumtoti. Pay amun unangwtotiqw pu' yaw puma soosoyam pangqw put tsirowuutit angkya.

Pu' yaw puma musangnumi ökiqw, is yaw naat ihu kiisonve a'ni hiinumkyangw wukotawnuma. Hapi yaw paapu pas a'ni hoonaq'iwta. Pu' yaw hiita naamangw-'iwnuma. Pu' yaw naat oovi aw hiita oo'oyayaqw pu' yaw tsirowuuti pangqawu, "Ta'ay, pay uma kiikiskyava utatote' pay niinayaniy," yaw kita. "Noq pay hak hiita

With tears still streaming from her eyes, Bird Woman went to the village of Orayvi. When she arrived, she inquired among the people and heard that Coyote had continued on to Songoopavi. "He was here all right. But because he brought us that terrible news about a flood, we paid him. Whereupon he said he would go to Songoo-pavi." This is what the people told her. "Go, follow him there," they suggested.

"You come after me then," Bird Woman replied. "And take some weapons along, for if we catch up with him, we'll kill him. You know what you own. You can get your belongings back there in Songoopavi."

So the men followed Coyote from Orayvi to Songoo-pavi. Upon their arrival there they discovered that Coy-ote had done the same thing to the people there. The Songoopavi people told the same story. "Well, yes, Coyote came here with such dreadful news that we paid him. We didn't want to perish in a flood. He must have been at your place, too, because he arrived here loaded down with all sorts of gifts. He said that he would go on to Musangnuvi and headed down the east side just a little while ago." This is what the people from Songoo-pavi had to relate. The Orayvi men now asked the people from Songoopavi to join them on their mission. So they banded together with shared feelings, and all of them followed Bird Woman out of the village.

When they got to Musangnuvi, they discovered that Coyote was still there. He was pacing wildly about the plaza and singing in a deep-throated voice. By now he had gone stark raving mad. To boot, he was hauling a big load of offerings. People were still handing gifts over to him when Bird Woman shouted, "All right, close all

himuy tuwiy'tangwuniqw oovi ason uma niinaye' pu' pay umuumuy hiita naaptotiniy. Pam hapi itimuy kur soway," yaw kita.

Pu' hapi yaw sinom mumrikhot ömaatota. Pu' hapi yaw ihu navotqe pu' ang tso'tinuma. Pu' hapi yaw taataqt as aw murikhoy wahitotaqw yaw qa himuwa wungva. Pantsatskyaqw pu' yaw pay ihu maangu'i. Pu' yaw hisatniqw kur hak su'an wungvaqw pu' yaw puma put niinaya. Pu' yaw puma ponomiq poyoy akw hötaya. Yaw angqaqw puma tsitsirooyam nöngangayku. Yan yaw pam tsirowuuti timuy naapti. Yaw haalayti. "Askwali, uma niinayay," yaw kita. "Ta'ay, pay pi hak oovi hiita himuy tuwiy'tangwu. Pay uma umuumuy hiita naaptotiniy," yaw pam haalaykyangw amumi kita. "Pay pi okiw itimuy sowaqw ima sonqa ponoveq naangöynumyaqe oovi put hoonaqtoynaya. Oovi naanap hiita yu'a'a'tay," yaw kita.

"Pas kya antsa'ay," yaw puma sinom kitota. Yanhaqam yaw puma iisawuy aw naa'o'ya. Pay kya oovi pam tsirowuuti naat timuy haqam oyiy'ta. Yuk i' pölö.

the entrance ways to the plaza and then kill him. You know what things are yours. Destroy him and you can have your belongings back. He is the one who ate my children."

The people picked up their sticks, but Coyote saw them and started jumping around like mad. The men threw their sticks at him, but they all missed. Finally Coyote grew tired and someone landed a direct hit. They then killed him and cut open his stomach with a knife. All the little birds came hopping out. This is how Bird Woman got her children back. She was overjoyed. "Thank you so much for killing him," she exclaimed. "Well, everybody knows what is his, so take your belongings back," she happily announced to the people. "That rascal ate my poor children, but they must have chased each other in his stomach. As a result, they drove him crazy. That's why he was blurting out all that nonsense."

"That's probably true," the people replied. Thus, they got even with Coyote. And Bird Woman, I suppose, still has her children somewhere. And here the story ends.

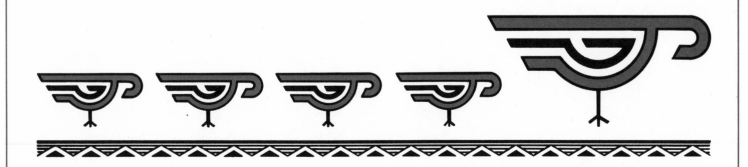

Iisawniqw Aa'ant

Coyote and the Ants

Aliksa'i. Yaw ismo'walpe iisaw kiy'ta. Pu' yaw piw ha-qamwat ima aa'ant kiy'yungwa. Pay yaw puma pep pas soosoy hinyungqam aa'ant tuwat wukokitsokiy'yu-ngwa. Yaw ima qööqömvitniqw pu' ima paavalangpum pu' toko'a'ant yaw imuy sisiw'antuy amumum pephaqam pay tuwat yeese. Pu' yaw puma pephaqam pay tuwat yaw kwangwayese. Pu' yaw puma piw pay pas sonqa tiivangwu. Pay yaw naanap hisat puma pan unangw-tote' pay yaw piw tiivangwu. Pu' yaw puma tiive' puma yaw pep haqam kiisonve naanguy'kyaakyangw angqe qöqönyangwu. Niikyangw yaw puma yanhaqam taawiy' yungway:

> Holooto mee'e'e'e',
> Holooto me, holooto me.
> Holooto mee'e'e'e',
> Holooto me, holooto me.
> Koolo tsayo,
> Ayong kangkye holooto me.
> Koolo tsayo,
> Ayong kangkye holooto me.
> Holooto mee'e'e'e,
> Holooto me, holooto me.

Aliksa'i. They say Coyote had his den at Ismo'wala. The Ants had made their home in another place. All the different kinds of ants that exist had a large settlement there: black ones, red ones, giant ones were living together with the tiny ones. They were living happily, which means of course, that they also had dances on a regular basis. Any time the Ants felt a desire to stage a dance, they did so. On such an occasion they would clasp each other's hands at the plaza and go around in a circle. And this is what they sang:

> Holooto mee'e'e'e',
> Holooto me, holooto me.
> Holooto mee'e'e'e',
> Holooto me, holooto me.
> Koolo tsayo,
> Ayong kangkye holooto me.
> Koolo tsayo,
> Ayong kangkye holooto me.
> Holooto mee'e'e'e',
> Holooto me, holooto me.

Yan yaw puma tawkyaakyangw pephaqam tiivangwu. Noq pay yaw puma pephaqam haalayyangwu.

Noq pu' yaw hisat pas a'ni hukva. A'ni yaw hukvaqe yaw okiw pumuy kiiyamuy soosok kiiqöta. Yaw huukyangw qe'tiqw pas yaw qa haqam ankinamuru. Pas pi yaw as naanaqle'niqw yaw huukyangw kur put soosok haqaminiqw yaw oovi puma aa'ant pep suututskwavehaqam okiw naahoy yuyuttinumya. Yaw puma pephaqam naahepnumya. Yaw tsaatsayom yumuy hepnumya, pu' peetu timuywatuy tuwat hepnumya. Nawis'ewtiqw pu' yaw puma soosoyam naatutway. Niiqe pu' yaw puma paasat haqam sumitsovaltiqw pu' yaw pam hak pumuy amumi pangqawu, "Pay itam son nawus qa haqamiye' pep pu' itam ason piw kitsoktotaniy. Pay itam oovi payye' pay kya as itam iits haqami pan'ewakwniqat aw ökiniy," yaw pam kitaqw pu' yaw puma oovi pangqw nankwusay.

Panwiskyaakyangw pu' yaw puma haqami pas wukotsomoy'taqat aw öki. Pu' yaw pam hak pumuy tsaamiy'maqa pumuy amumi pangqawu, "Ta'ay, pay kya itam yephaqam piw yesvaniy. Pay itam it tsomot atpip kiitotaqw pay as kya paapu huukyangw qa itamuy yuuyuynaniy," yaw pam kita.

Pu' yaw puma paasat piw oovi kiitivaya. Pu' yaw puma hiihiita tumalat ang naa'o'oyaya. Pas yaw qa hak qa tumalmakiwa. Hikis yaw tsaatsayom nuntumya. Peetu yaw titap'api'iwyungwa, pu' peetu pay yaw yumuy amumum noovatya. Pu' taataqt, tootim yaw pasvayaqw pu' mimawat kiilalwa. Pu' yaw peetu pay tuwalan'a'yat. Pantsatskya yaw pumaniikyangw pu' piw yaw antsa wukokitsoktotay. Kitsoktotaqe pu' yaw puma aapiy piw tiilalwangwu. Noq yaw kur pam pep wukotsomo yaw kivutsmo. Kivutsmot yaw kur puma

With this chant they used to dance there. They were happy and content.

One day a mighty windstorm started to blow. It blew so hard that it devastated all the homes of the poor creatures. When it finally stopped, no trace of the ant-hills was visible anymore. There had been anthills in several places, but since the wind had blown all of them away, the Ants were scuttling back and forth on the flat ground, searching for one another. Some time later they all found each other again. When everybody was gathered in one place, one of them spoke up and said, "We'll have to move somewhere else and found a new village. Let's go right now, and we might come upon a suitable site." And so the Ants started out.

In the course of their journey they reached an area with a big hill. The one who was guiding them suggested, "All right, I suppose we could settle down here. If we build our houses below this mountain, the wind may not bother us anymore."

And so the Ants started building. They distributed the various chores among themselves. Everybody was given a particular job; even the children pitched in. Some helped by babysitting, others brought food to their parents. Some men and boys were in the fields, others constructed the houses. A few acted as guards. In this manner the Ants built a truly huge village. By establishing the village they were able to continue giving birth to young ones again. The big hill there happened to be a placenta hill. The Ants had built their homes

atpip kiitota, niikyangw pay yaw pumuy qa hisat naat himu yuuyuynaqw pay yaw oovi puma pephaqam kwangwayese.

Noq pay pi i' iisaw sutsep hiita tunöshepnumngwu-niiqe yaw oovi pay piw pangqe' yaw hisat waynuma. Noq pay pi sinom yaw sutsep tilalwangwuniqw yaw oovi himuwa tiitaqw pu' yaw puma put tiiqatswuutit kiivuyat pangso tuuvawisngwu. Noq piw yaw kur hak naat pu' ep talavaynen piw tiitaqw yaw iisaw pang way-numa. Noq iisaw pi yaw pay pas naap hiita nösngwu-niiqe yaw oovi kur put kiivut hova'ikwqe yaw oovi pangso'oy. Pu' yaw pam pangso wupqe pu' yaw pang put kiivut oovi sominuma. Pu' yaw pam pang pantsak-numkyangw yaw put kivutsmot atpipo yorikqw piw yaw pep hiitu hintsatskyaqw yaw pam pumuy amumi taynuma. Noq yaw pam pumuy amumi taytaqw piw yaw kur aa'antya. Pu' yaw pam amumi taytaqw piw yaw puma hiita naakwewtotoynaya.

Noq pay yaw as kur puma navotiy'yungwa pam iisaw pumuy tiimayqw. Pay yaw kur pam suukyawa pumuy tuwalan'aya'am put tuwa pay naat haqaqwniqw. Pu' yaw oovi pam mongwi'am haqawatuy ayata yaw haqami moohot yukuwisniqat. "Uma put kivaye' uma put pay tatam pas wuuhaq tsiitsiktotaniy. Pantotit pu' uma sukw pas wuupat namisomtotaniy. Noq pu' ason pay pas pam iisaw itamumi taytaqw pu' uma tiivanikyangw pu' uma peehut naakwewtoynayaniy." Yan yaw pam pumuy amumi tutaptaqw pu' yaw oovi puma haqawat haqami moohot hepwisa. Niiqe pu' yaw pumuy ökiqw pu' yaw puma peetu pay haqamwat kivaape put paasat namisomlalwa. Pu' yaw mimawat pay kiisonve tsovalti. Niiqe yaw puma iisawuy nawip qa tuway'yungwa.

right in front of it. And because no soul ever molested them, they lived a happy life there.

Coyote, as is well known, is constantly about search-ing for food. One day he came upon the area where the Ants had relocated. Humans, of course, are always hav-ing offspring, and when a Hopi woman has given birth, it is customary to deposit her afterbirth at the placenta hill. It so happened that a woman had given birth to a child on the morning that Coyote chanced by. And be-cause he devours just about anything, he picked up the smell of the afterbirth and trotted up to it. He climbed the hilltop and sniffed around on the afterbirth. By acci-dent he looked down to the place in front of the pla-centa hill and to his surprise espied some creatures. They were doing something there. Taking a closer look at them, he discovered that they were Ants. Just as he watched them, they were putting something around their waists.

Evidently the Ants were fully aware that Coyote was observing them. One of the guards had already spotted him as he approached their site. For that reason the Ant chief had dispatched some of the Ants to get some narrow-leaved yucca. "When you bring back the yucca, tear it up into as many strips as you can. Then tie the pieces together into a long rope. Later, when Coyote watches us, I want you to dance and tie a few yucca strips around your waists," the chief instructed the Ants. So several Ants went searching for yucca. When they returned, they tied the yucca strips together in one of the kivas. The rest of the Ants convened at the plaza. They all pretended not to see Coyote.

Pu' yaw pam pangqw tsomongaqw pumuy amumi paas tayta. Pu' yaw pam pumuy amumi taytaqw pu' yaw puma antsa pep put moohot naakwewtotoynaya. Pantotit pu' yaw puma pep kiisonve pongokqe pu' yaw naanguy'kyaakyangw pangqe qöqönyakyangw tiiva. Noq pas hapi yaw puma aa'ant kwangwa'ewyaqw pay yaw piw iisaw pumuy amumi kwangway'tuswa. Pu' yaw pam pangqw pumuy tiimayqw pu' yaw pam hak put iisawuy aqw tunatyawtaqa pu' pumuy mongwiyamuy pan aa'awna, "Pay itamuy tuway. Pay ayangqw tsomongaqw itamuy tiimayiy," yaw pam kita.

Noq yaw pumuy mongwi'am pangsoq yorikqw pay yaw antsa iisaw pangqw pumuy amumi tangivuwta. "Ya antsa'ay? Pay niikyangw uma qa hin wuuwantotaniy. Pay naat nu' hin wuuwankyangw umuy put moohot ayatay. Pay itam put hinwat yukunayaqw pay pam son itamuy hintsanniy," yaw pam kitaaqe pay yaw qa hin tsawiniwta.

By now Coyote was observing them from the hill. And, indeed, he noticed that the Ants were tying yucca around their waists. They now formed a circle on the plaza, grabbed each other by their hands, and began dancing in a circle. It was such a pleasure to watch them that a desire arose in Coyote to participate. One of the Ants was keeping a close eye on Coyote as he watched them dance. He informed the chief, "He has spotted us. He is watching us over there from the hill," he reported.

True enough, when the chief looked over, he saw Coyote with his head raised in their direction. "Is is true then? Well don't you worry. I have a plan. That's why I told you to bring the yucca. We'll do something to Coyote so he won't be able to harm us," he said. The chief showed no sign of fear.

Pu' yaw puma oovi piw aapiytota. Pu' yaw mimawat wikpangwyukuyaqe pu' yaw pay oovi nuutum tiikivey'yungwa. Noq pu' yaw hisatniqw ihuwuutaqa yaw pas qa naa'angwutaqe pu' yaw amumi nakwsu. Yaw amumi nakwsuqw pay yaw puma soosoyam qe'toti. Pu' yaw pam pumuy amumi pangqawu, "Ya uma yephaqamyay?"

"Owiy," yaw puma aw kitota.

"Noq uma hintsatskyay? Pas nu' ayangqw umumi taytaqw uma sumataq kwangwa'ewlalway," yaw pam pumuy amumi kita.

"Owi hapiy, pay itam tuwat yep tiikivey'yungway. Pay antsa pi itam kwangwa'ewlalwakyangw pu' piw haalayyay," yaw puma kitota.

"Hep owiy, sumataaq. Noq pas hapi nu' umumi kwangway'tusway. Sen nu' son umumum yep wunimaniy," yaw iisaw kita.

"Piiyi, um kur itaamongwiy tuuvingtaniy. Ason put hingqawqw pu' pay sonqa pantaniy," yaw puma kitotaqe pu' yaw oovi mongwiy wangwayyaqw pu' pam ep pitu.

Pu' yaw paasat pam iisaw piw putwat tuuvingta. Noq pay yaw pam kya pi hin wuuwantaqe pay yaw iisawuy sunakwhana. Pu' yaw ihu yan nukwangwnavotqe yaw kwangwtoya. Pu' yaw pam pumuy amumi pangqawu, "Noq uma piw hiita kwewlalway? Son kya pi nu' qa nuutum pankyangw umumumniy," yaw iisaw kita.

"Hep owiy, pay um antsa sonqa su'itamunkyangwniy. Pay itam engem haqami hiita hepwisniy," yaw haqawa kitaqw pu' yaw pam oovi peetuy pangsoq kivamiq ayata put moohot namisomvut oovi. Pu' yaw antsa puma pep put engem kwusivaya. Noq pu' hapi son puma put

So the Ants continued with their dance. Meanwhile the others had finished the yucca rope and started to participate in the performance. A little later Old Man Coyote could not restrain himself any longer and headed down toward the Ants. When he came up, all of them stopped. "Are you here?" he greeted them.

"Yes," they replied.

"What are you up to? I was watching you from over there and had the impression that you were having fun."

"Yes, that's true; we're having a dance. We're really enjoying it and we are happy," the Ants replied.

"Indeed that's what I gathered. I must confess I have a great wish to join you. Can I possibly dance with you here?"

"I don't know. You'll have to ask our chief. Whatever he says goes," one of the Ants replied. So they called their chief, who soon arrived.

Coyote now asked once more for permission to join the dancers. Apparently the chief had some sort of plan in mind, for he readily consented to Coyote's request. Coyote was delighted about the outcome of his request and was anxious to get going. So he asked, "What are you tying around your waists? I need that too, I guess, to participate."

"For sure, you must dress exactly like us. We'll go find some for you," one of the Ants replied and immediately bade some of the others to run to the kiva for the yucca rope. Sure enough, they brought it for him. Next they were going to teach Coyote the dance song, so a few

qa tatawkosnayaniqe pu' yaw oovi puma hikiyom put iisawuy haqami qalavo wikya. Pu' yaw i' mongwi'am mimuywatuy amumi pangqawu, "Uma hapi put kwewtoynaye' uma hapi pay tatam put pas huur langaknayaniy. Pantotit pu' uma ason pas epeq hurusomyaqw qa ngaaniy," yaw pam pumuy amumi kita.

Pu' yaw oovi puma pephaqam put tatawkosnayaqw hisatniqw pu' yaw kur pam taawiy'vaqe is yaw pavan wukotawma. Uti yaw kur pam a'ni tönay'ta. Yaw pam taawiy'vaqw pu' yaw puma put ahoy kiisonmi wikya. Pu' yaw ep wikvayaqe pu' yaw put aw pangqaqwa yaw put kwewtoynayaniqey. Pu' yaw puma oovi put kwewtoynayat pu' yaw aw homikmaqe pu' yaw nan'ivaqw put moohot namisomvut langtoynaya. Pu' hapi puma pi kyaysiwqe yaw oovi put moohot pavan huur langaknaya. Pu' hapi yaw iisaw a'ni ananata. "Pay um nawus qa pangqawlawniy, pay itam piw pantotiy. Pay as hiisavoniqw sonqa tomakniy. Pay mootiniqw piw as itamuy tuuhotay," yaw pam suukyawa aw kitaqw pu' yaw oovi iisaw paasat piw hihin sun yuku.

Pu' yaw piw huur langaknayaqw pay yaw iisaw wukosiiki, pavan yaw wupasiiki. Pu' yaw piw pavan posvölöy'va. Pantotit pu' yaw puma piw tawkuynayaqe pu' piw tiiva. Is yaw iisaw as naamahin naatuhoy'kyangw pay yaw piw hin a'ni tawma. Nuutum angqe qöniwmakyangw yaw suptsatsatima. Pu' yaw puma pay piw it taawit akwya:

> Holooto mee'e'e'e,
> Holooto me, holooto me.
> Holooto mee'e'e'e,
> Holooto me, holooto me.

Ants led Coyote aside. Presently the Ant chief said to the rest, "When you put that rope around Coyote's waist, I want you to pull as hard as you can. Then fasten the rope so tight that he can't undo it."

Meanwhile the Ants were teaching Coyote the song. Soon he knew it by heart and sang along in his low, low voice. And did he have a loud voice! Now that Coyote had mastered the song, they brought him back to the dance court. Then they informed him they were going to put a belt around him. Having accomplished that, they all swarmed up to him and pulled on the rope from both sides. There were thousands of them and they pulled so hard on the yucca that Coyote howled out in pain. "Don't complain! We went through the same thing. The pain will probably go away in a little while. At first it hurt us too," one of the Ants consoled Coyote, whereupon he calmed down a little.

The next time they strained on the rope with all their might, Coyote released a long and loud fart. Then his eyes began to bulge out. Having achieved this much, the Ants began singing and once more the dance got under way. Coyote was suffering terrible pain but somehow managed to sing along in a loud voice. He moved along with the Ants in a circle, stepping rapidly. The Ants danced to the same song again:

> Holooto mee'e'e'e',
> Holooto me, holooto me.
> Holooto mee'e'e'e',
> Holooto me, holooto me.

Koolo tsayo,
Ayong kangkye holooto me.
Koolo tsayo,
Ayong kangkye holooto me.
Holooto mee'e'e'e,
Holooto me, holooto me.

Yan yaw puma tawwiskyaakyangw pay yaw puma pas puuvutsa akw tiiva. Pay yaw kur puma qa yeeyewatniiqe pay yaw okiw putsa taawiy'yungwa.

Pu' yaw pay as oovi iisaw hiisakishaqam amumumnit pay yaw kur hinni. Pas hapi yaw pam qa kwangwahinta. Yaw kwewtaqva a'ni tuutuya. Pu' yaw pam as pay put ngaaniqe pu' yaw as aw hintsaki. Noq pay yaw kur pam put hintsanni. Pas hapi yaw huur somiwta. Pu' hapi

Koolo tsayo,
Ayong kangkye holooto me.
Koolo tsayo,
Ayong kangkye holooto me.
Holooto mee'e'e'e',
Holooto me, holooto me.

They used the same song over and over. They were not good composers and were only familiar with that one song.

After Coyote had joined them for a few rounds he was unable to continue. He didn't feel well and hurt badly around his waist. He now wanted to untie the rope and began fiddling with it, but he couldn't loosen it. The rope was fastened extremely tightly. By now

yaw pam pay nuwu hin unangway'maqw pay yaw aa'ant nanapta. Pu' yaw pam mongwi'am pangqawu, "Ta'ay, uma pay watqaniy. Uma hapi umuukikiy ang huur tangaltiniy. I' hapi itsivute' son itamuy ookwatuwniy," yaw pam pumuy amumi kita.

Pu' yaw puma oovi watqaqe pu' yaw oovi soosoyam yungmaqw pu' yaw pam mongwi'am pep pay nal'akwsingwa. Pu' yaw pam iisawuy aw pangqawu, "Ta'ay, pay um nawus yephaqam yantaniy. Naapas um hiita suutuptsiwngwu. Son pi pas itam antsa pan huur naasomtotaniqöö'. Pi itam pay yan hingsakw kwewtaqay'yungway, itam pi pay yan yukiwyungway," yaw pam put aw kitaaqe yaw iisawuy aw tayatit pu' tuwat waaya.

Pu' yaw okiw iisaw pep toriwkukutinuma hin unangwtiqe. Pu' hapi yaw pam qa kwangwahiikwista. Pu' yaw pam as hin naangaaniqe pu' yaw oovi huur tuutu'qalkyangw nahongvilawu. Pantsakkyangw pay yaw pam sikikitiva; pu' pay paasat siisisitiva, pu' sisiwkukutiva. Panmakyangw pay yaw pam okiw angqe' wa'ökma. Pay yaw pam kur okiw pas suus. Yanhaqam yaw pam pep okiw naatuhotat mooki. Noq naat kya oovi pephaqam ima aa'ant tiikivey'yungwa. Pay yuk pölö.

Coyote was beginning to feel quite miserable. The Ants noticed this, so their chief shouted, "All right, run away now! Hide deep in your houses! When this critter gets mad, he won't have any mercy on us!"

The Ants obeyed and scuttled away. All were underground now with the exception of the chief who had remained behind all by himself. Presently he said to Coyote, "Well, you will have to stay like this. How can you be so foolish as to believe everything right away? We would never tie ourselves that tight. After all, we have narrow waists; we are made like that." With these words he laughed in Coyote's face and ran off.

Poor Coyote was stumbling around feeling wretched. He couldn't breathe well any longer. He tried to loosen the belt, straining every muscle and grunting. In the process he again began farting. Not only did he start farting, he also began defecating. Finally the poor creature collapsed where he was, never to get up again. In this way Coyote died. The Ants, I guess, are still dancing there. And here the story ends.

Iisawniqw Mongwu

Coyote and the Owl

Aliksa'i. Yaw ismo'walpe iisaw kiy'ta. Niikyangw pu' yaw pam piw nöömay'kyangw piw yaw pas maman-hoymuysa timuy'ta. Niikyangw yaw pam piw pas qa na'öntaqa, pas yaw pay hiita a'niningwu. Niiqe yaw oovi pam paasay'taqe yaw a'ni uuyiy'ta. Pu' yaw piw pas maakya. Pan yaw pam qa na'öntaqaniqw oovi yaw puma natwanit, sikwit, puuvut nasaniy'yungwa. Panta yaw pamniiqe yaw mimuywatuy ii'istuy amumiq nanan-ngwu. "Okiw uma hiitu'uy, uma hiitu nunuksiwt. Naala nu' hiita a'niniiqe naap nu' itimuy a'ni oyiy'ta. Itam sutsep nasaniy'yungwa. Uma hiitu nukus'i'ist, tsung-'i'ist," kitangwu yaw pam mimuywatuy amumiq.

Pu' yaw pam iisaw hisat nöömay aw pangqawu, "Um tsaatsakwmuy tsovalaqw itam pasmiye' pay itam ason pep nöönösaniy. Ason pay nu' taawanasami hihin mong-vaste' pu' maqtoniy. Pu' ason nuy ahoy pituqw pu' itam tuutu'tsaye' pu' put itaasikwiy enang kwangwanönö-saniy," yaw pam nöömay aw kitaqw pu' yaw pam oovi pumuy timuy tsovala.

Paasat pu' yaw puma oovi pumuy paasayamuy awya. Pay yaw oovi naat pu' taawa yamakiwtaqw puma yaw ep öki. Pu' yaw pam oovi paasat pang uuyiy ang pay

Aliksa'i. They say Coyote was living at Ismo'wala. He was married and also had children, all of them little girls. He was not at all lazy, which is quite unusual for a coyote, and he was skilled in all sorts of things. For this reason he owned a field of his own and grew a great amount of crops. He was also an excellent hunter. Because he was industrious, he and his family had plenty to eat: food from the field and game. Being resourceful himself, he used to laugh at the other coyotes. "You poor devils! You are lazy! I alone am good in many things, and I have a lot to offer my children. We always have an abundance of food. You, however, are good-for-nothing lechers with your minds only on sex." This is how he used to talk about the other coyotes.

One day Coyote said to his wife, "Why don't you gather the kids together? We'll go to the field and eat there. By noon when I've done most of the work, I'll go hunting. When I return, we can roast corn and have a delicious meal with our meat." His wife did as he said and rounded up the children.

Thereupon they trooped out to their field. The sun had barely risen when they arrived. Coyote hoed weeds and walked around checking on all the plants. Indeed,

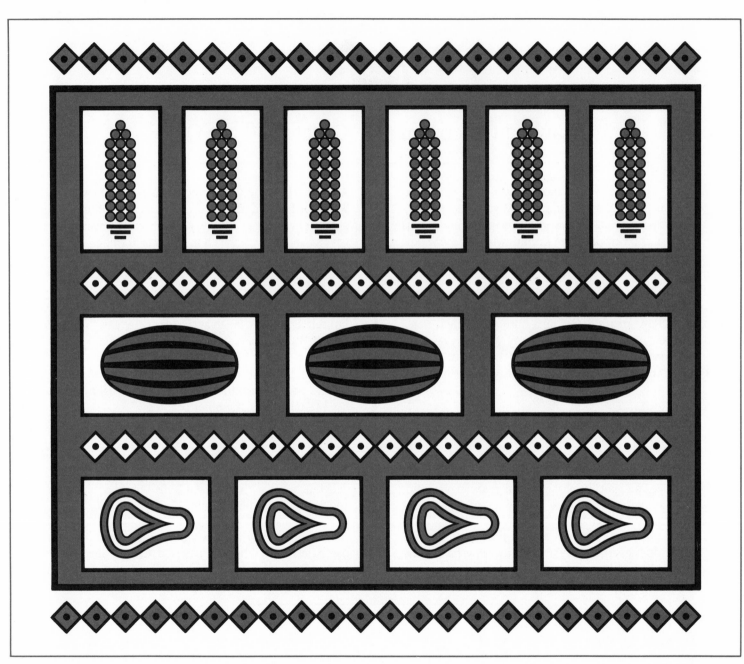

pastinuma, uuyiy ang pootiy'numa. Noq yaw antsa pam kur wuuwukoq kawayvatngat, meloonit, patngat a'ni aniwnaqw pavan yaw pam ang wukovo'o'yungwa; pavan yaw sami'at piw wuuwupa. Noq pu' yaw pam na'am pay taawanasami yaw hihin yukiy'maqe yaw oovi pay paasat maqtoni. Noq pu' yaw puma put tu'tsiy enangyani.

Pu' yaw pam oovi pay haqe' yoktaqay tupkyat pu' pangqw teevengewat nakwsu. Pu' yaw pam oovi angqe' maqnuma. Noq pam pi pay pas maakyaniiqe yaw oovi lööqmuy taavotuy pay sunina. Pam yaw pantit pu' yaw pam haqami tepqölminiiqe pu' yaw pam pang pay pas put susutskwivut hepnuma. Pu' yaw pam hiita tuunawakniy tuwaaqe pu' yaw pam oovi put hiisa' pephaqam tutkita. Pangqw pu' yaw pam put tepkohot tawimokkyangw pu' tuuniy iikwiwma. Pay yaw naat oovi qa wuuyavotiqw pay yaw pam piw pasve ahoy pitu.

Yaw pam ep put tuunit iikwiwvaqw yaw nööma'at haalayti. "Askwali, piw kur um sakina. Pay um yuk pumuy taviqw ason nu' siskwe' pu' aw itamungem tuupeni," yaw pam kitaaqe haalaylawu.

Noq pu' yaw pam oovi pephaqam put tuuniy taviqw pu' yaw puma noonovani. Pay yaw kur piw nööma'at pumuy amungem paas nitkyata. Pu' yaw puma paasat mamanhoymuy tsovala. Puma pi yaw pay naat pas tsaatsayomniiqe yaw oovi pay tuwat angqe' hohonaqtinumya. Pu' pay piw peetuy pu' piw pay hiihiituy angqe' yuuyuynatinumya. Paasat pu' yaw puma oovi sumitsovaltiqe pu' yaw paasat pep noonova. Pas yaw puma kwangwanönösa.

Paasat pu' yaw pay himuwa tsay pay panis ööyiwmakyangw pay yaw ayo' waaye' pay yaw piw haqami

he had grown a lot of crops. Squatting there were huge watermelons, big muskmelons, and gigantic pumpkins. His fresh corn ears, too, were very long. Shortly before noon Father Coyote finished his chores and went hunting for meat to eat with the roasted corn.

From the spot where he hid his hoe Coyote went westward. In that region he hunted around. He was an exceedingly skilled hunter and quickly bagged two cottontails. Then he trotted to a grove of greasewood bushes and looked for those with straight stems. When he had found exactly what he wanted, he snapped off a few; then he left with the greasewood sticks in his hand and his quarry on his back. Only a short time had passed before he was back at the field again.

When he arrived with the prey on his back, Coyote's wife was delighted. "Thanks! Looks as if you were lucky again. Just dump the two rabbits here. When I'm done skinning them, we'll roast them," she said, still full of gratitude.

Coyote put his prey down, for now they were going to eat. His spouse had prepared a packed lunch, so the two called the little girls together. They were still quite young and were playing. The girls kept teasing the kangaroo rats and all sorts of other animals. When the whole family was finally gathered in one place, the Coyotes started to eat. They really enjoyed their food.

As soon as one of the little Coyote girls was full, she bounded off again. Somewhat later, when husband and

warikngwu. Hisatniqw pu' yaw tuwat puma isnawuu-
tim öyqe pu' yaw pay hiisavo pep naami yu'a'ata. Pu'
yaw puma naami yu'a'atikyangw pay yaw hisatniqw
naami yaayativa. Pu' yaw puma naat pantsakqw pay
yaw kur pam iisaw hin unangwti. Kur yaw pam musqe
pay yaw pam paasat nöömay atsmi sutski. Pantit pu'
yaw iisaw put nöömay pephaqam a'ni tsopta.

Noq yaw suupaasatniqw yaw piw kur amutsva suu-
kya oomaw waynuma. Pu' yaw pam pumuy tuwaaqe
yaw amumi tayati. "Pas pi ima hiitu piw pay naap
haqam pantsaki. Himu löwason'isaw ngasta hama-
nay'ta," yaw pam kitaaqe yaw amumi taya'iwta. Pu' yaw
pam oovi pumuy naatsoptaqamuy su'amutsminiiqe yaw
pumuy amumi yokna. Noq yaw as naamahin pumuy
iisawtuy amumi yooyokq qa hin yaw puma put nan-
votkyangw yaw tuwat yomikvisoq'iwta. Pay yaw piw
pas pumuysa amumi yokva. Ayangwat pay yaw as
suyan taavi. Noq paniqw yaw oovi pangqaqwangwuy,
"Iisaw haqam naatsoptaqw oovi piw taaviniikyangw
yooyoki," kitotangwu.

Pu' yaw pay puma pas qa qe'tiqw pu' yaw pay oovi
pam oomaw pangqw aapiy'oy. Hisatniqw pu' yaw puma
yukuuqe yaw angqe' qaqtuptu. Paas yaw puma tsee-
kwekiwkyangw naami saynuma. "Ali, yankyangw pay
nu' pu' tatam qa öönakyangw angqe' ungem hiita hin-
tsaknumni," yaw pam nöömay aw kita.

"Is ali, owi. Um himu hakiy kwangwahintsanngwu.
Pas hapi um kwangwakwasiy'ta," pu' yaw nööma'at put
iisawuy aw tuwat kita.

Paasat pu' yaw iisaw uuyiy awniiqe pu' yaw paasat
pay hiisa' samiita. Pantit pu' yaw pam put nöömay
aw kima. Yaw pam samiy ep kivaqw yaw nööma'at
haalayti. Noq yaw pam iswuuti put angqw tangu'-

wife had satisfied their appetite, the two chatted to-
gether for a little while. In doing so they fell to romping
around with each other, and soon Coyote was all
aroused. In the process, he got an erection, so he quickly
mounted his wife and vigorously coupled with her
there.

At that very moment a single cloud was drifting
above the two of them. When it spotted the couple, it
laughed: "You are really something, to do that just any
old place! What a sex-crazed coyote who shows no
embarrassment!" That is what the cloud remarked,
snickering at the two Coyotes. The cloud shifted right
above the two lovers and rained down on them. But the
two Coyotes were not aware of the rain. They were too
busy rocking. Surprisingly enough, it rained only on
them; in other places the sun was shining brightly. For
this reason people have a saying, "There is a coyote mat-
ing somewhere when it rains while the sun is shining."

When the two Coyotes simply would not quit, the
cloud moved on. Finally, they were done and got up.
They were soaked from the rain but were smiling at
each other. "That was good! Now it'll be a pleasure to go
out and do things for you," Coyote said to his wife.

"How true, that was great! You are a real stud! What a
terrific penis you have!" his wife replied.

Coyote now strode over to his plants, picked a few
ears of fresh corn, and took them to his wife. She was
grateful and went to make tangu'viki. Coyote himself
trotted back to the field and did some work, still de-

viktani. Paasat pu' yaw pam iisaw ahoy pasminiiqe pu' yaw piw pangqe' hintsaknuma kwangwatsungiy'-kyangw. Pu' yaw put aakwayngyave put iisawuy nöö-ma'at tuwat novavisoq'iwta. Pam yaw taavotuy sis-kwaqe yaw put aw nöqkwiviy'kyangw yaw aasavo tangu'viklawu. Paas yaw kur pam angvuy enang pangso kima.

Pu' yaw pay oovi pam nööma'at yukunihaykyaltiqw pu' yaw pam iisaw uuyiy ang piw peehut samit a'kiqe pu' yaw put nöömay aw kima. Paasat pu' yaw pam ep pituuqe pu' yaw paasat qöqöha. Qööt pu' yaw pam tepkohoy aw tsukutoyna. Putakw hapi yaw puma put samit sööngönkyaakyangw yaw tuutu'tsayani. Pu' yaw paasat put nööma'at novayukuqw pu' yaw puma piw timuy tsovala. Noq pu' yaw paasat puma i'ishooyam awyaqe piw yaw hiita matsvongkyaakyangw aw öki. Noq yaw kur puma haqam maatuy qöqyaqe yaw kur pumuy tsamvaya. Yaw puma pumuy kutuktotaniqe yaw kwangwtotoya. Pu' yaw paasat oovi pumuy na'am put samit tepkohot ang sööngönkyangw yaw aw tuutu'tsa. Pu' yaw pam oovi tuutu'tsaqe yukuqw yaw puma oovi noonovani.

Noq yaw pumuy oovi su'aw noonovaniqw piw yaw haqam himu töqti. Pu' yaw puma naanatim pay moo-tiniqw qa nanapta. Pay yaw na'amsa navotqe pu' yaw pumuy meewa, "Meh, kur huvam haak qa hingqaqwa'ay, taq sumataq hak itamumi hingqawlawuy," yaw pam pumuy amumi kita.

Pu' yaw puma oovi tuqayvastotay, niiqe yaw puma sunaqvu'itsiwyungwa. Noq antsa yaw piw himu töqti. Noq yaw pam na'am angqe' taynumqw yaw kur pumuy paysoq amuqlap söhöptsokit epeq mongwu tsokiw-kyangw yaw töötöqlawu. Pu' yaw pam iisaw itsivu-

lighted from the lovemaking. His wife, in the mean-time, was busy with the food. She skinned the two cottontails and, while the stew was simmering, made tangu'viki. In anticipation she had also brought a batch of husks.

When Coyote's wife was nearly done, he pulled a few more ears of fresh corn off the stalks and took them to her. Then he built a fire. After that, he sharpened the greasewood stick they were going to use to skewer the fresh corn for roasting. When his wife had finished cooking, they called the children together. The little Coyotes came running with something in their hands. They had evidently killed some cicadas and were look-ing forward to frying them. Father Coyote now pierced an ear of fresh corn on the greasewood stick and roasted it. When he was through, the family was going to eat.

They were just about to begin their feast when some-thing made a noise. The rest of the family didn't hear it at first. Only Father Coyote had heard it, so he told them to hush. "Listen! Hold your tongues for a moment! I think someone is trying to tell us something."

So they listened attentively, with their ears pricked up. Sure enough, there was the sound again. Father Coyote scanned the area and then noticed that an owl was perched nearby on top of a cottonwood tree and was hooting. Coyote was angry and snarled at the bird,

 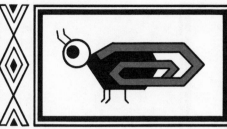  

'iwkyangw yaw aqw pangqawu, "Ya um hintiqw piw pangqaqw panhaqam hingqawlawuy? Um himu nukpanwuutaqa. Son pi itam haqawa hintiniqw piw um pangqaqw tu'alangwhingqawlawu. Pi itam qa hiita akw okiwya, pi nu' a'ni hiita aniwnangwu. Son pi hak haqam yan itamun a'ni qatuni. Pay um oovi qa pangqw pangqawlawt aapiyniy, nu'an tu'alangwmongwu. Naapas pu'sa qa puuwi. Pi um yaasat naat qa havivokyalngwuniikyangw piw yangqe' tu'alangwhingqawnuma. Yupa, qa pangqw pantat aapiyoo'." Yaw pam aw kitat pu' yaw sungwnuptuqe pu' yaw put tepkohot yawtaqey yaw put aqw tuuva.

Pu' yaw pam put tepkohot paas tsukuy'taqat mongwut aqw tuuvaqe pu' yaw oovi nawus piw sukw tsukutoynani. Pu' yaw pam oovi piw sukw ang kwusuuqe pu' yaw piw tsukutotoyna. Noq pam yaw pay naat hihin itsivu'iwkyangwniiqe pay yaw oovi qa pas aw tunatyawkyang put pantsaki. Niiqe yaw pam put hapi naamiqwat iitsiy'kyangw yaw tsukutotoyna. Pu' yaw pam hisatniqw kur qa an hintiqw pay yaw pam put aqw surpa. Surpakkyangw pay yaw iisawuy suuhiikwamiq okiw tsööqö. Pantiqw pay yaw okiw iisaw angqe' mootokma. Pu' hapi yaw pangqw hiikwangaqw

"Why are you hooting like that up there, you evil old man? Nothing can happen to any of us. I'm surprised you are hooting your bad omen. We lack nothing because I always grow a lot. No one else can live as well and comfortably as we. Stop hooting and beat it, you damn witch owl! Why aren't you asleep now? You aren't fully awake yet at this hour, and yet here you are, hooting your bad omens. Go on and leave! You have no business being here!" With these words Coyote quickly sprang up and hurled his greasewood stick at the owl.

Now that he had thrown the sharp stick at the owl, he was forced to carve another one. He picked one up and started whittling a tip. He was still quite upset about the owl and didn't concentrate on what he was doing. He held the point toward himself as he sharpened it, and soon made a mistake, and the stick slipped toward him. It pierced Coyote's throat. The poor creature dropped forward, and blood spurted forth from his throat. It took only a moment, and the poor thing was dead.

yaw ungwa su'ayowutsilti. Naat yaw oovi pay qa wuu-yavotiqw pay yaw pam okiw mooki.

Pu' hapi yaw puma naanatim pep put aw okiw tsay-kita. Pas yaw hisatniqw pu' yaw puma yan unangwto-tiqe pu' yaw paasat put hintsatsnaniqey put naanami maqaptsilalwa. Noq pay yaw puma naat kur hin put amyani. Ason yaw pas puma put yuwsinayat paasat pu' yaw puma put pay amyani. Noq oovi yaw ason pay qavongvaqw pu' yaw puma ahoy angqw hiita hinwise' pu' paasat put paas tumaltotani. Yan yaw puma naanami yukuyaqe pu' yaw oovi pay naat haqami put lölökintota. Qa himu hapi yaw put aw hintsakniqat oovi yaw puma naanatim pay put nay pephaqam tupkyaya. Pantotit pu' yaw puma pangqw pay okiw qa haalaykyaakyangw ninma.

Noq antsa yaw oovi qavongvaqw pu' yaw puma

Coyote's wife and daughters cried with grief. When finally they had recovered a little, they asked each other what they should do with him. They couldn't bury him yet. They would first have to prepare him for burial. On the following day they would return with all the necessary things and attend to the corpse according to custom. Having decided to do this, they dragged Coyote's body away. The family was anxious that nothing would disturb their father, so they hid the body. After that they trotted home, sad and grieved.

Indeed, the next morning they headed back, taking

pangso engem hiita yuwsinayaniqey put kiwisa. Pu'
yaw puma antsa aw ökiiqe pu' yaw pam haqamniqw
pangso yaw pumaya. Pu' yaw puma put iisawuy haqaqw
tupkiy'yungqe yaw pangqw put paasat ahoy horoknaya.
Pantotit pu' yaw puma haqawat i'ishooyam yaw yuy
amum put yuuyuwsinaya. Pu' peetu pay yaw aapiy nay
engem hangwantota. Okiw yaw puma pep tsaykitikyaa-
kyangw put tumalay'yungwa. Hisatniqw pu' yaw puma
yukuya. Yaw pumuy yukuyaqw pu' yaw pumuy yu'am
amumi pangqawu, "Askwali. Ta'a, pay kya yantani. Uma
pay inuusavo itaa'uyiy ang samiitinumyaqw nu' it ha-
qami tupkyani," yaw pam timuy amumi kitaqw pu' yaw
puma oovi pangso uysonmihaqamiya.

Noq yaw pam yu'am hapi hintiniqw puma hapi put
aw qa taayungwniqat pam naawaknaqe yaw oovi pumuy
pangso hoona. Pu' yaw oovi puma pangsoyaqw pu' yaw
pam put koongyay kwasiyat angqw ayo' tuku. Pam hapi
yaw pas kwangwakwasiniqw oovi yaw pam put panti.
Pay yaw pam ngas'ew put koongyay'taniqe oovi. Pu'
yaw pam pantit pu' yaw pam koongyay aama. Pantiqw
pu' yaw pay naat put timat qa ahoy ökiqw pu' yaw pam
paasat pay pep pasve qalavehaqam pumuy amumi ma-
qaptsiy'kyangw yaw koongyay kwasiyat taplakniy'ta.
Pay yaw oovi su'aw pam lakqw yaw put timat ahoy öki.
Pu' yaw pam put koongyay kwasiyat silaqvut aw moo-
kyaatat pu' put pangqaqw ahoy yawma. Pu' yaw puma
ahoy ökiqw pu' yaw pam pay put kwasit nana'uyve
tosta. Pantit pu' yaw pam put hiita aw mokyaatat pu'
yaw haqami kyeevelmoq tsurukna.

Panmakyangw pu' yaw tapkiqw pu' yaw puma oovi
nöönösa. Pumuy nöönösaqw pu' yaw pam pay kur hin
wuuwankyangw yaw timuy pay iits tokvanat pu' yaw
pam pangqw kyeevelngaqw put mokiwyay horoknaqe

with them whatever they were going to use to dress the
corpse. On arrival they sought out the spot where the
body was hidden. They pulled it out of its hiding place,
and some of the children and their mother prepared the
corpse. The others, meanwhile, proceeded to dig a grave
for their father. The poor things were crying as they
worked. Finally, they were done. Then Mother Coyote
spoke to her children, "Thank you. Well, I guess that
will be it. You can go ahead now and pick some fresh
corn in the field. Meanwhile, I will bury his body." So
the children ran off to the corn plants.

Mother Coyote had sent her youngsters off because
she didn't really want them to see what she was going
to do. Thus, when they were over at the field, she cut
off her husband's penis. He had a great penis and that
was her reason for wanting it. She would at least have
this for a husband now. With that task accomplished,
Coyote Woman buried her husband. Her children were
still not back when she was finished, so she waited for
them there by the edge of the field and dried her hus-
band's penis in the sun. Just when it was dry the chil-
dren came running back. Coyote Woman wrapped the
penis in some husks and took it back home. Back at the
house she secretly ground it up in a mortar and stuffed
the powder into a bag which she tucked away in the
ceiling.

Soon it was evening, and the family ate supper. When
they were done, Coyote Woman evidently had plans, for
she hurried her children off to bed. Having put them to
bed, she pulled out her little container from the ceiling,

pu' yaw put yawkyangw ahoy aapay awniiqe pu' yaw paasat ang wa'ö. Pantit pu' yaw pam put tos'iwput hiisa' löwamiq siwuwuykina. Panti yaw pamniikyangw pay yaw hin unangwti. Hin unangwtiqe pu' hapi pay yaw pam mooti aapay aqw a'ni yomimita. Pantsakkyangw pu' yaw pay pas pavan hin unangwtiqe pu' yaw pay sungwnuptuqe pu' yaw pöpsöva paasat yomtinuma. Pu' hapi yaw pam a'ni hingqawkyangw pantsaknuma, "Hete'kotsaana, hete'kotsaana, hete'kotsaana," yaw kitikyangw. Pay hapi yaw pam qa tuutuskyangw pan hingqawnumkyangw pangqe' pantsaknuma. Noq pay yaw put timat pas hurutokqe yaw oovi qa hiita nanvotya. Noq panhaqam yaw pam ep mihikqw yuku. Pam yaw kur put kwasit pantimantaniqe oovi put koongyay kwasiyat ayo' tuku.

Noq paapiy pu' yaw pam tsung'unangwte' pu' yaw piw pantingwu. Pu' yaw pam kur pan unangway'kyangw mihikne' pam yaw timuy pay su'its tokvanangwu. Noq pay yaw as oovi timat qa nanaptangwu.

Noq suus yaw kur pam piw pan unangway'taqe yaw piw oovi timuy pay iits tokvana. Pu' yaw oovi puma ismamanhooyam pay wa'ömti. Noq yaw kur i' suukya pay qa puwmokiwtaqe yaw oovi pay atsavuwi. Yaw qa tutukpantiniqe yaw oovi pay navuwiy'ta. Noq pu' yaw pumuy yu'am amumi paas tunatyawta. Noq pu' yaw pumuy amumi hiisavo maqaptsiy'taqw pu' yaw pumuy hurutokva'ewakwniqw pu' yaw pam piw pangqw oongaqw put mokiwyay horokna. Pantit pu' yaw pam piw wa'ökqe pu' yaw piw put löwamiq oyakyangw pay yaw piw an hin unangwtiqe pu' yaw angqe' yomtinuma, a'ni yaw pangqawkyangw, "Hete'kotsaana, hete'kotsaana, hete'kotsaana."

took it over to her rolled-out sheepskin, and there bedded down with it. Presently she sprinkled a little of the powder into her vulva. Suddenly she became all aroused. First she jerked around against her sheepskin bedding. As time passed, the effect of the powder increased, and she got so excited that she leaped out of bed and rocked around the house in copulating motions. Her movements were accompanied by a weird noise: "Hete'kotsaana, hete'kotsaana, hete'kotsaana," she kept saying. She was totally oblivious to anything else as she carried on there muttering this strange word. Her children were sound asleep, so they didn't hear anything. This is how she meant to use the penis, and for that reason she had cut it from her husband.

From that day on Coyote Woman repeated this ritual whenever she felt like having intercourse. And if she was in that mood at night, she sent the children to bed very early. For that reason her daughters never heard a sound.

One day when she again had desire, she saw to it that her children went to bed early. Obediently the little Coyote girls lay down, but one of them was not sleepy yet and only acted as if asleep. She didn't want to be scolded and so pretended to be sleeping. Mother Coyote watched her daughters closely, and after she had waited a little while and all of them seemed to be sound asleep, she once more took her little bag down from the ceiling. She bedded herself down, and by scattering some of the powder into her vulva became aroused and began jumping around. "Hete'kotsaana, hete'kotsaana, hete'kotsaana," she uttered in a loud voice.

Noq pam yaw suukyawa ti'at put yaw kur aw tay-taqw yaw pam yu'am qa nanvotkyangw pep pantsak-numa. Pu' yaw pam ti'at tuwat pangqaqw kwangwa-timayi. Hisatniqw pu' yaw pam yan unangwtiqe pu' yaw puwva. Noq yan yaw put ti'at yori. Qavongvaqw pu' yaw pam iswuuti yaw pasminiqey timuy amumi pangqawu. Pu' pi pam pay ngasta koongyay'taqe yaw oovi nawus pay naap pangso sasqa. Pu' yaw pam timuy amungem noovatat pu' pumuy paas nopnat pu' paasat pasmihaqami.

Noq pu' yaw put iswuutit pay haqti'ewakwniqw pu' yaw pam suukyawa manawya mimuywatuy amumi pangqawu, "Meh, nu' tooki qa puwvaqe pay navuwiy'-kyangw itaa'aapay ang wa'ökiwtaqw piw itangu ayangqw oongaqw hiita kwusut pu' put hiita löwamiq oyaaqe yangqe' hin'ur hintsaknuma. Noq sen as itam tuwatyani. Hintotini pi itam tuwaat," kita yaw pam pumuy amumi.

Noq pay yaw pumawat soosoyam put an unangwtoti. Pu' yaw puma oovi put mookiwyat pangqw kwusuyat pu' yaw angqe' aapalalwa. Pantotit pu' yaw puma ang wa'ömti. Pankyaakyangw pu' yaw puma put tos'iwput angqw naa'itnaya. Pantotikyangw pu' yaw pay puma tuwat hin unangwtoti. Pu' hapi yaw puma pep tuwat yomtinumya. Pu' hapi yaw puma tuwat a'ni hingqaw-numya. Haahah, pas pi yaw hin unangwa. Hisatniqw pu' yaw puma ahoy yan unangwtotiqe yaw naanami tsu-tsuya, pas hapi yaw himu kwangwa'ewniiqat kitikyaa-kyangw. Noq pay yaw naat kur qa pantani. Pay yaw puma piwyaniqey naawinya. Pu' yaw antsa puma piw-yaqe pay yaw an piw pas kwangwahintoti. Yantoti yaw pumaniikyangw pay yaw piwyani. Pu' hapi yaw puma pep pantsatskyay.

That one daughter, however, was watching her mother who was totally unaware that she was being ob-served. The daughter enjoyed what she saw. Some time later the mother settled down again and fell asleep. The child had taken it all in. The next morning Coyote Woman told her children that she was going to the field. Now that she was without a husband she had no choice but to go there by herself. She cooked breakfast for the children, and when she had fed all of them, she headed out to the field.

When Coyote Woman was long gone, that one little girl said to her sisters, "Listen! Last night I couldn't fall asleep, so I pretended. And as I was lying on my bed, I was surprised to see our mother take something down from the ceiling; she put it in her vagina and then really jumped quite strangely all over the place. Maybe we should also try it. Let's see what happens if we do."

All of them agreed with their sister. They took down the bag and spread out their bedrolls. Then they lay down and helped themselves to the powder, one after the other. Soon they, too, became aroused and started jerking and rocking around. They were also muttering the weird words. The pandemonium was incredible. Fi-nally, after calming down, they laughed at each other. They kept telling one another how much fun it had been. Evidently, that was not going to be the end yet. They decided to try it once more. And, indeed, they did it again, and, as the first time, it was a wonderful sensa-tion. Presently they repeated it a third time. And so it went on.

Noq naat yaw puma pantsatskyaqw pay yaw pam tos'iwpu kur sulawtiqw puma qa nanapta. Paasat pu' puma yaw as piwyanikyangw paasat pu' yaw nanapta. Yantiqw pu'sa yaw kur puma hintotini. Okiw yaw puma pep wuwniwuysaya. Suyan hapi yaw puma tutukpantotini. Hisatniqw pu' yaw haqawa pangqawu, "Pay itam hiita hepye' put aqw ahoy tangatotaqw pay suupan son navotni," yaw pam suukyawa kitaqw pu' yaw puma oovi pep hiita hepnumya.

Hisatniqw pu' yaw kur hak piw qöpqömiq yorikqe pu' yaw mimuywatuy amumi pangqawu, "Meh, kur huvam pewya'a. Pas i' yangqw qötsvi tangawtaqa pay put itanguy himuyat anhaqam soniwa. Pay kya as itam it pangsoq tangatotaqw pay as kya pam qa navotni," kita yaw pamniqw pu' yaw puma oovi put pangsoq tangatotat pu' piw put ahoy pangsoq kyeevelmoq tsuruknaya.

Pankyaakyangw pu' yaw puma yuy nuutayyungwa. Noq antsa yaw tapkiwmaqw yaw yu'am pitu. Noq pay yaw puma put aasavo paas noovay'yungwa. Qa hisat pi yaw puma as pantoti. Pay hapi yaw pam pumuy qa qööqöyniqat oovi puma pantoti. Niiqe yaw oovi yu'am pumuy timuy amumi haalayti pantotiqw. Niikyangw pay yaw kur pam piw tsungmokiwkyangw ep pitu. Pu' yaw pam oovi paasat nösqe yaw timuy amumi pangqawu, "Uma hapi pay iits piw tokvani, taq nu' mangu-'iwkyangw pitu. Uma hapi qa tookye' hingqaqwaqw hak qa puwvangwu. Uma oovi pay iits paapu tokvani," yaw pam timuy amumi kita.

Noq pu' yaw oovi puma ang ayo' tunösvongyat qenitotat pay paasat aapalalwa. Pu' yaw pumuy tokva-'ewakwniqw pu' yaw pam paasat put piw angqw kwusuuqe pu' yaw piw put löwamiq hiisa' oya. Pu' yaw pam

While they were busy, the powdery substance became depleted without the girls being aware of it. Only as they were about to use it again did they notice. They were at a loss as to what to do next. The poor things were very worried. They would certainly get blamed for it. Finally, one of the sisters proposed, "Let's search for something to fill up the bag with! Our mother might not notice it then." So they started searching.

Evidently at one point one of the girls looked into the fireplace. As she did, she called to the others, "Hey, come here! The ashes in here very much resemble the powder in our mother's bag. I guess she won't notice the difference if we put ashes in it." So the girls stuffed the bag with ashes and then tucked it away in the ceiling.

They now waited for their mother. Sure enough, in the early evening, she came home. The children had already prepared the food before her arrival, something they had never done before. They had done this, of course, so that their mother wouldn't scold them too much. Mother Coyote thanked her children for their work. But evidently she had also returned home with a desire for sex. For this reason she said to her children after the meal, "I want you to go to bed early again. I came home dead tired. If you chatter and don't sleep, I can't sleep. So be sure to sleep early."

The girls now cleared away the food and made their beds. When it seemed that they had fallen asleep, Mother Coyote took down her bag as she had done before and sprinkled a little of the powder into her vulva.

pantiqw pay hapi yaw put löwa'at a'ni tsipti. Pu' hapi yaw tsiptiqw pu' yaw pam suqtuptuqe pu' yaw pep wawartinuma. Okiw yaw as löway aqw huukyantaqw pas hapi yaw qa toma. Pu' yaw pam paasat kuypiminiiqe pu' yaw angqw hiisaq kuyt pu' put löwamiq wuuta. Paasat pu' yaw pam hihin tomakqw pu' paasat pam piw angqw peehut kuyt pu' paasat piw löwamiq kuuya. Paasat pu' yaw kur toma. Pu' yaw pam löway tomaknaqe pu' yaw put mokiwyay aqw poota. Noq pay yaw as antsa pam put kwasit tos'iwput su'anhaqam soniwkyangw pay yaw suyan qa pami'. Noq yaw pam pep pantsaknumqw yaw kur put timat put iswuutit aw taayungqe yaw aapay ang wa'ökiwkyaakyangw yaw na'uytsutsuya.

Noq pay yaw kur pumuy yu'am navota. Pu' yaw pam pay pan suuwuwa, puma put kwasit tos'iwput soosokyaqw. Pu' yaw pam pephaqam murikhot kwusuuqe pu' yaw pumuy amumi wari. Pu' hapi yaw pam pephaqam timuy wuvaataniqe pumuy ngöynuma. Pu' yaw puma i'ishooyam okiw tsaykitikyaakyangw yuy angqw waytiwnumya. Hisatniqw pu' yaw himuwa hötsiwmiq hin pite' pu' yaw suymakmangwu. Himuwa yaw pangqw yamakye' pu' pay naap haqamiwat waayangwu. Yanhaqam yaw pam itsivutiqe yaw timuy hintsanay. Noq paniqw yaw oovi iisaw naap haqam kiy'tangwuy, yaw puma watqaqe angqe' aatsavalqw oovi'o. Pay kya naat oovi pephaqam pam iswuuti qa tsungiy'kyangw qatu. Pay yuk pölö.

No sooner had she done that than her vulva began to burn. As the pain increased, she quickly got up from her bed and ran about the house. The poor thing tried to fan her vulva to lessen the anguish, but it didn't subside. Presently Coyote Woman ran to the water vessel, scooped some out and splashed it on her vulva. That weakened the burning, so she scooped up some more and poured it on herself. Finally the pain stopped. Now that she had soothed the pain, she checked the contents of her little bag. True enough, there was something in it that looked very much like the powderized penis, but it definitely was not the same. While Coyote Woman was examining the powder, her daughters were watching her from their beds. They were laughing secretly.

Evidently their mother noticed that, and it dawned on her at once: her children had used up the penis powder. At once she grabbed a stick that was lying there and rushed after her girls. She hit them, chasing them through the house. The little Coyotes, poor things, were crying as they tried to escape their mother. When one of the girls reached the door, she quickly dashed out. Once she was out, she just bounded on, in any direction. In this fashion Mother Coyote vented her wrath and punished her daughters. For this reason coyotes can be found just about anywhere now. Because the children ran away, they were scattered all across the land. I suppose Coyote Woman is still living there somewhere without the joys of sex. And here the story ends.

Iisawniqw Yöngösona

Coyote and Little Turtle

Aliksa'i. Yaw orayve yeesiwa. Pay hisat kya pi pep yes-ngwu sinomniqw yaw pep leenangwvat aatavangqöyve piw ima yöyöngösont kiy'yungwa. Noq yaw pep lee-nangwvave paangaqw mumuriy'vangwu, pu' ayam mu-murvave piwniqw yaw puma pangso put nöswisngwu.

Noq yaw pay pi yan qa yokvaqw pay yaw okiw paanawit pam paahu lakyaqw paapu yaw qa pangqw mumuriy'vangwu, piw qa wiphoy'vangwu. Noq yaw okiw puma yöyöngösont tsöngso'a. Noq pu' yaw yu'am amumi pangqawu, "Pay pi itam nawus ninmaniy," yaw kita. "Pay pi itam yep qa hiita tunöstuway'numya." Puma hapi yaw ayaq sakwavayuy ep pas kiy'yungwa. Pay yaw puma nawus pangsoq ahoy ninmani.

Noq yaw suutala'niqw yaw oovi a'ni kotskiwa. Noq yaw pumuy amungaqw suukyawa pas naat tsayhoyanii-kyangw pay yaw naat pam qa pas hongvihoya. Noq utuhu' pi yawniqw oovi pam sustsayhoya yaw kur okiw kohalmokqe pu' yaw suwaptsokit aasonmiq paki. Noq pangqw yaw kur hihin kosngwalqw pu' yaw pam hihin hukyaaqe pay yaw pangqaqw kwangwavuwva.

Noq pu' yaw puma soosoyam ahoy ninmaniniqw pay yaw kya pi yu'am a'ni timuy'taqe kya pi put aw qa hin wuuwa pam qa amumumniqw. Pu' yaw oovi puma

Aliksa'i. They say people were living in Orayvi. They had settled there long ago, I guess. And west of Lee-nangva the Turtles also had their home. At the spring there, marsh grass and rushes would grow. The same was true over at Mumurva, and it was this place that the Turtles usually headed to for food.

Now the rains had failed, and in pond after pond the water had dried up; neither rushes nor cattails grew anymore. The poor Turtles were starving, so their mother said to them, "I suppose we have to leave for home. We can't find any food around here." They lived over at Sakwavayu, and they would have to return to that place.

Because it was the height of summertime, the ground was extremely hot. One of the children was still quite small and not very strong yet. He was the youngest of them all, and, because he suffered from the heat, the poor thing had crawled under a saltbush. Under there the air was stirring a little, which helped him cool off somewhat, and finally he fell into a relaxing sleep.

All the Turtles were going to return home now, but the mother had so many offspring that I believe it com-pletely escaped her that her baby was not with them. So

nankwusaqe pay yaw put sustsaakw suutokyaqe pay yaw okiw qa wikya. Pu' yaw pangqw puma ismo'walay taatöq hovaqaptsomovaya. Is utu, hapi yaw a'ni kotskiwa. Nak'iwta hapi yaw i' tutskwa, pisa. Pu' yaw puma panwiskyangw yaw ayo' songoopamihaqami namurmiq yayvaqe pu' pepehaq nanamtökyaqw pay yaw i' sustsay qa haqaqö. Noq pu' yaw pam yu'am pangqawu, "Pay pi son himu pu'haqam pay qa tuwaaqe sonqa wiiki. Pay pi itam son pu' put tutwani. Pay pi itam oovi nawus qa ahoy hepwist payyani."

Yantotiqe pu' yaw pay puma nawus put sustsaakw qa nuutayyungwt pay aapiytota. Pay pi yaw as qa haalaytotikyangw pay nawustota.

Pu' yaw oovi pay pumuy haqyaqw pu' yaw yöngösonhoya kur taatayi. Pu' yaw pam qatuptuqe yaw navotq

when they started out, they forgot all about him and left him there. They made their way from Ismo'wala south past Hovaqaptsomo. What a suffocating heat it was! The ground was burning hot, and the sand was dry and loose. Plodding along, they came to a ridge in the area of Songoopavi. They clambered up, and when they were on top, they turned around only to discover that the youngest was nowhere in sight. "Well," cried Mother Turtle, "some animal must have found him by now and has probably carried him off. We will never find him now. There is no point going back and looking for him. We have to go on."

So the Turtles marched on without waiting for the youngest one. They were sad but had to resign themselves to the situation.

They had already traveled far away when Little Turtle finally woke up. He arose and realized that the

kur yaw put okiw pep naltatve. Pu' yaw okiw naavak-
huruuta, yaw okiw kyaavakmumuya. Noq yaw pam
suwaptsokit atpipaqw puwqe pu' yaw paasat pam oovi
pangqw yama. Yamakqe angqe' taynumqw yaw kur
taatöqhaqamiya. Pay pi yaw puma yöyöngösontniiqe
yaw tutskwat hariy'wisa. Is hapi yaw kur aqwhaqami
kwanawwisa. Pu' yaw pam okiw pangqe' kyaavak-
kyangw kukyamuy ang'a, pang ismo'walay taatöq. Niiqe
yaw yanhaqam pakmay:

> Tingawsona, tingawsona.
> Wa'oo, wa'oo.
> Hi', hi', hi', hi'.

Yan yaw pakma. Okiw yaw kotskiwmokqe kyaavakma.
Naat pi yaw okiw yaasayhoya yöngösonhoya.

Noq piw yaw kur iisaw pang aqle'haqe' maqnuma,

others had left him all by himself. The poor thing burst
into tears and cried and cried. He crawled out from
under the saltbush where he had slept. He glanced
around and noticed that the others had headed south.
Since they were turtles, they had ambled along scratch-
ing the ground with their bowlegged feet. The wretched
baby began following their tracks into the area south of
Ismo'wala, tears still streaming from his eyes. His cry-
ing sounded about like this:

> Tingawsona, tingawsona.
> Wa'oo, wa'oo.
> Hi', hi', hi', hi'.

This is how he was crying. The little creature was
bathed in tears. He was suffering from the hot sand, for
he was still a tiny baby.

It so happened that Coyote was hunting in that re-

niiqe yaw pam navota haqam himu hingqawlawqw. Pu'
yaw pam sungwnuptu, pu' yaw pangqawu, "Ya himu
haqam hingqawlawuy?" yaw kita. Pu' yaw pam pep
wunuwkyangw tuqayvaasiy'ta. Naat yaw oovi pam pan-
taqw pu' yaw piiwu.

> Tingawsona, tingawsona.
> Wa'oo, wa'oo.
> Hi', hi', hi', hi'.

Kitangwu yaw himu haqam.
    Paasat pu' yaw pam haqaqwniiqat suupangsohaqami
nakwsu. Pu' yaw pam pang hiita heptimakyangw yaw
kur aw pitu. Pu' yaw pam iisaw pas aw pituqw pay yaw
yöngösonhoya may soosok tangata. Pu' yaw pam pan-
tiqw pu' yaw pay iisaw put pep taakukna. Paasat pu'
yaw pam aw pangqawu, "Ya um hiita tawlawuy?" yaw
aw kita.
    Pu' yaw yöngösonhoya aw pangqawu, "Pi nu' qa taw-
lawuy, pi nu' pakmumuyay," yaw aw kita.
    "Kur piw suusiy, pas um hiita kwangwatawlawuy,"
yaw piw aw iisaw kita.
    "Hep nu' qa tawlawuy, nu' pakmumuyay," yaw aw
kita. "Nu' inguy pumuy qa amumum ahoy nimaaqe oovi
nu' pakmumuyay," yaw aw kita.
    "Pay um suus piw tawlawniy," yaw aw kita. Pay yaw
pas kur iisaw son tuuqayni. Pay yaw as pam put qa suus
aa'awna qa tawlawqey. Paasat pu' yaw iisaw aw pang-
qawu, "Ung qa inumi tawlawqw nu' tur ung kwu'ukni,"
yaw aw kita.
    "Ta'awu, ta'awu, himu nuy hak kwu'ukqw nu' qa
mokngwuy," yaw aw kita. "Um nuy kwu'ukqw nu'
uuponongaqw kwangwayongit angqw kiy'tani."
    "Ta'ay, inumi tawlawuu'. Ung qa inumi tawlawqw nu'

gion, not far from Little Turtle, and Coyote's ears picked
up the sound of an animal. He halted abruptly and said,
"Who could be making that noise?" Standing there he
strained his ears. Again he heard it.

> Tingawsona, tingawsona.
> Wa'oo, wa'oo.
> Hi', hi', hi', hi'.

These were the sounds of this creature, whatever it was.
    Coyote now headed straight toward the direction of
the noise. Searching for whatever had caused the noise,
he came upon the tiny Turtle. The moment Coyote
reached him, the Turtle pulled in all his legs. Coyote,
however, flipped him over and asked, "What were you
singing?"

    The Little Turtle replied, "I was not singing, I was
crying."
    "Come on, do it again. You were singing a really nice
song," Coyote insisted.
    "But I told you I wasn't singing; I was crying," Little
Turtle protested. "My mother and family left for home
without me, and that's why I was crying."
    "Just sing once more, will you?" Coyote persisted. He
was not going to give up. Little Turtle assured him
again and again that he hadn't been singing. Coyote
now resorted to threatening the tiny thing. "If you don't
sing for me, I'll swallow you alive."
    "All right, all right, that's fine with me. Being the crea-
ture that I am, I won't die if someone swallows me. If
you do that I'll just live in the warmth of your stomach."
    "You'd better sing for me. If you don't, I'll carry you to

tur ung nuvatukya'omi wiikye' oongaqw ung nuvat ang muumaniy," yaw aw kita.

"Ta'awu, ta'awu, um nuy pantsanqw nu' pangqw kwangwasisiroktimani," pu' yaw aw kita.

Paasat pu' yaw iisaw piw wuuwanta, nit pu' yaw piw aw pangqawu, "Um tur qa inumi tawlawqw, nu' ung kotskiwqat ang muumaniy," yaw aw kita.

"Ta'awu, ta'awu, nu' put akw qa hintingwu. Pay pi um nuy pantsanqw nu' pang kwangwawawa'öktinumni," yaw aw piw kita.

Pu' yaw iisaw piw aw pangqawu, "Um tur qa inumi tawlawqw nu' ung qöma'wamiq wiikye' ung pangqw atkyamiq tuuvaniy," yaw aw kita.

"Ta'awu, ta'awu, um nuy pantsanqw nu' pangqw ason kwangwavuyawmaniy," yaw pam aw kita.

Pu' yaw iisaw kur put hintsanni. Paasat pu' yaw iisaw piw wuuwanlawt pu' yaw piw aw pangqawu, "Ta'ay, inumi tawlawuu'. Ung qa nakwhaqw nu' tur ung paayumiq wiikye' ung aqw tuuvaniy," yaw aw kita.

"Pay'u, pay'u, pay'u, pay'u, taq nu' pante' sumok-ngwuy. Um tis qa nuy okiw pantsanni," yaw kita aw pam yöngösonhoya.

Pu' yaw pay ihu qa sööwunit yaw put sumoyta. Moy-tat pangqw pu' yaw pam pa'utsmi suru'itsilti. Pangqw pi yaw pay paayumiq haypo. Paapiy pu' yaw ihu qa naatusiy'ma. Pavan yaw qö'angwuy tuuwuhiy'ma. Pay hapi oovi yumat haq'iwyungqw pu' yaw iisaw aqw paayumiq pituqw piw hapi yaw angqe wukomuna. Pu' yaw iisaw paayumiq pituuqe pu' yaw yöngösonhoyat aqw tuuva. Pu' yaw oovi pam put aqw tuuvaqw pay yaw pam ahoy aw kuyva, iisawuy awi', nit pu' yaw aw pang-qawu, "Ali, ikiningwu," yaw kita.

Nuvatukya'ovi and roll you down the snow all the way from the top of the peaks."

"All right, all right, that's fine with me. If you do that, I'll just have fun sliding down the snow."

Coyote gave it some thought and then he said again, "If you fail to sing for me, I'll tumble you in the hot sand."

"All right, all right, that's fine with me. For if you do that, I'll just enjoy myself rolling around in it," Little Turtle answered.

Again Coyote said, "If you don't sing for me I'll carry you to Qöma'wa and fling you down the bluff."

"All right, all right, that's fine with me. You do that and I'll have a nice flight down to the ground."

Coyote was at a loss. He didn't know what else he could do to the little thing. Once again he racked his brain, and then he said, "Well, now, you sing for me. And if you don't consent, I'll carry you all the way to the Little Colorado and throw you in the water."

"Oh no, oh no! If that happens to me, I will die right away. Please don't do such a thing to me!" Little Turtle pleaded.

Coyote, however, lost no time and quickly grabbed him with his teeth. And with the Little Turtle in his mouth he rushed to Pa'utsvi so fast that his tail stuck out. From there the river was not far. Coyote ran along without stopping. He was raising a trail of dust behind him. The parents of Little Turtle were still far away when Coyote reached the Little Colorado River. Surpris-ingly enough, it was flowing full. When Coyote came to its bank, he hurled the tiny turtle in. But he had barely thrown him in than Little Turtle stuck his head out of

Paasat pu' yaw pay iisaw itsivuti. Pay yaw kur yöngö-
sonhoya iisawuy aw a'tsalawu. Pay yaw kur yöngö-
sonhoya paangaqw kiy'kyangw put aw pangqawu, hak
put pangsoq tuuvaqw pam mokngwuqat. Pu' yaw pam
oovi pas itsivutiqe pay yaw pas sowaniqey pangqawu.
Pu' yaw iisaw put angk aqw tso'omti. Aqw tso'okq pay
yaw yöngösonhoya paasat pas atkyamiqhaqami pakima.
Noq pu' yaw pangqe muunangw a'ni hongviniiqe pay
yaw iisawuy atkyamiqhaqami wiiki. Pu' yaw piw atkya-
miqhaqami pana.

Pu' yaw yöngösonhoya piw ahoy angqw kuyvaqe pu'
yaw iisawuy angk pangqawu, "Ta'ay, yupay, pay pi um
nawus atkyamiqhaqamini. Ung pi pay kur himu horok-
naniy. Naapas um hiita suutuptsiwngwuniiqe oovi naami
nukpantiy," yaw aw kita yöngösonhoya.

Pangqw pu' yaw pam payunawit oomiq'ay, paayut
qaqlavaqe pi yaw momortima. Pu' yaw pam sakwavayuy
aqw pituqw naat yaw kur yumat qa epeq öki. Pu' yaw
pam pepeq pumuy nuutayta. Pay yaw oovi tapkiqw
kosngwawvaqw taawat atkyami pitutoq yaw hoopaqw
maatsiltoti. Angqw yaw pu'ya. Yaw pumawat aqw ökiqw
piw yaw ephaqam ti'am hiisayhoya, tiposhoya yanta.
"Is uti, ya hak ung pay peqwhaqami wiikiy?" yaw yu'at
aw kita.

"Pay iisaw nuy tuwaaqe yaw nuy sowaniqey inumi
pangqawlawu. Noq nu' qa nakwhaqw pi'ep inumi hin-
wat lavaytingwu. Noq yaw nu' qa aw tawlawqw yaw
pam nuy paayumiq tuuvaniqey pangqawu. Noq nu'
pante' sumokngwuqey aw pangqawqw pay nuy pam
sumoytaqe pu' nuy paayuveq tuuvamaqw oovi nu' pay
peqw suptuy," yaw amumi kita.

the water and shouted to Coyote, "How great! This is
my home!"

Coyote grew furious now. Little Turtle had told him a
lie. Evidently the water was his home, yet he had said
that he would die if he was thrown in. Coyote was so
angry that he yelled out his intention to eat the little
thing. He leaped into the river after him. When Coyote
jumped in, Little Turtle simply ducked under and was
gone. And because the flow of the water was very
strong there, Coyote was swept downstream, and the
river pulled him under.

Presently Little Turtle surfaced again and shouted
after Coyote, "All right, go on, you have no choice but to
go along with the river! Nobody will pull you out. Why
do you always have to believe everything right away?
You brought this on yourself!"

Little Turtle now headed upstream, swimming along
the edge of the river. When he reached Sakwavayu, his
parents had not yet arrived so he waited for them. By
evening a nice breeze set in, and just as the sun was
going down, they became visible in the east. They came,
and there, to their great surprise, was their child, the
tiny one, the little baby. "Dear me, who brought you
here?" his mother exclaimed.

"Well, Coyote found me and said he wanted to eat
me. But I refused, so he told me one different thing
after another. Finally, when I didn't sing for him, he
threatened to throw me into the Little Colorado River. I
replied that I would die right away, if he did that. So he
grabbed me with his teeth and cast me into the river.
That's why I got here so quickly."

"Askwali, askwal pi iisaw himu uunaningwu. Son pi ung mokniniqöö," yaw yu'at aw kita. "Askwali. Ta'a, tumaa', pay pi itam aqw öki. Pay pi yangqw aw haypo," yaw kita.

Pangqw pu' yaw puma sakwavayuy aw ökiiqe yaw aqw yungqw is ali yawi'. Nöösiwqa'am yaw tsewu. Yaw puma aqw ökiiqe paysoq yaw aqw waqamtoti. "Ali, ta'a, itam yaapiy kwangwayesni," yaw yu'am kita.

Yan yaw puma pepehaq kiy aw oovi öki. Pay yuk i' pölö.

"Thank heavens, Coyote is such a gullible creature! There is no way you could have drowned," his mother exclaimed. "Thanks indeed. Well, then, let's go; we are about home. It's quite close to here."

When they reached Sakwavayu, they all went in with great delight. Food was plentiful there. They just plunged into the water. "What a pleasure! From this day on we'll be living a pleasant life again," the mother said.

This is the way the Turtles came to their home. And here the story ends.

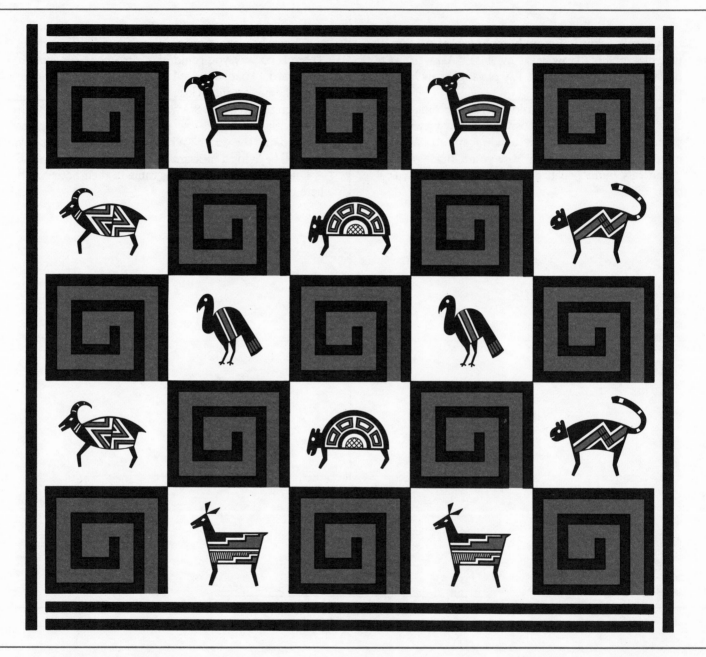

Iisawniqw Maslakvu

Coyote and Skeleton

Aliksa'i. Yaw si'ookive yeesiwa. Pu' yaw piw pep haqam tuutu'ami. Pep yaw tuutu'aminiqw pep yaw maslakvu kiy'ta. Noq yaw pam pay ephaqam angqe' haqe' nakwsungwu. Pu' yaw pam haqami waynum'unangwte' yaw pangqw kiy angqw yamakye' yaw wunimangwu.

Pu' yaw suus pam yamakqe yaw haqami kuyvatoniqe oovi yaw piw wunimani. Niiqe pu' yaw pam pep tuu'amit kiy aqlap yaw wunuptut pu' yaw yortinuma. Pam pi yaw maslakvuniqw yaw posmiq oovi suytsi. Pu' yaw pam wunimantiva. Pu' yaw yan taawiy'ta:

Hii'aya, hii'aa'a'ahahay,
Aa'a'ahaahay,
Aahuu, aahuu, aahuu.

Pu' yaw poosi'at angqw suyma. Pas as yaw ngasta poosiy'taqw piw yaw lööyöm poosi'at angqw suyma. Pu' yaw put poosi'at taatöq yanmaqw aqw pam yaw angk tayta, hin pi aqw angk oovi tayta. Aqwhaqami yaw panmakyangw pu' yaw haqami tuutukwimi pitu. Noq yaw pep wukotupqa. Pu' hapi yaw pangqe aatöqe sosowi'ngwam, hoohont, momsayrut, hiihiitu pas yaw kyaasta. Pu' yaw piw tuusaqa a'ni wungwiwta, pas pi yaw angqe sakwahinta. "Is piw kur yangqe yantaqw

Aliksa'i. They say people were living at Zuni pueblo. Somewhere was a graveyard and there Skeleton made his home. Occasionally he had the habit of traveling through the graveyard and whenever he wished to go on a trip he came out of his grave and danced.

On one occasion, intending to go sightseeing, Skeleton prepared to dance again. He rose to his feet right there by the grave, his home, and looked about. Because he was a skeleton his eyes were hollow, of course. Presently he began dancing and this is how the song went:

Hii'aya, hii'aa'a'ahahay,
Aa'a'ahaahay,
Aahuu, aahuu, aahuu.

As a result of the song, his eyes popped out. Even though he had no eyes, two eyes came out of their sockets. As they traveled toward the south, Skeleton watched them. I don't know how he managed to do that. His eyes came to an area with many buttes. A large canyon was there, in the bottom of which deer, bear, buffalo, and all sorts of other animals roamed in great numbers. Grass, too, grew lushly there. Indeed, the whole area was solid green. "Well, who would have suspected this

nu' qa hisat peqw yorikto," yaw naami kitalawu ep wunukyangw.

Pu' yaw ang taynumqw yaw hapi tuupelaq kwaatu kotqay'yungkyangw timuy'yungwa. "Is pas kur pavan yangqe soniwa. Kwakwhat pi nu' peqwwat nakwsu," yaw kita. Pas pi yaw pam pangqe' kyaataynuma, pas pi yaw pavan soniwqw oovi. Pu' yaw oovi pam yan yorikt pu' yaw pay ahoyniqe yaw oovi tawlawni. Yaw ahoy poosiy wangwayni. Niiqe pu' yaw paasat piw wunimantiva.

Hii'aya, hii'aa'a'ahahay,
Aa'a'ahaahay,
Aahuu, aahuu, aahuu.

to be here. And I have never been here to see it before," Skeleton muttered to himself while standing there.

Gazing about, he noticed some eagles along the canyon walls. They had nests with young in them. "My, this is really beautiful here. I'm glad I came." He looked around in awe, for it was indeed very beautiful down there. When he had taken everything in, he was preparing to sing again for he intended to head home. He was going to call his eyes back, and so he began to dance once more:

Hii'aya, hii'aa'a'ahahay,
Aa'a'ahaahay,
Aahuu, aahuu, aahuu.

Pantaqw pu' yaw kur put maslakvut poosi'at pituuqe pu' yaw posmiq ahoy supki. "Is kwakwhay, pas hapi nu' pangqe' pavan kyaayori," yaw kitaaqe haalayti.

Noq piw yaw pay kur iisaw haqaqw aw wunuwta. Pu' yaw iisaw pay piw aw nakwsu. "Pas hapi um piw loma-tawiy'tay," yaw aw kita.

"Hep owiy," yaw kita. "Pay nu' yukyiq qa hisat way-numtoqe nu' pangsoq waynumtoniqe oovi yep wuni-maqw pu' ivosi angqw yamakqe pam pangqe' way-numa; pangqe tupqavaqe kur qatsi, hiihiitu angqe yeese. Kwaatu angqe kotqay'yungkyangw timuy'yungway. Noq nu' pangsoq yoriktoniqe oovi antsa yep nu' wu-nima," yaw pam aw kita.

"Haw owi? Is pas as um nuy tatawkosnani; nu' taawiy've' tuwat aqwhaqami yoriktoni," yaw put aw kita.

"Pi um'iy," yaw kita. "Pay um inumi tuuqaytani. Pay um taawiy've' tuwat aqwhaqaminiy," kitat pu' yaw pam maslakvu put iisawuy aw tawlawu.

> Hii'aya, hii'aa'a'ahahay,
> Aa'a'ahaahay,
> Aahuu, aahuu, aahuu.

Yaw yan piw tawlawu.

"Is pas hapi pay kur qa hintay. Pay nu' sumataq taawiy'vay," yaw iisaw kita.

"Haw owi? Pay tsangaway. Ta'ay, um tuwat yep wu-nuptut tawkyangw wunimaqw pay uuposi sonqa tuwat angqw yamakqe pu' hapi pangsoqhaqami kuyvatoniy," yaw aw kita.

Pu' yaw iisaw kwangwtoykyangw ep wunuptu. Pu'

Skeleton's eyes returned and jumped right back into their sockets. "Wow, that was quite a sight to behold!" he exclaimed happily.

It so happened that Coyote was standing nearby. She walked up to Skeleton and remarked, "I must say, you were singing a nice song there."

"Uh-huh," Skeleton replied. "I have never been to that place before, but since I wanted to go there I danced. As a result, my eyes popped out and went for me. A canyon is there, just teeming with life; deer and all sorts of ani-mals live in it. I saw eagles and their young in nests. I went sightseeing and so I'm dancing here now."

"Is that a fact?" said Coyote. "Could you please teach me that song? If I knew it, I could go sightseeing there too."

"Well, that's entirely up to you," Skeleton answered. "Just listen to me. When you know the song, you, too, can go there." And so Skeleton started singing for Coyote.

> Hii'aya, hii'aa'a'ahahay,
> Aa'a'ahaahay,
> Aahuu, aahuu, aahuu.

This is how he sang.

"All right, that was easy. I believe I've learned the song," Coyote said.

"Is that so? Well, I'm glad you did. Now if you stand here and sing and dance, your eyes are bound to come out. And then you can go sightseeing over there," Skele-ton answered.

Coyote got into position. She was full of anticipation

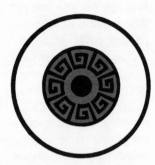

yaw paasat iisaw tuwat wunimantiva. Pam pi yaw wu-kotönaniiqe pas pan wukotawma:

> Hii'aya, hii'aa'a'ahahay,
> Aa'a'ahaahay,
> Aahuu, aahuu, aahuu.

Yaw antsa so'tapnaqw yaw iisawuy poosi'at angqaqw suyma. Pu' yaw put poosi'at tuwat aqw taatöqniqw pu' yaw puma angk aqw tayta. Pu' yaw angqe' kya pi put poosi'at pannuma. Noq pay yaw put poosi'at piw tuwat pangsoqhaqaminiiqe yaw antsa tuwat panhaqam kyaa-yori. Pu' yaw pam pangqe pannumqe pay yaw nawuts-naqe pu' yaw pangqawu, "Is ta'ay, ya nu' hisatniqw ivosiy wangwayniy?" yaw pam maslakvut aw kita.

Pay yaw maslakvu panis aw pangqawu, "Um pi hisat-niqw put wangwayniqey naawakne' wangwayniy." Yaw aw kitat pu' waaya.

and started dancing. Her voice was deep, and this is what she sang in her deep, bass voice:

> Hii'aya, hii'aa'a'ahahay,
> Aa'a'ahaahay,
> Aahuu, aahuu, aahuu.

And, indeed, no sooner had Coyote finished than her eyes popped out. They, in turn, headed south, and Coyote and Skeleton peered after them. Her eyes traveled toward the same destination and looked about in great wonder. After quite a bit of roaming in the area Coyote finally asked Skeleton, "Well now, when can I call my eyes back?"

Skeleton replied, "Whenever you want to call them back you can call them back." With this he disappeared.

"Is ohi, pay hapi pas nuwu wuuyavotiy," yaw iisaw kita. Pu' yaw piw as oovi iisaw tawlawu. Paasat poosiy wangwayniqe yaw ahoywat yori. Pay yaw qa ahoy pitsina. Yaw as piw wangwayniqe pu' yaw piw wunimantivakyangw pu' tawlawu. Pay yaw piw poosi'at qa pitu. Qa pituqw ep yaw okiw yanta. "Is ohi, naapi nu' piw pay naawini. Sen pi pay as se'elhaq pituqw nu' piw pay yep yortinumqw oovi qa su'aqw paki."

Pu' yaw pam ang tutskwava heeva. Ang hepnumkyangw piw yaw sukwat tuwa. Yaw himu pölangpuniikyangw angqw wikpangway'ta. "Is pi kur pay as pituqw naapas nu' yortinumqw oovi qa su'aqw paki," yaw kita. Pu' yaw ep kwusuuqe aw pooyanta. Paas yaw ayo' tsiwavit poovoyat pu' naamiq pana. Pay yaw pas hihin sikyangpu. Pas yaw sikyatala. Pu' yaw piw ang sukwat heeva. "Sen pi piw yephaqam suukya'a," yaw kita. Pu' yaw ang yannumkyangw piw yaw mitwat tuwa. Pu' yaw piw aw poyakinta sen yaw ang utsuhu'niniqw. Pantit pu' yaw ayangqwwat aqw pana. Pu' yaw yantiqe pu' putwat posmiq ahoy panaqw pay yaw an piw pamwa sikyatala. Pay yaw hihin himu maatsiwyungwa. "Ya sen hintiqw pas sikyatalay? Pay pi nu' tur nawus yanhaqam taytani," yaw kita.

Pu' yaw pam pangqaqw pay nawus pankyangw nima. Paysoq yaw maslakvu angk sayta. Pu' yaw iswuuti piw timuy'ta. Yaw paykomuy i'ishoymuy timuy'ta. Pu' yaw pay as naamahin kya pi hihin taalaniqw pay yaw piw su'aqwhaqaminiiqe yaw timuy amumi pituqw pay yaw timat naavakhuruutota. "Utiy, taq yangqw itangu

"Dear me, I had better do something; it's been quite some time," Coyote said apprehensively. So she began singing again. But as she called back her eyes, she looked in the opposite direction and therefore didn't get them back. Once more she was going to call them, so she resumed her dancing and singing. But again her eyes failed to return. Coyote just stood there. "Oh, my," she whimpered. "Why did I have to copy Skeleton again? My eyes must have arrived a while ago already, but I was looking back and forth and that's why they missed their sockets."

Coyote Woman started to search for her eyes on the ground. Sure enough, she found one. It was a round thing and had a cord attached to it. "It must have returned when I, like a dummy, was looking back and forth. That is why it didn't find its proper place," Coyote Woman said. She picked it up and blew on it. She blew off the grit and put it back in its place. But her vision was a little yellow for some reason. Now she looked for her other eye. "Maybe it is here somewhere," she said. She found it, too. Again she blew on it. It seemed to be covered with sand. Then she placed it in the other socket. Having accomplished that, she noticed that the vision of this eye was yellow, too. Things were barely visible. "I wonder what happened to make the light so yellow. Well, I guess I'll just have to see things like this from now on," she said.

She had to return home the way she was. Skeleton gloated after her. Coyote Woman also had three little pups. And although her vision was barely adequate, she headed in the right direction. When she reached her den, though, her children burst into tears. "Oh dear, our mother there comes with terrifying eyes," they

hintaqat tayta," yaw kitotat pu' pay yaw watqa. Naap haqami yaw himuwa warikngwu.

Pu' yaw as okiw pam pumuy ahoy wangwaylawu, pumuy timuy. "Uma qa watqani, nu' umungu'uy," yaw amungk as okiw kita.

Pay yaw qa himuwa aw ahoy nakwha. Yaw himuwa naap haqami waayangwu. Paniqw yaw oovi iisaw naap haqam kiy'tangwu, pep yaw puma naanahoy watqaqw oovi. Yukhaqam i' pölö.

screamed, and fled in horror. They scattered in every direction.

Poor Coyote Woman kept calling her children back, "Don't run away, I'm your mother."

But it was to no avail. None of her children was willing to come back. Each ran off in a different direction. That is the reason coyotes live just anywhere now. And here the story ends.

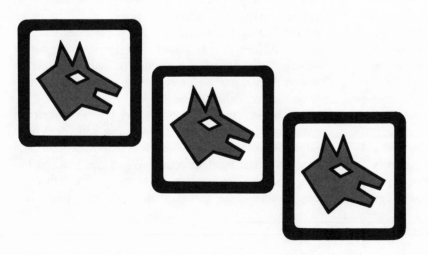

Iisawniqw Moomost   Coyote and the Cats

Aliksa'i. Pay yaw yang soosovik hopiikiva aqwhaqami yeesiwa. Noq yep yaw musangnuve hakim sinom yeese, pu' supawlave. Noq yaw musangnuviy atpip qa'ötukwive yaw hakim sinom hisat wukoyesngwuniiqe pep yaw puma it tselewuy hintsatskyani. Niikyangw yaw kur puma pep imuy momsayrutuy naawinya. Noq pu' yaw puma pep oovi pay tuwanlalwangwu, qa'ötukwive kiy'yungqam. Pu' yaw qa tokngwu. Pu' yaw antsa tunatyay'taqa tokilta. Niiqe yaw oovi paytok tiikivey'yungwni.

Noq yaw ayaq supawlaviy hopqöyveq wukovösöt kwiningya yaw haqam tuuwive yaw kur ima moomost kiy'yungwa. Niiqe yaw kur puma pep totoknanaptaqe pu' yaw kur puma naawinya. Yaw puma pangsoq pumuy amumiq kiipokni, tiikive taawanasave'e. Yaw puma pas qa awinit akw kiipokwisni. Yan yaw kur puma naawinyaqe oovi yaw piktotokyayamuy ep mihikqw pu' yaw puma moomost tsovaltini.

Tapkiwmaqw yaw puma pay natsvalanvaya. Kwangwtotoya yaw puma soosoyam. Pay pi yaw angqe' soosoy hinyungqam moomost piw yeese. Pu' yaw pay piw ima mosmamant yeese. Noq yaw puma moomost ep tuwat mantangalalwani. Pu' yaw oovi masiphikqw pu' yaw

Aliksa'i. They say people were living all over Hopi land. At Musangnuvi and also at Supawlavi some people had settled. Right below the village of Musangnuvi, at Qa'ötukwi, too, many people had their homes long ago. They were about to have a social event. A buffalo dance had been planned, and for this reason the people who dwelt at Qa'ötukwi were practicing. They did not sleep much, for the sponsor of the social event had already set the date. In three days they were going to have the dance.

Now, on the eastern slope of Supawlavi, north of the big hollow, the Cats had their homes on a ledge. They had heard about the forthcoming event at Musangnuvi and were making plans, too. It was their intention to go over to Musangnuvi and compete with the buffalo dancers at noon on the day of the dance. Their plan was to arrive unannounced. So the Cats were going to have a meeting on piktotokya night, that is, two days before the dance.

Evening was approaching when the gathering got under way. Many kinds of Cats were present. Of course, female Cats, too, were there and they were about to select the girls for the dance. Dusk had fallen by the time they led in the girls. The girl Cats were full of anticipa-

pay puma mantsatsamtinumya. Is yaw mosmamant kwangwtotoya. Noq yaw ason hiituwat pas kwangwamamasaqw pumuy yaw ep löötok tipkototaqw puma hapi yaw kiipoktoni. Pay yaw oovi naat wuuhaqniiqamuy mantangatota.

Noq yaw pep musangnuviy tatkya palatsqave yaw i' iisaw kiy'ta. Pu' yaw pam pay sutsep piw maqnumngwu. Pay pi yaw waynumlawngwu. Noq yaw ayam walpiy taavangqöyve kwakwi'oviy kwiningqöyve yaw hak taqatskiy'ta. Noq yaw pam hak pep paasay ep it wuuyaqat söhövosvitanaktsit wupatsukuy'taqat yaw haayiy'tangwu. Pu' yaw piw hotngay taqatskiy ep susmataq haayiy'tangwu. Noq put yaw piw aqlap kaway'uyiyat ep tuwalansöngni piw yaw tseleekoy'ta. Noq yaw pam iisaw pep put aw yorikngwu pang waynume'.

Noq yaw pam piw ep maqnumkyangw pay yaw pas tapkina. Taawat pakitoq yaw pam musangnuviy hopqöyve wukovövami pitu. Pay hapi yaw pam ööna kiy aw nimaniqe. Pay pi yaw mihi, qa taalawva. Pu' yaw pay pam pangqw supawlaviy hopqöyngaqw wukosikyanawit yaw pam aqw tupoq hoyta. Pay pi yaw pam pepehaq haqam pösöy'taqat aqw pakye' pay pi yaw pangqaqw ngölakiwkyangw puwni.

Pu' yaw pam iisaw pangqw atkyaqw pövanawit hiihintsaktimakyangw yaw aqw oomiq pösöy'taqat aqw pituuqe pepehaq pu' yaw pam oovi qatuptu. "Pay pi nu' yepehaq puwni," kitaaqe pu' yaw pam oovi pephaqam qatuptu. Pay yaw nuwu mihi. Yaw mihikqw pay yaw pam oovi pepeq ponikiwkyangw puupuwva. Pay pi yaw pam okiw mangu'iwta maqnumqe. Niikyangw yaw paanaqmokiwta, piw yaw as tsöngmokiwkyangw yaw kur hiita nösni qa hiita sakinaqe.

tion. The two who proved to be the best dancers would be used to challenge the dance groups at Musangnuvi two days later. This is why so many girls had been brought into the kiva.

Coyote had his home south of the village of Musangnuvi, at Palatsqa. It was his habit to be out hunting, so he would roam far and wide. Quite a distance away, at the west side of Walpi, north of Kwakwi'ovi, someone had a field hut. The owner had a large straw hat with a long point hanging next to his quiver. Not far from the field hut, by the melon patch, was a scarecrow dressed in a vest. Coyote used to see these things whenever he passed by.

One day he had been out hunting again till evening fell. By the time the sun was setting, Coyote had reached a large wash on the east side of Musangnuvi. He was too tired to return home now, for it had gotten late and the daylight was gone. So he left for the east side of Supawlavi and made his way along the big valley toward the base of the mesa. He intended to crawl into a little cave there, roll up, and sleep.

So Coyote trotted along the wash, and when he reached a little hollow, he settled down. "I'll spend the night here," he said to himself and lay down. Meanwhile, the sky had turned dark. Being rolled up as he was, Coyote was beginning to fall asleep. The poor creature was exhausted from his hunt. Also, he was thirsty and hungry. He had not eaten because his hunting luck had failed him.

Noq yaw pepehaq oovehaq pususuta. Yaw pam na-votqe yaw kwuuvaltiqe yaw suyortinuma. "Ya sen ha-qam pususuta?" Yan yaw pam wuuwankyangw qatuptut pu' yaw angqw aw oomi wupqw pu' yaw akwningya tsomoy'taqw pangso yaw pam wupqe angqe' taynuma. Noq paysoq yaw put aatavang tuuwingahaqaqw yaw hiisay kootala. "Is kur kya pi yangqö," kitaaqe pu' yaw pam angqw aw wuptaptimakyangw pu' yaw aw tuuwimo wuuvi. Pu' yaw aw pituqw pay yaw kur pas pangqw kootala. Noq yaw pangsoq hiisayhoya siisi-kyaniqw pangqaqw yaw kootala. Yaw hakim epehaq tsutsuya. Noq piw yaw kivat su'an yukiwta. Noq pu' yaw pam aw kivats'omi wuuvi. Piw yaw nguutay'ta.

Pu' yaw pam oovi aqw tsooraltiqw is hapi yaw epeq moomost wukotangawta. Pu' yaw hak pangqawu, "Ta'ay, kur uma piw wunuptuniy," yaw kita. "Pas uma pay hihin kwangwamamasay," yaw kita. Pu' yaw piwya. Yaw kur puma mosayurtuwanlalwa. Niikyangw yaw mimuy qötsamosmantuy yaw kur enang panaya. Suu-posva yaw piw puma naama qömviy'ta. Mosayurmana pang qalmongway'tangwuniqw yaw piw suupang puma mosmanat panta. Pay yaw kur puma paas yukiwta. Pu' yaw pay pumuy ayo' taviya. "Pay kur pas sonqa umaniy, pay uma pas paas yukiwtay," yaw amumi kitota.

Pu' yaw oovi puma wungkumaqw is yaw mant wuko-qötsamamay'ta. Pu' yaw paasat hiita hapi löötok akwya-niqey put yaw tatawkosyani. Pu' yaw haqawa yeeway'-taqw pu' yaw paasat put aw pusukinpit taviyaqw pu'

All of a sudden there was the sound of drums from somewhere above him. When it reached Coyote's ears, he raised his head and looked around keenly. "Where on earth is that drumming going on?" With this thought on his mind, he stood up and climbed to a higher spot. North of him was a hill, which he ascended, gazing around. Just west of him a feeble light was shining from a ledge. "Oh, I guess it is right here." After quite a bit of climbing Coyote reached the ledge. Sure enough, the sheen of the light was coming out from below. A nar-row crack led into the ledge and out of it came the glow of a fire. He heard laughter, and to his surprise the place was built exactly like a kiva. He scrambled up on its roof and, sure enough, it had the usual hatch cover made from reeds.

Coyote flattened himself on his belly with a view into the kiva. He could hardly believe his eyes. Lots of Cats were there. A voice was just saying, "All right, get into dance formation again. You've been motioning with your arms quite nicely." This order was obeyed. The Cats were evidently practicing for a buffalo dance. They had brought in two white girl Cats. Both had black paint across their brows. A buffalo girl always has her hair - hanging way down over her forehead, and the girl Cats wore their hair just like that. They looked as though they were all ready for the dance. Two had just been selected, for the males said to them, "Well, you two are going to be the ones. You are suited to your role as buf-falo girls."

Now they began to dance. What a sight it was! The two girls were white Cats with big white arms. They were about to memorize the song which they would use two days later. Someone had indeed composed a song.

yaw pam pumuy amumi yeeway tsiikyakna. Pu' yaw pam tawkuynaniqe yaw pangqawu, "Uma hapi paas tuuqayyungwniy," yaw kita.

Noq yaw pam iisaw pangqw amumiq tsoorawta. Pu' yaw haqawa kur sisiwkuktoqe yaw yama. Yamakqw pu' yaw pam pay nguutayamuy atpipoq pakiiqe yaw pangqe ngölakiwta. Noq yaw pam yamakqa sisiwku- kutikyangw nguutayamuy aw yorikqw piw yaw pang- qaqw hiita suru'at ayo' iitsiwta. "Is pi piw kur hak pituy," yaw pam oongaqw amumiq kita.
"Ya hakniiqe naapas piw qa pakiy?" yaw kitota.
"Paki'iy," yaw aqwhaqami kitota.
Pu' yaw paasat ima tootim nöngakqw pu' yaw pam pay qatuptu. Yaw iisaw kur'ay. "Pi piw kur iisaw'uy," yaw aw kitota. "Itam yep kipoktuwanlalway," yaw kitota. "Pas a'ni hiniwtiniy," yaw aw kitota.

Pu' yaw pay ihu uunatiqe pu' yaw pay aqw paki. Pakiiqe pay yaw oovi tuuwingaqw pay haak qatuptu. "Pay haak um tuuqaytani," yaw aw kitota, "naat itam tatawkos- yani. Niikyangw um hapi paas tuuqaytaniy," yaw aw kitota. Pu' yaw kuynaya. Yaw yanhaqam kuynaya:

Ngawhiya aheena,
Ngawhiya aheena,
Ngawhiya aheena,
Ngawhiya aheena,
Ngaw, ngaw, ngaw.
Ngawhiya aheena,
Ngawhiya aheena,
Ngawhiya aheena,
Ngaw hingaw.

They gave the songmaker a drum, and he presented his new composition for the first time. As he began to sing, he admonished them, "Listen very carefully." That's all he said.

Coyote was lying there on his belly taking it all in when somebody emerged from the kiva, evidently to urinate. So Coyote crawled under the hatch cover and lay there all rolled up. While he was urinating, the one who had come out glanced at the hatch cover and to his surprise discovered a tail sticking out. "Looks as if we have a visitor," he called down from the top.

"Well, why doesn't he come in?" the Cats below re- plied. "Come on in!" they shouted up.

The boy Cats came out, and Coyote had to get up, whether he wanted to or not. "It's Coyote!" they cried. "Come on in," the Cats urged him. "You can come with us. We're practicing here for a dance challenge. It's really going to be something." This is what they said.

Coyote was persuaded and entered the kiva. He chose a seat on the upper platform where the womenfolk gen- erally sit. "You can just listen for now," the Cats said to him. "We still have to learn the song by heart. Just lis- ten carefully." Whereupon they began to sing. They started like this:

Ngawhiya aheena,
Ngawhiya aheena,
Ngawhiya aheena,
Ngawhiya aheena,
Ngaw ngaw ngaw ngaw.
Ngawhiya aheena,
Ngawhiya aheena,
Ngawhiya aheena,
Ngaw hingaw.

Yaw yan taawiy'yungwa. Pay yaw qa hinta. Pay yaw kur ihu suutawiy'va. Pu' yaw pangqawu ihu, "Pas hapi nu' pay taawiy'vay," yaw kita. "Kur oovi uma piwyaqw nu' umumumniy," yaw kita. Pu' yaw puma oovi tawkuynayaqw pu' yaw pam oovi amumum.

Is uti, hapi yaw a'ni tönay'taqe wukotawma. Pay yaw pas kur so'on qa amumumni. Pu' yaw oovi puma mooti tatawkosyukuyat pu' yaw piw aapiy tuwanlalway. Noq pay yaw piw ihu mosmantuy amumi nuvö'iwta, pas pi yaw lomamant, qötsamantniqw oovi. Pavan yaw ihu kyerekniy'ta tuuwingaqw. Panmakyangw pu' yaw pay mihi. Pu' yaw pam paanaqmokiwta, tsöngmokiwtaqe pu' amumi pangqawu, "Pas hapi nu' as paanaqmokiwkyangw tsöngmokiwtay," yaw kita.

"Okiw engem kuywisa'ay," yaw kitota, "Pay pi son antsa um qa mangu'iwtay," yaw kitota. "Pay pi antsa um okiw sutsep maqnumngwuniiqe sonqa tsöngmokiwta. Tsangaw pi itamumtiy," yaw kitota.

Pu' yaw oovi puma haqawat put iisawuy engem noovamoktamaya. Pu' yaw pam hikwt, nösqe pay yaw yan unangwti. Pu' yaw pay puma moomost pumuy mantuy tavimaya. Pu' yaw moomost ahoy tsovaltiqe pu' yaw pangqaqwa, "Ta'a, pay pi mihi. Pay pi angqe' sonqe

This is how their song went. It was easy. Coyote picked it up right away and said, "I know the song now. Next time I'll sing along with you."

What a deep voice Coyote had. He was singing very low. It was clear that he was going to accompany the Cats to the dance. First they finished memorizing the songs, and then they continued dancing. Coyote was completely aroused by the two girl Cats. After all, they were most beautiful and, what's more, white. By the time they were through dancing, he had quite an erection as he sat there on the upper platform of the kiva. It had gotten late by now. Coyote was extremely thirsty and hungry, so he said to the Cats, "I'm very thirsty, and I'm starving."

"Get some water for that poor creature!" the Cats shouted. "You must be very tired. After hunting all day, you're bound to be starving. We are so glad you joined us."

So the Cats brought some food for him, and Coyote ate and drank. Then he felt better again. The Cats now took the girls back home. When they had reassembled, the Cats said, "All right, it's late and the people up in the village are probably asleep. You can start collecting

tokva, oovi uma angqe' pay angwu hiita tsovalanti-
vayaniy," yaw kitota. "Pay pi uma paas kiikihut tuwiy'-
yungwa. Pay himuwa haqam kwasurtangay unataviy'-
tangwu, pu' kwavöhöt pu' kyarngunat, pu' kwasat,
pu' kweewat, pu' tootsit, pu' tuukwavit. Puuvut uma
tsovalayaniy," yaw kitota. "Pu' piw taawa'ikwilnit pu'
taawahonat uma angqe' oovi nankwusani," yaw kitota.

Pu' yaw moomost nöngangayku. Pas pi yaw kur puma
paas tutwiy'yungwa, pas pi yaw puma kiinawit yung-
tinumyangwuniiqe. Pu' hapi yaw puma mantuy amu-
ngem yewastsovalanvaya. Pay yaw soosok tsovalaya.
Paas aptsiwta yawi'. Pay yaw kur sonqa hin mongvas-
totini. Yan yaw puma hiihiita tsovalaya. Pu' yaw puma
iisawuy aw pangqaqwa, "Löötok hapi totokyani, noq
um hapi oovi qaavo so'on pi qa pay nimaniy," yaw
kitota. "Hakim hapi kiipokye' pas kur hin hakim qa
naanasnangwuniqw oovi um hiita ang put nöösiwqat
tangataniqey mokyaataniqey oovi angqw enang yaw-
maniy," yaw kitota. "Pu' um hiita kunayuwsiniqey put
um piw angqw enang kimaniy."
"Pay nu' put tuway'tay," yaw pam amumi kita.
"Kur antsa'ay," yaw moomost kitota.
Pu' yaw oovi pam pep pi pay nösqe a'ni öqawta. Pu'
yaw qavongvaqw pam ihu pangqw kiy aqwa', musang-
nuviy taatö wari. Yaw ep pituqw naat yaw kur yu'at
okiw qa puuwi. Yaw pam put kur okiw tookyep nuu-
tayta. "Is uti, um haqe' waynumqe pas qa pitu?" yaw
aw kita.

"Pi piw musangnuviy kwiningqöyngaqw moomost

things now as long as there is time. You are all familiar
with the houses. People are usually careless and leave
the boxes in which they store their eagle tail feathers
lying around. The same goes for their eagle down feath-
ers and bundles of parrot feathers. You can also gather
robes, belts, moccasins, and necklaces. Of course, we
need sunshields, too, which are worn on the back, and
the red horse hair that goes with them. All these things
you can collect now."

The Cats left the kiva. Naturally, they were thor-
oughly familiar with everything. After all, they were
wont to roam through all quarters of the village. They
gathered the proper clothes for the buffalo girls. Every-
thing they needed was there. No doubt, they were bound
to succeed with the challenge. When they had rounded
everything up in this way, they said to Coyote, "In two
days is totokya, the eve of the dance, so you have to go
home tomorrow. When the people compete with an-
other dance group, they are certain to have plenty to
eat. Be sure to bring back a food container of some sort.
Also, bring whatever funny clothes you care to wear for
the occasion."

"I know where I can find some," Coyote replied.
"Very well, then," said the Cats.

When Coyote had eaten, he gained his strength back,
and then returned home. He ran toward a place south of
Musangnuvi. Upon his arrival he found that his poor
mother was still awake. She had evidently been waiting
for him all night long. "Where on earth have you been
roaming that you didn't come sooner?" she wanted to
know.

"Well, north of Musangnuvi some Cats are practicing

mosayurtuwanlalwaqw yaw nu' amumumniqat inumi naanawaknaqw nu' oovi pephaqam pumuy amumum tuwanlawqe oovi qa iits pituy," yaw kita. "Noq nu' oovi qaavo pay yewastsovalantaniy; yaw itam löötok kiipokwisniy," yaw pam yuy aw kita.

"Is uni, kur antsa'ay," yaw yu'at kita.

Pu' yaw oovi puma pay puwvaqe taalawvaqw puma nösqw pu' yaw pam pangqw pangso'o, walpiy taavangqöymi. Pep pu' yaw pam hakiy paasayat aw pituuqe pu' yaw tuwalansöngnit aw nakwsuqe pu' yaw put tseleekoyat nawki. Pantit pu' yaw pam pangqw taqatskiminiiqe pu' pepwat hakiy söhövosvitanaktsiyatnit pu' hotngayat kwusu. Yan yaw pam yewastsovalat pu' pangqw. Pu' yaw haqam tuwanlalwaqw pam yaw pangso taawanasave pitu. "Um pitu?" yaw aw kitota.

"Owiy," yaw kita.

"Ta'ay, pay itam yuuyahiwtani," yaw kitota. Pu' yaw puma yuuyahiwta. Pu' yaw pay oovi soosok hinyungqat tsöqa'astiwngwut supnalat, qömvit, siipikit, tumakuyit tsovalayaqe pu' yaw pay qeeniy'yungwa. Pu' yaw oovi puma paas pankyaakyangw pu' yaw puma mihiknaya; puma hapi yaw qa tokni. Qaavo hapi kiipokwisni, taawanasave. Pu' yaw oovi antsa taawa pakiqw pu' yaw puma piw tsovalti. Puma hapi yaw toktay'yungwni. Pu' yaw pumuy piw mosmantuy wiktamaya. Is hapi yaw tis naavahomqe qötsawrarata. Pu' yaw pay tis kwasa'am sutskyaqe qa tuu'ihiwtaqw hapi yaw wukukutaqw angqw yaw qaasi'am kukuyi. Is hapi yaw ihu tuwat pumuysa aw taykyangw hapi a'ni wukotawma. Pu' yaw oovi pantsatskyaqw pu' taalawva. "Pay pi itam talöngnayay; pay pi itam haak yep yesniy," yaw kitota.

for a buffalo dance. They invited me to go along with them, and so I joined them. That's why I didn't come sooner. Tomorrow I'll get my outfit together. In two days we'll challenge the other dance groups."

"How nice! Well, I guess that's all right," his mother replied.

So they went to bed. When day broke, they had breakfast, and then Coyote went into a field, headed toward the scarecrow, and took its vest. Then he went over to the field hut and helped himself to the straw hat and the quiver. This is how he acquired his dance outfit. And then he left. At noon he returned to the place where the Cats were practicing. "Well, you're back?" they greeted him.

"Yes," Coyote replied.

"All right, we are getting ready," the Cats cried. They were now making their preparations. They had assembled all sorts of body paints—red, black, yellow, and white. They had these paints soaking in water. Everything they needed was ready when darkness fell. This night the Cats would not sleep, for the next day at noon they were going to set out on their dance challenge. After sundown the Cats assembled again. They were going to stay up the entire night. The two girl Cats had been brought back. They had taken a bath and were dancing with even whiter arms now. And because their dresses were not sewn up at the side, their thighs were showing as they did their steps. While singing along in his deep bass voice, Coyote had eyes only for them. In this fashion, they practiced until daylight.

Pu' yaw piw puma kur sikwit ang kiinawit u'uyingw-tinumyaqe yaw puma wukonöqkwiviy'yungwa. Yaw puma yukuyaqe oovi naanasna. Yaw oovi taawansami pitutoq pu' yaw puma paasat yuuyahiwta. Pu' hapi yaw moomost tsötsöqa'asya. Naap hin yaw himuwa yuwsi-ngwu, pintoningwu yaw himuwa. Pu' yaw mosayur-mantuy yuwsinayaqw pay yaw pumaniwti. Qa sööwu yaw pumuy qalmongtotoynaya.

Pu' yaw oovi su'aw taawanasami qa'ötukwit epeq si-nom pas yaw wukotsovalti. Paasat pu' yaw moomost tuwat pepeq nönga. Noq pas pi yaw supawlaviy hop-qöyva qa qeni, hapi yaw ang wuwuko'wa. Pu' hapi yaw owaqlö aqw musangnuviy taavangqöymiq paasavo. Pu' yaw puma moomost pangqaqwa, "Ta'ay, itam hapi pay soosok qeniy'wisniy," yaw kitota. "Itam paas talmas-piy'wisniy," yaw kitota. "Niikyangw um iisaw'uy, um pi pavan hongviniiqe um it wuko'o'wat pay hopqöymiq-haqami hapi wahimani," yaw kitota. "Pu' itamuy hihin taatö ökiqw pu' um put taavangqöymiq hapi wahi-maniy," yaw aw kitota.

Pu' yaw pay puma moomost pay hingsakwhooyat o'wat hapi yaw naahoy wahiwisa. Pay yaw put akw hapi nuutumtotini tuwat. Pay yaw pantsakwisqw pay son si-nom pas amungk yanwisni. Pu' yaw antsa puma nö-ngakqe pu' yaw put tawkuynaya:

Ngawhiya aheena,
Ngawhiya aheena,
Ngawhiya aheena,

"Well, we made it to the new day. We'll stay here for the time being," the Cats announced.

In rummaging through the houses of the village, the Cats had also pilfered meat here and there, so they had a big stew cooking. When they were through dancing, they feasted. Then noon was nearing, and it was time for them to dress for the plaza performance. The Cats applied their body paints. Everyone dressed according to his fancy. One was even spotted. Finally they costumed the buffalo girls. It was a transformation. There was no need to put bands with hair on them, which would have covered their eyes.

By noon, a large crowd of villagers had gathered at Qa'ötukwi. It was then that the Cats emerged from their kiva. Now, in that area of Supawlavi there was not much space. Boulders were strewn around, and the terrain was rocky all the way to the west side of Musangnuvi. So the Cats said, "Come on, let's clear away all these obstacles. We'll just sweep the place clean. And you, Coyote, since you are very strong, can throw the big boulders down the eastern slope. When we get a little further south you can cast them down the west side."

Presently the Cats began throwing the little pebbles in both directions. This was going to be their contribution to the dance. They did this to prevent the people from following them too closely. Also, when they emerged from the kiva, they started their song.

Ngawhiya aheena,
Ngawhiya aheena,
Ngawhiya aheena,

Ngawhiya aheena,
Ngaw, ngaw, ngaw.
Ngawhiya aheena,
Ngawhiya aheena,
Ngawhiya aheena,
Ngaw hingaw.

Yaw pan so'tapnayangwu; pay yaw "Ngaw" kitota. Pu' yaw pam ihu piw a'ni tönay'taqe is uti hapi yaw wuko'umukna.

Pu' hapi yaw moomost aw tuuwimo yayva. Pu' hapi yaw moomost o'wat wahivaya. Pu' hapi yaw ihu wuwuko'wat hopqöymiqhaqami wahima. Pas hapi yaw puma talmaspiy'wisa, hapi yaw tutskwat soosok hariwisa moomost. Is uti hapi yaw o'wa toovovota. Antsa yaw sinom kur hin amumi hanni. Pas yaw so'onniwqa, is uti hapi yaw a'ni hiitu hohongvit.

Pu' hapi yaw aqw supawlaviy tatkyaqöymiq hapi yaw talmaspiy'wisa. Is ana, hapi yaw pam iisaw wuko'o'wat taavangqöymiqhaqami paysoq wahima. Yantsakwiskyangw pu' yaw puma aqw kuukuyva. Epeq yaw a'ni tiikive. Pu' hapi yaw pumuy kur sinom tutwa. Angqaqw yaw hiituya. Pu' hapi yaw puma qa'ötukwiveq tsetslet moomostuy tutwaqe pu' hapi yaw pas paapuya. Pu' hapi yaw puma amumi haani.

"Hakim hapi pu' amumi ökye' hakim amumum neengaltingwuy," yaw peetu moomost kitota. "Pay itam amumum neengaltiqw pay hak hiitawat pi pay haqe' hariknamantaniy," yaw kitota.

Pu' hapi yaw puma amumi ökiiqe pu' yaw pumuy amuupa yotinumya. Pu' hapi yaw harivaya. "Is anay," yaw himuwa kitangwu hiitawat hariknaqw. Pu' hapi

Ngawhiya aheena,
Ngaw ngaw ngaw ngaw.
Ngawhiya aheena,
Ngawhiya aheena,
Ngawhiya aheena,
Ngaw hingaw.

To end their song they shouted, "Meow." Coyote's voice was very loud again. It was frightening how he thundered out the song.

The Cats had climbed the ledge by now and were throwing away the rocks. Coyote began hurling the big boulders down the eastern slope. They were picking the whole area clean. Indeed, they were scratching up the entire ground. Wow, how the rocks were zooming through the air! Small wonder that the people couldn't get down to the Cats. There was absolutely no way. Amazing how strong those creatures really were!

They were cleaning up as they moved toward the east side of Supawlavi. And Coyote, how he flung those big boulders down the west side! This is how they came into sight. The dance was at its height by then. And now the spectators spotted them. A group was approaching. When the dancers at Qa'ötukwi caught sight of the Cats, they redoubled their dancing. The Cats now climbed down to them.

"When we reach the dancers we'll just mix in with them," some of the Cats suggested. "Once we've mingled with them, we'll scratch whoever is in the way." This is what they said.

By now the Cats had arrived and were reaching out toward the people. Then they began to scratch. "Ouch!" the people cried whenever they were scratched, but

yaw kur puma pumuy hintsatsnani. Pay hapi yaw pumuy amungwuy'wisa. Pu' hapi yaw kur qa'ötukwingaqw tsetslet yaw kur umukinpiy'yungwa. Pu' hapi yaw umta. Pu' hapi yaw moomost kur put mamqasya. Pu' hapi yaw himuwa naap haqami warikngwu. Peetu yaw tupo watqa. Yaw pang siisikva pu' hapi yaw puma tangalti.

Pu' hapi yaw ihu nal'akwsingwa. Kur yaw pam haqami waayani. Yaw wupatukpuy iikwiwkyangw söhövosvitanaktsiy aqw pakiwtaqe pas pay yaw himu. Sinom yaw put aw kwanonota. Pu' hapi yaw ihu hin hinmakyangw pu' tatkyaqöymiq haawi. Owatsmomi wupt pu' hapi yaw taatöqhaqami yaw suru'itsilti.

Yanhaqam yaw pay puma moomostuy kiipokqamuynit pu' iisawuy watqanayaqw, oovi yaw puma pepehaq qa nuutum naanasna. Pay yaw as oovi qa umtaqw pas pi yaw as puma naanasnani. Pas pi yaw kur hin iisaw nöösiwqat qa kyaahak'iwvani. Yan yaw pay moomost pepeq qa aniwnaya. Noq paniqw yaw oovi supawlaviy hopqöyva aqw taatöq taltutskwa puu'u. Pang yaw moomost iisawuy amum put qenitota. Yuk i' pölö.

they couldn't defend themselves against the Cats, who were already getting the upper hand. But the dancers at Qa'ötukwi had guns, and now there was shooting. The Cats were frightened by the explosions and darted away in every direction. Some fled all the way to the base of the mesa and crawled into the cracks.

Coyote was left alone now. He didn't know where to flee. With his big sack on his back and the straw hat on his head he really looked odd. The crowd was roaring with laughter. Somehow Coyote managed to get down the south slope. He rushed up a rock mound and then dashed south, his tail sticking out as he ran.

This is how the buffalo dancers put the Cats and Coyote, who had come to challenge them, to flight. For this reason the Cats never got to feast there. Had there not been shooting, they would have gorged themselves and Coyote would have received a lot of food. But it didn't work out for the Cats this way. However, this is why the terrain east of Supawlavi which extends southward is smooth ground today. That's the area the Cats cleaned up with Coyote. And here the story ends.

Iisawniqw Maasaw

Coyote and Maasaw

Aliksa'i. Yaw orayve yeesiwa. Noq pu' yaw ismo'walpe piw iisaw kiy'ta. Noq pay pi tuuwutsit ep iisaw pas sonqe kwaatsiy'tangwuniiqe yaw kur piw maasawuy kwaatsiy'ta. Noq pay pi puma naakwatsimniiqe pay yaw sutsep naami kiikinumtongwu. Pay ephaqam naa-tutsamtangwu piw hiita awi'. Pu' pay pan naatutsamte' pu' nööse' pu' yaw pay puma pep pi hintsakngwu sonqe.

Noq suus yaw piw puma naatutsamtaqe pay yaw oovi puma öyqe pay yaw puma ep qatuwlawu. Pay yaw naami hiita yu'a'ata. Noq yaw iisaw pangqawu, "Pas itam wuuyavo qa hiita hintsaki. Pas as oovi itam sen qaavohaqam hiita hintsakni," yaw pam put kwaatsiy aw kita.

Noq pu' yaw pam maasaw aw pangqawu, "Ta'ay, niikyangw hiita pi itam hintsakniy," yaw aw kita. "Noq pay pi umsa pas itamungem hiita yewatuwngwuniqw sen antsa um hiita yeeway'tay," yaw iisawuy kwaatsi'at aw kita.

"Hep owi, pay nu' as wuuwantaqw itam naatsatsa-winani," yaw iisaw kita. "Hak pi hakiy pas tsaawinaniy. Pay pi um as antsa nuutsel'ewayniqw pay pi itam pu' wuuyavo naakwatsimniqw pay nu' uupitsangway sutsep

Aliksa'i. They say people were living at Orayvi. At Is-mo'wala Coyote had made his home. In stories told of him, as everyone knows, Coyote generally has a friend. This time, surprisingly enough, he had made friends with Maasaw, the god of death. The two were close buddies, always visiting each other. Once in a while they would even invite one another to dinner. On such an occasion they would eat first and then, as a rule, do something else.

One day one had invited the other to sup with him once more. When both were through with their meal, they just sat there discussing things. Presently Coyote remarked to his friend, "We haven't done anything for a long time. Let's do something tomorrow."

Maasaw replied, "All right, but what? You are usually the one who comes up with an idea for us. Perhaps you have something in mind."

"Very well," said Coyote. "I was thinking that maybe we could scare each other. Let's see who can really out-frighten the other. You are, of course, the one who is most horrifying, but as we've been friends for a long

yortaqw pay um paapu nuy qa tsaawinangwuy," yaw iisaw kita. "Ason haqawa tsawnaqa pöy'qa pam pu' ason mitwat hiita pas pavanniiqat aw tuutsamni," yaw iisaw maasawuy aw kita.

"Haw owi? Ya um panhaqam tuwat wuuwanta?" yaw aw kwaatsi'at kita. "Ta'ay, pay pi itam antsa qaavo mihikqwhaqam pi pay pantsakni," yaw pam aw kita. "Noq pay pi mihi, pay pi nu' oovi sonqe nimaniy," yaw pam maasaw aw kita. "Ason pay itam qaavo pas nöst paasat pu' itam aw pitsinaniy," yaw pam kita.

"Ta'ay," yaw iisaw kwangwtoyqe sunakwha. "Um hapi pay oovi iits angqwniqw pay itam iits aw pitsinaniy," yaw pam kita.

Noq pu' yaw oovi pam pangqw nima. Pam yaw nimaqw pu' yaw iisaw pay aapataqe pu' yaw pay angqe' wa'ökiwta. Wuuwanta yawi', hin hapi pam put tsaawinaniqey. Pay yaw oovi pam put wuuwantaqe pay yaw qa iits puuwi. Niiqe yaw pam yan wuuwanta, "Sen nu' hiita

time and I always get to see your face, you no longer terrify me. The one who gets scared and loses is to treat the winner to a special meal," Coyote suggested.

"Indeed, is that what you have in mind?" his friend responded. "Well, all right then, let's do that tomorrow night. But it's rather late now, so I'd better be going home. Tomorrow after supper we'll take up your suggestion."

"Great!" said Coyote eagerly. He was already excited. "Be sure not to be late so that we can get an early start."

And so Maasaw went home. After he had left, Coyote made his bed and then just lay there. Thoughts raced through his head. He was wondering how he could possibly scare the wits out of Maasaw. Sleep did not come early for him because his mind kept on working. "What

put akw tsaawinani? Pay pi himu pas nuutsel'ewayniqw son pi suupan himu put tsaawinani. Hal as'awu, pay pi nu' put an yuwse' kya nu' as tsaawinani," yaw yan wuuwa. "Noq pay pi nu' oovi pay puuwe' qaavo su'its haqami hiita neengem yewasheptoni." Yan yaw pam wuuwaqe pu' yaw oovi pay pam paasat puuwi.

Antsa yaw qavongvaqw pam su'its taatayqe pu' yaw haqami hiita hepto. Niiqe pay yaw pam ayo' orayviy awniqey yan wuuwa. "Pay pi nu' pang kwayngyava hiita hepnume' pay son hiita suupan qa yewastuwni." Yaw pam kitaaqe pu' yaw oovi pam pangsohaqami wari.

Pu' yaw pam pang kwayngyava pay hiihiita saskwit hepnuma. Noq pay pi orayepsinom kya pi hisat hiitawat yuwsiy tsaakwaknaye' pay kwayngyavoq put mötsikvuy enang maspayangwu. Noq yaw kur pam put tuway'kyangw pangso hiita hepto. Niiqe yaw antsa pam pephaqam yaw neengem a'ni yewastsovala. Supwat yaw pam kanelsakwit tuwa. Pu' yaw haqamwat piw kwewaskwit angqaqw langaknaqe yaw haalaylawu. "Kwakwha, pay sonqe i'ni," yaw kitangwu hiita tuwe'. Pu' yaw pam oovi hiita tuwaataqey put paas kanelsakwiy aw mokyaatat pu' pangqaqw ahoy nima.

Ahoy nimiwmakyangw yaw haqam piw sowit niina. Niiqe pu' yaw pam put ungwayat paas kuyt pangqw pu' yaw piw pam nakwsukyangw pu' yaw haqami pasmi pituuqe pu' pep yaw ang taynuma. Pu' yaw haqam pam patang'uyit aw pituuqe pu' yaw pam pep sukw pas sushoskayat tuku. Nit pu' yaw pam put kanelsakwiy piw aw mokyaatat pu' pangqaqw put iikwiwkyangw ahoy kiy aw'i.

Niiqe pay yaw pam oovi haqami paas put oyat pu' yaw pam pangqw taawanasapnösto. Nösqe pu' yaw pay

on earth exists to frighten him? Being the dreadful creature he is, it seems impossible that anything would terrify him. But then, on second thought, maybe if I dress like him I just might succeed and scare him. I will therefore sleep now, and then at the break of day tomorrow, I'll look for my disguise." This is what Coyote thought; and then he slept.

Indeed, the following morning he woke up very early and immediately went searching. He decided it would be best for him to go over to Orayvi. "If I search through the rubbish there at the dump, I'm bound to find some clothes." So he ran over to the trash mounds of Orayvi.

At the dump he kept looking for all sorts of wornout things. As everyone knows, the Orayvi people of long ago used to discard whatever they had worn out, along with their other garbage, at the dump. Coyote had observed that, so he went looking there. And sure enough, he collected a heap of clothes for himself. In one place he discovered a flimsy dress; at another he unearthed a tattered belt. He was full of gratitude. "Thanks, this is just what I need," he would cry whenever he came across a piece. He bundled up his finds in the ragged dress and returned home.

On his way back he also killed a rabbit. He carefully drained its blood into a container and started off again. Reaching a field, he looked around until he came across a squash patch. There he cut off the largest squash he could find. It, too, he bagged in his seedy dress. Then, shouldering the bundle, he returned to his house.

He laid everything neatly together and then ate lunch. After his meal he remained where he was for a

ep hiisavo yanta, naasungwniy'ta yaw pami'. Pay yaw oovi hihin tapkiwmaqw pu' yaw pam pangqw yama. Hiita himuy hapi yewastuwaaqey kimakyangw pay yaw haqamiwat kiy aqlavo pay qa pas yaavoniiqe pep pu' yaw pam put patngat homiyat epeq yaw aqw höta. Niiqe pu' yaw pam angqw paas haari, sakwtsama yaw pami'.

Paas yaw pantit pu' yaw ang tuwanta. Pam hapi yaw kur put angqw kwatstaniqe oovi put enang kwusiva. Pay yaw antsa aqw supki. Naami yaw taya'iwta. "Uti, pas pa nu' a'ni soniltini." Yan yaw pam wuuwankyangw pep put ang tuwanlawu. Nit pu' yaw piw oovi ahoy tsoopat pu' yaw put pam ungwat akw ang soosovik lelwi. Uti, yaw a'ni soniwa antsa'. Yaw taya'iwta pam naami. "Hihiyya nuu', pay nu' son kur qa tsaawinani," yan yaw pam wuuwanta.

Nit yaw pu' oovi pam pep yukuuqe pu' yaw pay put soosok paas piw ahoy mokyaatat pu' yaw pep haqam tuusöy'taqw pangsoq pu' yaw pam put tupkya. Tupkyat pu' angqw ahoy yaw kiy awniiqe pay yaw oovi pam pep put kwaatsiy nuutayta. "Pay pi sonqa pay angqaqwni," yan yaw pam wuuwaqe oovi pay aasavo aw hiita hinta. Puma hapi yaw hiita nösniniqw puta'.

Antsa yaw hisatniqw oovehaqam himu pusumti. Noq yaw angqaqw hak pangqawu, "Kuwawatangwuy," yaw angqw kita.

Yaw iisaw aqw kwuupukqw pay yaw puye'em kwaatsi'atniqw pu' yaw pam oovi aqw pangqawu, "Peqw paki'iy, pay nu' ung nuutaytay, peqwaa'." Pas pi yaw pam tis'ew kwangwtoyqe yaw oovi pam aqw kuwawata.

Yaw kitaqw pu' yaw oovi pam angqw paki. Angqw pakiqw pu' yaw kwaatsi'at put paas taviqw pu' pay yaw puma hiisavo naami pay naanap hiita yu'a'atat pu'

while, resting. By early evening he went out again, taking along the clothes he had found. He went to a spot near his den, and there he sliced open the narrow end of the squash and carefully scraped out all the soft parts with the seeds.

When he was done, he tried the hollowed shell on. He had fashioned a mask out of the squash. That's why he had brought it along. It slipped on well. Coyote laughed at himself. "Good heavens, I'll be a terrible sight," he reflected as he was busy trying the mask on. Then he pulled it off again and smeared it completely with blood. What a ghastly thing to look at! Coyote was amused with himself. "Wow, look at me, I'm bound to scare him!" This went through his mind.

When he had finished his work and had wrapped everything up once more, he hid his outfit under an overhang. Having done this, he returned to his house and waited there for his friend. "He's bound to be here any minute." With this thought he went about preparing things for his friend's arrival, especially what they were going to eat.

True enough, some time later there was a thump on top of the roof and a voice said, "How about inviting me in!"

Coyote raised his head. He knew that it was his friend, so he shouted, "Come in, I've been waiting for you. Come right in!" He was quite excited by now and so he used all these welcoming phrases.

Maasaw entered and his friend Coyote tried his best to make him feel at home. When they had chatted for a little while, they started their dinner. After they were

paasat tuumoyva. Pu' yaw puma oovi öyqe pay yaw an piw qatukyangw pay yaw naami pay hiihiita yu'a'ata. Noq maasaw pi yaw pay put naat aw maqaptsiy'taqe pay yaw qa pas aw pisoq'iwta. Noq iisaw pi yaw pas kwangwtoyqe pay yaw oovi piw suupangqawu, "Ta'ay, ya itam hisatniqw aw pitsinaniy?" yaw aw kita.

"Pi um pi. Um pi pan naawaknaqe ung hisatniqw pangqawqw itam paasat aw pitsinaniy. Noq ason oovi um mootiy'mani. Nu' pi pay naat qa hiita yeeway'ta," yaw pam aw kita.

"Ta'ay, pay nu' mootini," yaw sunakwha iisawniiqe pu' yaw oovi wunuptuqe pu' yaw kwaatsiy aw pangqawu, "Pay um haak yepeq nuy nuutaytani. Pay nu' yamakye' pay son pas suupan wuuyavotiqw pay ahoy pituni." Yaw pam aw kitat pu' oovi yamakma. Yamakmaqe pu' yaw oovi pam haqam yuwsiy tupkyiy'taqey pangso yaw pam wari. Pu' yaw pam ep pituuqe kwangwtoykyangw yaw pam yuuyuwsi. Pas pi yaw pam suyan nuutsel'ewakw hiita yuwsiniqe oovi. Son pi yaw qa pam kwaatsiy pö'ani. Niiqe pu' yaw pam oovi yuwsiqe, naat yaw kur piw peehut ungwat angqw akwsingwnaqe put akw pu' yaw piw tsöqa'asi. Pu' yaw pay qötsvit akw piw tsö-qa'asi. Is yaw antsa a'ni sonilti yukuuqe. Noq pam hapi yaw kur maasawuy an yuwsi.

Pu' yaw pam yuwsiqe pangqw pu' yaw oovi kiy ahoy aw pay heenakhooyay'ma. Pu' yaw kwaatsi'at maasaw pay pepeq kiiyat epeq pay yanta, yaw nuutayta hapi. Yan yaw pay yooko'kyangw yaw maqaptsiy'ta. Noq hisatniqw yaw navotq yaw oovehaqam himu pusumti. Noq pay yaw puye'em pam ahoy pituqw pu' yaw oovi pay pam qa aqw hingqawt pay ahoy yookoltiqe pay pep qatuwlawu. Noq yaw oongahaqaqw i' iisaw pangqawu, "Ta'ay, kwaats, qa nu'ni?" yaw aqw kita.

full, they just sat there and relaxed as before and gossiped about all kinds of things. Maasaw was waiting for Coyote to make the first move and so he did not press him. Coyote, on the other hand, was keyed up with anticipation, and burst right out with it. "All right then, when are we going to start?"

"That's up to you. You were the one who wanted to do this, so whatever time you say, we will begin. You can go first. I haven't hit upon an idea yet."

"Very well, I'll go first," Coyote hastened to agree. He got up and said to his friend, "You wait here for me. I'm going out, but I shouldn't be too long." This is what he said, and then he was gone. Coyote left the house, ran to the spot where he had hidden his clothes, and started dressing. He was hardly able to wait. After all, he was putting on some really awful clothes. No doubt, he was going to outdo his friend. When he was through donning his disguise, he used some of the blood which was left over to stain his body. On top of this he added ashes to his body paint. He looked terrible when he was finished. He had, of course, prepared himself in the guise of Maasaw.

When he was dressed, he hurried back to the house where his friend Maasaw sat expecting him. He was waiting for him with his head lowered. Finally he heard a thump from above. He knew that Coyote was back, so he didn't bother to answer but lowered his head to his chest and remained sitting where he was. Coyote shouted from the roof, "All right, my friend, are you ready?"

"As'awuy, pay nu' ung wuuyavo nuutaytay. Pay nawutstiy, um oovi pakiniy," yaw pam aqw kita.

"Hep owi, sonqee'. Pay nu' as suupan pisoqti. Pay nu' as suupan hiisavoniqw pay kya pi antsa wuuyavoti. Noq um hapi qa tsawnani," yaw aw kita.

"Pay nu' son suupan tsawnani," yaw pam kwaatsi'at aqw ahoy kita.

"Ta'ay, nu' hapi pakini," yaw aqw kitat pu' yaw oovi angqw pay hokyay mooti suukw hayt pay yaw qa aqw pakit pay yaw ahoy yamakt pu' yaw aqw piw pangqawu, "Pay um son tsawnani?" yaw aqw kita.

"Piiyiy, pay hin pi nu' antsa hintiniy; pay nu' suupan son tsawnani. Ta'ay, pakii'," yaw maasaw kita.

"Ta'ay, nu' hapi pakiniy," yaw aqw ahoy kitat pu' yaw paasat pay panis lööqhaqam saqleetat aw wuukukt pay yaw pi ahoy suymakma. "Nu' hapi pakiniy," piw yaw aqw kita, "oovi um hapi qa tsawnani."

Yaw pam piw aqw kitat pu' yaw paasat oovi aqw pakito. Pu' yaw pas kur qa atsataqe yaw angqw supkito. Pay yaw naat oovi qa pas soosok saaqat hawt pay yaw aw tuuwimo suts'omtit a'ni yaw töqti. "Yap pahahaha," yaw kita. Pangqawt pu' yaw maasawuy aqw wari. Pu' yaw maasaw aw yan kwuupukt pu' hapi yaw sungwnuptu. "Is utiy, ya um himuu'?" yaw aw kita. "Is utiy, peep i'unangwa hintii. Is utiy, kur pi um piw panhaqam yuwsii. Pas hapi um nuy tsaawinay; pas hapi um nuutsel'ewaytiy," yaw pam aw kita. Pay pi yaw pam paysoq put tayawniy'taqe yaw aw kitalawu.

A'ni yaw taya'iwta pep iisaw tuwat. Pu' yaw hisatniqw iisaw yan unangwtiqe pu' yaw kwaatsiy aw pangqawu, "Pay nuu'uy, kwaats," yaw aw kita. "Pay qa pas hak'iy, pay nuu'uy. Pay um qa tsawnaniy," yaw aw kita.

"Sure, I've been waiting here for ages. Time has really been dragging. Come right in!" Maasaw replied.

"Yes, I suppose you're right. I must have been quite busy, for I thought I would only be a little while. I guess it really took me a long time. Don't get frightened now!"

"Don't worry, I won't get frightened!" his friend replied.

"All right, I'm coming!" Coyote shouted. He dangled one of his legs down but instead of entering, withdrew it again from the ladder and asked, "You're sure you're not going to get scared?"

"I don't know. Who knows how I will react?"

"Very well, then. I'm coming in," Coyote hollered back and stepped about two more times onto the rung but again withdrew his leg from the ladder. "I'm coming now!" he shouted once more. "Be sure not to get scared, my friend!"

This time Coyote was ready and quickly stepped in. He had not fully descended the ladder yet when quickly he jumped over to the stone bench and yelled at the top of his voice, "Yap pahahaha!" With this shout he rushed up to Maasaw. His friend raised his head and then shot up in horror. "How dreadful, who are you? Good god, my heart nearly stopped beating. How on earth could you dress like that! You scared me out of my wits. What a monstrous beast you are!" Maasaw, of course, was saying these things only to flatter Coyote.

Coyote roared with laughter. When he had finally calmed down, he said to his friend, "It's me, old friend. I'm no stranger. It's only me. Don't be afraid."

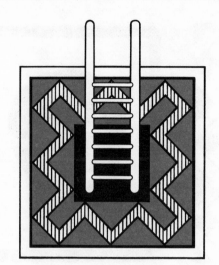

"Hii, ya pay umi'?" yaw kwaatsi'at aw kita. "Pas suupan as pas himuniqw oovi nu' tsawnay. Is utiy, piw um panhaqam nuy tsatsawinaa," yaw aw kita.

Tayawniy'ta yawi', himuwya'iwta yaw iisaw. Pas pi yaw iisaw maasawuy suupan tsaawinaqey wuuwaqe taya'iwta, himuwya'iwta. Pu' yaw pam oovi aw pangqawu, "Ta'ay, um tuwatni, niikyangw ason nuy ahoy pituqw pu' um tuwatni. Naat nu' it haqami oyatoy," yaw aw kita.

Kitat pu' yaw pam oovi pangqw yamakto. Yaw saaqat ang wuptoq yaw pam kwaatsi'at kwuupukt pu' yaw angk töha. Son pi qa hintiqw pam put angk töha. Noq pay yaw pam iisaw qa nanvotiy'kyangw yamakto, himuwya'iwkyangw pas pi yaw kwaatsiy tsaawinaqe. Pu'

"Really, is that you?" his friend asked. "I thought it was some ghastly ghost. That's why I got so scared. How terrible that you managed to frighten me like that!" Maasaw said this only to please his friend.

But Coyote perked up. Apparently he believed that he had succeeded in scaring Maasaw. That's why he laughed proudly. He turned to Maasaw saying, "Well, then, it's your turn now. When I come back, you go. I'll just go out and leave these things somewhere."

Presently Coyote climbed the ladder. It was then that his friend raised his head and spat after him. He probably had a reason to spit after him. Coyote, however, was not aware of it and went out. He was terribly proud that he had frightened his friend so thoroughly. He ran

Coyote and Maasaw
101

yaw pam oovi pangqw yamakt pu' yaw haqam hapi yuwsiqey pangso. Pu' ep pituuqe pu' yaw yuwsiy ahoy oya, kanelsakwiy. Pu' pay hiita enang yuwsiy'taqe paas yaw put piw oyaaqe pu' yaw kwaatsiy tsoopani. Pu' yaw pam put pep hapi as tsotspay. Pas yaw qa tsoopa. Noq yaw kur put kwaatsi'at hapi paniqw put angk töha, put hapi kur kwaatsi'at kwangway'niqat oovi. Noq yaw oovi put kwaatsi'at kwangway'qe yaw ang yamakniqe qa naawakna.

Pu' hapi yaw pam pep put amum naayawtinuma, amum singtinuma, qö'angpokniy'numa. Pu' yaw wu-nupte' yaw angqe' qatalpuva wiwtinumngwu. Pas yaw pam qa tsoopa. Nit pan hapi yaw pam pep put amum naayawtinumqe pay kur hisatniqw hikwismoki. Pay yaw oovi pam pangso yuku. Angqe' yaw wa'ökmaqe pay yaw kur pam pas suus okiw.

to the site where he had dressed a while back and took off his clothes—first the woolen dress and then the other parts of his disguise. He took off all the clothes and was now going to remove his mask. He yanked and pulled back and forth, but it would not budge. This is why his friend Maasaw had spat after him. He wanted to make sure that Coyote's mask would not come off. Consequently, the mask now resisted all Coyote's efforts to remove it.

Coyote struggled with the mask. He was wrestling with it and kicking up dust. But try as he might, it wouldn't come off. He got up and stumbled around in the dark. Fighting the mask, he eventually choked to death. This is how Coyote perished there. He fell to the ground, and that was the end of the poor creature.

Noq pu' yaw iisawuy kiiyat pi ep put kwaatsi'at nuutaytaqe pay yaw oovi qatuwlawu. Pay yaw oovi nawutstiqw pu' yaw pam naami pangqawu, "Pay pi son pam pituni; naapas himu hiita hintsakngwu." Yan yaw pam wuuwat pu' yaw pam pay oovi pangqw yama. Pam pangqw yamakqe pu' pay ahoy nima.

Qavongvaqw pay yaw okiw iisaw pep haqam pöhut kya pi aqlavaqe wa'ökiwta. Yaw naat okiw put ang pakiwkyangw angqe' mokpu wa'ökiwta. Noq pang pönawit kya pi orayvit sasqayangwuniqw pay himuwa kya pi haqaminen aqle'nen yaw put tuwe' aw tayatingwu. "Pas pi um himu naapas hiita hintsakngwu," yaw himuwa aqle'nen aw kitat, aw tayatit, pu' piw aapiyningwu. Noq yanhaqam yaw oovi pam maasaw okiw kwaatsiy kwahi. Pay yuk i' pölö.

Back at Coyote's house his friend sat waiting for him. When quite a long time had passed, Maasaw said to himself, "Well, looks like he won't return. He must be up to something again." With this thought he left the house and went home.

The following day poor Coyote was lying somewhere along the road, I guess. He was dead, still wearing his mask. The people from Orayvi used to travel back and forth on that road, and whenever one of them went somewhere, he had to pass Coyote. On spotting him, people would laugh. "Why do you have to do things like that?" they would reproach him in passing. They just laughed at him and continued on their way. This is how Maasaw lost his friend. And here the story ends.

Iisaw Hom'oyto

Coyote on a Prayer Mission

Aliksa'i. Yaw orayve yeesiwa. Noq pu' yaw pay piw aqw-haqami kitsokinawit piw sinom yeese. Noq pu' yaw suus hisat yangqe hopiikivaqe pas yaw qa yooyoki. Pay yaw tuwat soq huuhukngwuniiqe yaw pam huukyangw pumuy uuyiyamuy okiw paas laknaqw yaw puma lööq yaasangwuy ang pas okiw qa hiita aniwnaya. Niiqe pu' yaw puma oovi aapiy kur hiita noonovaniqe pu' yaw puma oovi maqwisngwu. Pu' yaw puma maqwise' yaw puma kyaananaptat pu' hiita haqam niinayangwu. Pas yaw ima tuutuvosipt yaakye' yeskyaakyangw pu' yaw piw a'ni tutumqamniqw oovi yaw puma putakw pumuy pay qa sutsep iikwiwvayangwu.

Noq pu' yaw yep ismo'walpe piw i' iisaw kiy'ta. Noq yaw pam pay piw imuy hopiituy su'amun kyaananvotkyangw yaw piw tunöstuway'numa. Noq pay pi yaw pam sutsep angqe' waynumngwuniiqe yaw oovi kur hisat oraymi pitu. Niiqe pu' yaw pam pay pang qaqlava kwayngyavaqe yaw hiita hepnuma. Niiqe yaw pam it öö'öqat tuway'numa. Noq yaw ima orayepsinom put hiita tuunit soswe' pu' puma yaw pay put hiita ööqayat pangsoq maspawisngwuniqw put yaw kur pam pangqe tuway'numa. Noq pu' yaw pam oovi pay piw paapiy pangso hiita hepmantangwu.

Aliksa'i. They say people were settled in Orayvi, and there were people living in various villages all over. Once, long ago, no rain had been falling across Hopi land. Instead, the wind blew constantly, which dried up the plants so that for two years the poor people didn't grow anything. Having no more to eat, they would go hunting. But when they did go hunting, they had a difficult time making a kill. The game animals were very timid and lived far away, which meant that the people could not always bring them home when they did kill them.

And here at Ismo'wala Coyote had made his home. He, like the Hopis, was having a very hard time finding food. Roaming the area as he always did, he once drifted over to Orayvi. He skirted along the dump looking for things. What he kept finding were bones. Whenever the Orayvi people finished eating whatever prey they had secured, they would cast the bones into the trash. It was those bones that Coyote found. So from that day on he made it a habit of going there to search.

Noq pu' yaw pam suus pepniikyangw yaw pam haki-
muy pepeq kwayngyaveq tuwa. Niiqe pu' yaw pam pay
oovi qa pas amuminit pay yaw pam pephaqam himuts-
kit aakwayngyap na'uytaqe pu' yaw pam pangqw pay
pumuy amumi tuuqayta. Noq pu' yaw puma hakim
pep naami yu'a'ataqam yaw pangqawlawu pay pu'.tal-
'angwmiq piw qa yokvaqw pay yaw puma pas son pu'
qa tsöngso'niqat yaw puma naami kitalawqe yaw qa
haalayi.

Noq pu' yaw puma aapiyniqw pu' yaw pam piw pang-
qe' hiita hiisakw nösniqey hepnuma. Pu' yaw pam piw
sakinaqe yaw oovi piw hiisa' öö'öqat tuwaaqe pu' yaw
pam put pangqw kimakyangw pu' piw ahoy nima.
Pituuqe pu' yaw pam put oovi nöösa. Pu' yaw paasat
mihikqw pu' yaw pam as wa'ökkyangw pay yaw pam qa
puwva. Noq yaw pam hapi kur imuy hopiituy ookwa-
tuwqe oovi yaw pumuysa wuuwantaqe yaw kur hin
puwvani. Hin as yaw pam pumuy pa'angwani? Hinte' as
yaw paapu pumuy paasayamuy ang yooyokmantani?
Noq pu' yaw pam hiita u'na. Ura piw pam haqam
navotq yaw ima oo'omawt yepeq öngtupqaveq kiy'-
yungqw pay kya as pam pangsoqnen pumuy amumi
paalayamuy oovi tuuvingtaqw pay kya yaw as puma
naanakwhe' angqw yoknawisni. Niiqe yaw pam oovi ep
qavongvaqw yaw orayminen pu' yaw pep pumuy kik-
mongwiyamuy aw yan lavaytiqw hin pi yaw pam tuwat
it aw wuuwani. Yan yaw pam wuuwankyangw pang
wa'ökiwkyangw pu' yaw pam kya pi hisatniqw pas
maanguy'qe pu' yaw pam paasat puwva.

Qavongvaqw pu' yaw pam hapi kur qa iits taatayi qa
iits puwvaqe oovi. Niiqe pu' yaw pam oovi pay paasat qa
nöst pu' yaw pam pay oraymi nakwsu. Niiqe pu' yaw
pam aw pituuqe pay yaw oovi mooti qaqlavaqe hintsak-

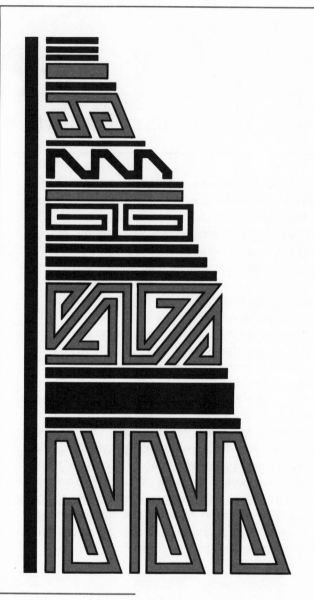

One day he spotted two people at the dump. He didn't venture near them but hid behind a bush and listened to their conversation. The two were saying that if it failed to rain once more in the summer they were sure to die of starvation. They were most unhappy as they were saying this.

After the two had left, Coyote continued searching for morsels of food. Surprisingly enough, he was again fortunate in finding a few bones which he carried back home. Returning to his den, he devoured them. When night fell, he lay down but could not go to sleep. He felt sorry for the Hopis, and because he couldn't get them off his mind he could not fall asleep. What could he do to help them? What would have to happen so that it would rain again in their fields? Suddenly an idea occurred to him. He remembered having heard somewhere that the clouds made their home at the Grand Canyon. Maybe if he went there and begged them for their moisture, they might consent and come to make rain. So he decided to go to Orayvi the following day and relate his idea to the village leader to see what he would think of it. With thoughts like these crossing his mind, Coyote was lying there. Finally, I guess, he grew so tired that he fell asleep.

The next morning Coyote realized he had not woken up early because he had dozed off so late. So without bothering to eat, he set out for Orayvi. Arriving there, he first trotted along the outskirts and then started to-

numkyangw pu' yaw pam paasat aw kiimi nakwsu. Noq pu' yaw pam pang kiinawit kiisonvit hepnuma. Piw yaw kur pam hin navotiy'ta pam kikmongwi kiisonmiq kiy'tangwuniqw. Naat yaw pam oovi pang pannumqw pay yaw put aw popkot yuutukqe pu' yaw put pang kiinawit okiw ngöynumya. Noq pay yaw kur pam piw pumuy amuupe a'ni hönginiiqe pay yaw pam oovi pumuy amupyeve a'ni waaya. Niiqe pu' yaw pam pay pumuy haq amupyevetiqe pu' yaw pam pay paasat piw kuukuy ang hiisavo ahoyta. Pantit pu' yaw pam pay paasat haqam pölavikkimiq pakiiqe pu' pay paasat pangqw na'uyta.

Noq pu' yaw pay pas qa taalawvaqw pu' yaw pam piw tuwanta. Noq pay yaw naat pam piw haqe'niqw pay yaw piw put aw popkot yuutu. Niiqe pu' yaw puma as piw put ngööngöyaqw piw yaw hak kiy angqw yamakqe yaw pumuy popkotuy amumi a'ni itsivuti. "Paapu huvam qa wahahatota'ay! Uma hiitu hakimuy qa toknayangwu, nuksiwvopkoot! Nanalt pi uma teevep taalö' tokngwuniiqe oovi hakimuy amumum qa maqwisngwuniiqe oovi yaasat pu' tuwat yaktangwuu, manhepnumyangwuu!" yaw pam pumuy amumi kitaaqe yaw amumi a'ni itsivuti. Pu' yaw puma popkot tsaatsawnaqe yaw a'ni watqa.

Paasat pu' yaw pam iisaw piw pang kiinawit yannuma, noq pay yaw piw pas qa suusa himuwa pooko put aw hintsaki. Noq i' kikmongwi pi sutsep nuutungk puwngwuniqw pan yaw iisaw put kiiyat tuwa. Yaw pep kiisonviy kwiningyaqwsa paasat kootalqw pu' yaw pam oovi pangso. Niiqe pu' yaw iisaw aw pituuqe pay yaw pam pas yuumosa pakito. Yaw pam ep pakiqw naat yaw pam kikmongwi pangso qöpqöy aw qatukyangw

ward the village. He wandered about the village looking for the plaza. Amazingly enough, he somehow knew that it was customary for the village leader to live at the plaza. He was still on his way there when the dogs came rushing upon him and chased him around the houses. But obviously Coyote was a fast runner, for he quickly outdistanced them. When he was far away from them he doubled back again a little way along his tracks. Then he crawled into a bread oven and hid there.

When every trace of light was gone Coyote tried to enter the village once more. He was still on his way when the dogs charged him once again. They were pursuing him when, to his surprise, someone came out of a house and harshly admonished the dogs. "Will you stop barking! You won't let us sleep, you lazy dogs! You're the only ones who sleep all day. You never want to come hunting with us and now you go around looking for females!" the voice hollered angrily. As a result the dogs got scared and ran off.

Coyote continued his walk about the village and, amazingly, not once did another dog bother him. The village leader is, of course, always the last to retire, and that is how Coyote found his house. Only on the northside of the plaza was there still the glow of a light. Coyote headed there and upon reaching the house immediately entered. He found the village chief still sitting there facing his fireplace and smoking. But the lat-

tsootsongo. Noq pay yaw kur pam navota pam iisaw ep pakiqw, niiqe pu' yaw pam oovi pay put paas qatu'a'awna.

Pu' yaw iisaw pay pephaqam qatuptuqe pu' yaw put kikmongwit aw maqaptsiy'ta. Noq pu' yaw pam kikmongwi tsotsongyukuuqe pu' yaw pay qa hingqawt pu' yaw pay wunuptuqe pu' yaw aapamihaqami pakima. Hiisavoniqw pu' yaw pam ahoy angqaqw hiita tsaqaptat angqw oyiy'kyangw yama. Pantit pu' yaw pam put tsaqaptat iisawuy atpipo tavi. Tavit pu' yaw pam put aw pangqawu, "Ta'ay, yep nöösa'ay. Ason um nöst pu' paasat um hiita ooviniiqey nuy aa'awnaniy. Son pi um qa pas hiita oovi waynumay. Noq son pi ung ima popkot qa ngööngöyaqw oovi um naat tururutay," yaw pam put aw kitaqw pu' yaw pam oovi tuumoyva.

Noq yaw kur pam nöqkwivit put engem pangso tunösvongyaata. Noq pas hapi yaw iisaw kwangwanösa. Pu' yaw pam öyqe pu' yaw pangqawu, "Kwakwhay, nu' nöösay," yaw pam kita.

"Ta'ay, noq um hiita oovi waynumay?" yaw pam kikmongwi put aw kita.

"Owiy, pay nu' hapi qa hiita pu' tuwat tunöstuway'numay. Noq pay nu' pu' qa suus yep pitumaqe nu' yangqe kwayngyavaqe pay hiita hepnumngwu. Noq pay ephaqam uma pangsoq hiita maspayaqw pay nu' put yangqw kime' pay nu' tuwat pay put nösngwuy. Noq taavok nu' piw pangqe waynumqe piw nu' pepeq hakimuy aw tuuqaytaqw yaw pay uma pas okiw qa yoknayangwuniiqat puma pangqawlawu. Noq sen pay pas antsa'ay?" yaw pam iisaw put aw kita.

"Owiy, pay itam antsa hintiqw oovi oo'omawtuy pas qa angwuy'yungway. Noq oovi antsa pay itam pas qa

ter had apparently noticed Coyote's entrance for he cordially asked him to have a seat.

Coyote sat down and waited. When the chief had finished smoking, he got up without saying a word and disappeared into the inner room. In a little while he came back out bearing a bowl with something in it. He placed the bowl in front of Coyote and said to him, "Here, have some food! After you have finished eating you can tell me the purpose of your coming. I'm sure you have an important reason to be here. Those dogs must have chased you because you are still shivering." This is what the chief said.

And so Coyote began eating. It was stewed meat that the chief had placed before him. Naturally, Coyote enjoyed the food. When he was satiated, he declared, "Thank you for the food."

"Now tell me, for what reason are you here?" asked the village leader.

"I, too, cannot find anything to eat these days," replied Coyote. "I've been here more than once searching through the dump for tidbits. Once in a while when your people discard some scraps there, I carry them home and make a meal of them. Now yesterday, when I was again rummaging around in that area, I overheard, to my surprise, two persons saying that you poor people have not had any rain. Is that really true?" Coyote asked.

"Yes, it's true. For some reason we have not had the power to charm the clouds. If we don't get any rain,

yoknaye' pay itam pas sonqa tsöngso'niy. Pu' ima tuu-
tuvosipt pas qa atsat yaakye' kiy'yungqw pay itam
paapu kur hin pumuy amungkyamantani. Pay itam suy-
tsepngwat qa öqawiy'wisay," yaw pam kikmongwi kita.

"Kur antsa'ay," yaw iisaw kita, "pay nu' paniqw angqw
pas hin navottoy. Pay nu' as wuuwantaqe pay nu' yukyiq
öngtupqamiq umungem as hin navottoniy. Pay nuy
navotq piw yaw puma oo'omawt pepeq kiy'yungway.
Noq oovi as uma it paahot nakwakwusit tumaltotaqw
nu' put kimakyangw pangsoqhaqami nakwsuniy," yaw
pam put kikmongwit aw kita.

"Haw owi? Kwakwhay, antsa'ay! Pay kur antsa um qa
paysoq waynumay. Noq oovi antsa nu' qaavo pay imong-
sungwmuy tsovalaqw pu' itam pay put aw teevep tu-
malay'yungwniy. Son pi puma qa sunanakwhaniy. Noq
kwakwhat pi um hak nu'okwaniiqe piw yan wuuwan-
kyangw angqaqöy. Noq pay oovi um qa nimat pay um

we'll have a famine for sure. And the game animals just
live too far away so that we can't follow them anymore.
We are growing weaker every day," the village chief
explained.

"Well, that's what I really came to find out. I've been
thinking about going to the Grand Canyon to find a so-
lution for you. I have heard that the clouds live there.
Therefore, prepare some prayer sticks and prayer plumes
and I will take them there," Coyote requested.

"Really? Thank you, indeed! It is true then that you
had a special purpose for being around. I'll gather my
ceremonial partners tomorrow and then we will work
on those prayer items all day. No doubt they will readily
agree. Thanks for being so compassionate and coming
to our aid. By the way, you don't need to go home. You

yepeq aapaveq puwniy, pay pi mihiy," yaw pam put iisawuy aw yan lavaytiqw pu' yaw pam oovi pay paasat pep huruutiqe pu' yaw pay pep pas kiive puuwi.

Qavongvaqw pu' yaw pam kikmongwi pay su'its taatayqe pu' yaw pam ang pumuy sungwamuy aa'awna yaw puma put kiiyat aw tsovaltiniqat. Noq pu' yaw oovi puma pay naat taawat qa yamakqw pay yaw ep öki. Noq pu' yaw pam pumuy aa'awna hintiqw pam pumuy tsovalaqey. Noq pu' yaw puma it yan nanaptaqe pu' yaw oovi pay paasat pangqw nöngakqe pu' yaw paasat kiikiy ang hiita akw paaholalwaniqey ooviya.

Noq pu' yaw puma hiisavoniqw ahoy ökiqw paasat pu' yaw kur i' iisaw taatayqe yaw paasat naat tuumoytaqw yaw puma ahoy ep öki. Niiqe pu' yaw puma pay paasat pangso qöpqömi yesvaqe pu' yaw pep tsotsongqöniwma. Pu' yaw puma yukuyaqe pu' paasat yaw paaholalwaniqey aw pitsinaya. Noq pu' yaw iisaw paasat pay öyqe pu' yaw pam pay pumuy amuqlap qatuwkyangw pay yaw pumuy amumi tayta. Pu' yaw puma taataqt pep paaholalwa. Niiqe pay yaw pas taawanasap'iwmaqw pu' yaw pam kikmongwi pumuy qe'tapna. Pay yaw ason pumuy pas nöönösaqw pu' yaw puma ason piw aapiytotani. Paasat pu' yaw puma oovi pay naap kiikiy angqe' noovamokwisqe pu' yaw pay paasat pep kikmongwit kiiyat ep suup nöönösa.

Noq pu' yaw i' iisaw pay piw paasat pumuy amumum pep nöösa. Pu' yaw oovi puma soosoyam nöönösaqw pu' yaw puma piw aapiy tapkimi pay putsa pahotmalay api'iwyungwa. Niiqe yaw oovi tapkimi pituqw puma yaw antsa put paavahot niitiya. Paasat pu' yaw pam kikmongwi pumuy amumi piw pangqawu, "Ta'ay, kwakwhay, pay sonqa yantaniy. Pay oovi itam qe'tote' itam pay haak piw ahoy itaakikiy angyaniy. Pay ason pas hihin

can spend the night here in the back room. It's very late anyway." So Coyote remained there and slept in a house instead of in his den.

Next day the village chief woke up very early and passed the word among his companions to gather at his home. They arrived before the sun was up, and he explained why he had asked them to convene. On hearing the reason they immediately proceeded to their homes to gather materials for the prayer things.

Shortly afterward the men returned and found that Coyote had awoken and was once again eating. First they sat down in front of the fireplace and smoked, passing the pipe from one to another. When they finished, they began their task. Meanwhile Coyote was full, so he sat down next to the men and watched them fashioning the prayer feathers. It was nearing noon when the village chief bade them pause. He suggested they should eat and then continue. With that they left for their own homes to fetch their lunches, and then they all ate together at the village chief's house.

Once again Coyote joined them for the meal. Afterward they continued working into the evening. By the time evening finally came the men had, indeed, made an abundance of prayer feathers and prayer sticks. The village chief now turned to them exclaiming, "All right, thanks! That should do it. Let's stop and return to our houses temporarily. A little later at night, when you have eaten and gathered here again we'll spend the

mihikqw pu' uma ason nöönösat, pu' paasat piw ahoy pew tsovaltiqw pu' itam it itaatumalay aw toktay'yungwniy," yaw pam pumuy amumi kitaqw pu' yaw oovi puma pay pangqw nöngakqe pu' pay paasat ahoy kiikiy angya.

Pu' yaw puma paasat piw pas nöönösat pu' paasat piw ahoy put kikmongwit kiiyat awya. Pay yaw oovi paasat pay kiinawit pas tookiwqw pu' yaw puma piw soosoyam tsovalti. Paasat pu' yaw puma oovi put tumalay aw toktay'yungwniqe pu' yaw puma oovi mooti piw tsotsongqöniwma. Noq pu' yaw pumuy yukuyaqw pu' yaw pam kikmongwi put iisawuy aw pangqawu, "Pay um itamuusavo puwniy. Um hapi qaavo yaavoqniqe son um puwmokiwkyangw aqwhaqaminiy. Noq oovi pay nu' ason qaavo su'its ung taataynaqw pu' um ason nöst pu' um paasat pay pi aqwhaqami hoytaniy," yaw pam iisawuy aw kitaqw pu' yaw pam pay oovi puwqw pu' yaw pumawat tuwat pay pep put paahoy aw tsootsonglalwakyangw pu' piw aw naanawakna.

Panmakyangw pu' yaw qöyangwnuptuqw pu' yaw i' kikmongwi pay paasat it iisawuy taataynaqw pu' yaw pam pay paasat tuumoyta. Pu' yaw pam nösqw pu' yaw puma pep taataqt pu' aw naanangk pahotmalay oo'o-yayaqw pu' yaw pam put tukput aqw mokyalawu. Niiqe yaw pam oovi put wukomokyaata. Paasat pu' yaw pam put iikwiltat pu' yaw pam pangqw yamakniniqw pu' yaw puma taataqt put a'ni öqalantota.

Pantiqw pu' yaw pam pangqw yamakqe pu' yaw pam aqw teevenge nakwsu. Niikyangw paasat pay yaw hak put tuwalniy'ma, son pi yaw ima popkot pay piw qa aw yuutukniniqw oovi. Noq antsa pay yaw naat puma qa yaavo pituqw pay yaw kur piw popkot nanaptaqe pu' yaw put angk wahahatiwisa. Noq pu' yaw pam hak put

night praying over our labor." With these words from the chief the men went out and returned to their homes.

After supper they once again returned to the village leader's house. The entire village was sound asleep by the time they had all reassembled. They were going to spend the night awake over their labor and for this reason they once again began passing the pipe around. When they had finished, the village chief said to Coyote, "You go to bed ahead of us now. Since you have far to journey tomorrow, you should not set out sleepy. I'll wake you first thing in the morning so that you can start for your destination right after breakfast." And so Coyote slept while the others in turn smoked and prayed to their prayer feathers.

Finally it became gray dawn. The village chief roused Coyote and the latter began to eat. When he had finished the men in succession handed their prayer feathers and prayer sticks to Coyote who placed them in a sack. He had quite a large bundle. He packed the bundle on his back. As he was about to leave, the men strengthened him with words of encouragement.

Coyote left the house and headed west. This time, however, someone went along to escort him, because more than likely the dogs were going to attack him again. True enough, the two had not traveled very far when, evidently, the dogs noticed Coyote again and followed him, barking. The person who had gone along for

iisawuy tuwalniy'maqa yaw pumuy amumi a'ni itsivutit pu' paasat pumuy tatatuva. Noq pu' yaw puma popkot pay piw paasat kweetsikmaqe pay paapu qa piw iisawuy angkyaqw pu' yaw pam oovi pay paasat naala pangsoq taavangqöymiqhaqami hawma. Pangqw pu' yaw pam tutskwami hawqe pu' yaw paasat pay yuumosa tee-vengewat wayma.

Panmakyangw pu' yaw pam haqami paami pituto. Pangsoq yaw pam peehut pumuy paahoyamuy hom-'oytoqe pu' yaw oovi paasat pangso nakwsu. Noq piw yaw pam pangso pituuqe pangsoq paamiq taytaqw piw yaw pangqe hak maana paayawnumkyangw yaw hing-qawngwuniqw yaw pam put aw tuqayvasta. Niiqe pam yaw mootiniqw pay yaw qa pas suyan navota pam hing-qawqw. Pam maana hapi yaw ngasta yuwsiy'taqw pam yaw pas put aw nuptsaw'iwtaqe yaw oovi hingqawqw qa navota. Pu' yaw pam aw taytaqw pas pi yaw hak lomamana. Pu' yaw pam hak piw pavan pas wukotot-koy'ta. Pu' yaw piw hak pas kwangw'ewakw sikwiy'-taqe yaw oovi pavan pas wukoqötsaqaasiy'ta. Pas pi yaw soosoy himu ang is ali. Noq yaw iisaw hihin yan unangw-tiqw kur yaw pam maana ayangqawngwu, "O'olikiyawli, haqawa nam nuy tsoova'a. Waaq," yaw kitat pu' yaw pay pangsoq paamiqhaqami motolvakngwu.

Pu' yaw pam aasakis pangqawngwu pangqw ahoy yamakye'. Pantit pu' pay yaw piw aqwhaqami ahoy pakimangwu. Noq pu' yaw pam iisaw put aw teevep taytaqe pu' hapi yaw pay hin unangwti. Pu' hapi yaw iisaw pepeq a'ni muusiwtaqe pu' hapi yaw pay put qa angwuy'numa. Hisatniqw pu' yaw pam pas qa naa-'angwutaqe pu' yaw pay paasat pam put pahomokiy tavit pu' yaw pay put maanat angk aqw tso'omti. Pu' yaw pam pangsoq tso'omtiqe pu' yaw pam naat pu' put

Coyote's protection became furious and started hurling things at the dogs. As before, they scattered and no longer pursued Coyote. Then he descended the west side of the mesa alone. From there, after reaching the plain, he continued heading due west.

After a while Coyote came near a spring where he was to deposit some of the men's prayer feathers along with some special cornmeal. He headed straight for the spring. Reaching it, he looked into the water and, much to his surprise, spotted a young girl floating around in it. She was uttering something, so he listened. At first he could not quite make out what she was saying. Small wonder for the girl was completely naked. Coyote stared so hard at her that he failed to understand what she was saying. The girl he was looking at was overwhelm-ingly beautiful. She was voluptuous, her complexion was quite light, and for this reason she had very large white thighs. Everything about her was most attractive. Recovering a little from his initial shock, it became clear to Coyote what the girl was chanting: "O'olikiyawli, why doesn't someone couple with me? Waaq!" Then she dove back into the water.

Each time she emerged, she repeated these words and then disappeared under the water again. Coyote, who was watching continuously, got all aroused. He stood up, at the edge of the spring, with a big erection and couldn't control it any longer. Finally, when he was no longer able to restrain himself, he laid down the bundle of prayer plumes and flung himself after the girl. Jumping into the water he was about to sprawl on top of the girl when she hugged him tightly and flipped her-

maanat atsva tsooraltiqw pay yaw pam maana put huur nantsankit, mavoktat pu' yaw pay put iisawuy enang namtö. Pu' yaw pam maana put iisawuy pantit pu' yaw pam pay put enang pakima. Pantikyangw pu' yaw pam pay put qa ahoy horoknaqw pay yaw iisaw okiw pa-'öymoki naat öngtupqamiq qa pitut. Yanhaqam yaw iisaw okiw hiniwtapnakyangw pay yaw okiw qatsiy so'tapna.

Noq pu' yaw aapiy ima orayve paahototaqam yaw as iisawuy nuutaylalwa. Noq pay yaw nuwu muuyaw mok-toq puma yaw pas put angqw qa hin nanapta. Naat pi yaw muuyaw wuuyoqniqw yaw pam pangqw nakwsu. Pu' yaw puma oovi hakiy tiyot pu' angk hoonaya. Noq pu' oovi yaw pam hak tiyo pay piw suuput kukyat ang-niiqe pu' yaw pam oovi hisatniqw tuwat pangso paami pitu. Noq pu' yaw pam pep pituqw naat yaw pam pahomoki pephaqam qaatsi. Noq pu' yaw pam pep put pahomokit naat pu' iikwiltaniqw piw pay yaw pam maana pangqw paangaqw kuyvaqe pu' yaw piw pangqawu, "O'olikiyawli, haqawa nam nuy tsoova'a. Waaq," yaw pam kitat pu' yaw pay piw ahoy aqwha-qami pakima.

Noq pu' yaw pam tiyo pay yaw as put maanat aw kwangway'tuswakyangw pay yaw pam wuwniy'hintiqe pay yaw naat pam maana qa ahoy angqw kuyvaqw pay yaw pam pangqw ayo' waaya. Pu' yaw pam paasat pay pangqw yuumosa öngtupqamiqwat öqalti. Niiqe pay yaw pam aqwniikyangw pu' yaw pan wuuwa, "Pay pi son piw pam iisaw put aw qa uunatiqw pam put pa-'öynina," yaw pam yan wuuwa.

Panmakyangw pu' yaw pam öngtupqamiq pitu. Nii-kyangw yaw pam pas löös puwt pu' pangsoq pitu. Noq antsa yaw pam pepeq pituqw pavan yaw pangqe ima

self over with him. Then she disappeared into the depths of the spring, taking Coyote along. She did not bring him back up with her, so Coyote drowned misera-bly never having reached the Grand Canyon. With this unfortunate event, Coyote's life came to an end.

The men at Orayvi who had made the prayer feathers were now waiting for Coyote. Already the moon was waning and still they had not heard from him. The moon had still been gibbous at the time of his depar-ture. So they sent a young man after him. He followed Coyote's tracks and soon arrived at the spring. He found Coyote's sack of prayer things still lying there. And just as he was about to pick up the bundle of prayer feathers and put it on his back, the naked girl surfaced in the water again. Again she called, "O'olikiyawli, why doesn't someone couple with me? Waaq." With that she dove back into the water.

The boy felt desire for the girl but had the foresight to leave before she reappeared. It was his goal to head straight for the Grand Canyon. On his way the thought occurred to him, "No doubt, Coyote gave in to that girl and she drowned him."

Eventually, the young man reached the Grand Can-yon, but he had to stop and camp twice overnight to get there. Arriving there, he found that, true enough, the

oo'omawt pööngawta. Noq pu' yaw pam pay panis pangso haqami tumpo pitut pu' yaw pam pay put pahomokiy tsawiknaqe pu' paasat pumuy oo'omawtuy amumi naawakna, "Ta'ay, nu' yep it itaamaqsoniy umungem kivay. Noq oovi uma as okiw itamuy ookwatutwe' uma qa sööwuyat uma as okiw itamuy hopiikimiq hikwnawisniy. Pay itam hapi paapu okiwhinyungway," yaw pam pay panis pumuy amumi kitat pu' yaw pay pangqw ahoy nima.

Noq pu' yaw pam pangqw nimiwmaqw pay yaw kur puma oo'omawt paasat put angk pangqw nankwusa. Niiqe pay yaw puma pas put tiyot amum pangsoq hoyta. Niiqe yaw pam oovi su'aw orayviy taavangqöyngaqw wuptoq pay hapi yaw a'ni umukkyangw pu' yaw pay yooyoktiva. Paapiy pu' yaw naalös pas teevep yooyoki. Niiqe yaw pam pas suvuyoyangwniiqe yaw oovi pas tutskwat paas mowana.

Paapiy pu' yaw piw tutskwava soosoy himu sakwawsati, yaw soosoy himu siy'va. Pu' yaw aapiy piw yoo-

clouds were very thick. No sooner had he reached the rim than he unwrapped his bundle of prayer feathers. Then he spoke a prayer to the clouds. "Well now, I have brought you these products of our labor. We entreat you to have compassion on us. Please, come to Hopi land without delay and bring us moisture. Already our situation is quite desperate." As soon as he had addressed his prayer to the clouds, he started on his return journey.

The young man was still on his way home when it became evident that the clouds had already set out to follow him. They were moving at the same pace as he. Just as he was ascending the west side of Orayvi, there was a loud thunder clap, and it began to rain. From then on it rained for four days and four nights. It was a steady drizzling rain that thoroughly soaked the earth.

Now the land became green once more with varied vegetation and everything was in bloom. From that

yoklawngwu. Pu' yaw puma orayvit hiihiita uu'uyyaqw yaw pam himu a'ni aniwti. Yanhaqam yaw puma piw ahoy yoknayaqe pay yaw oovi qa tsöngso'a. Niikyangw pay yaw puma okiw qa iisawuy atsviy yoknaya. Naamahin yaw pam as orayvituy amungem kyaawuwankyangw pangsoqhaqaminit pay yaw naat qa aqw pitut pay yaw okiw mooki. Pay yuk pölö.

time on it would rain again. The people at Orayvi planted all sorts of crops that grew in abundance. This was the way they made it rain again and for this reason they did not die of starvation. But it was not because of Coyote. He died before reaching his destination, even though it was he who originally came up with this great plan for the people of Orayvi. And here the story ends.

Iisawniqw Lomamana

Coyote and the Beautiful Maiden

Aliksa'i. Yaw songoopave yeesiwa. Noq yaw pep hak lomamana kiy'ta. Noq yaw as pep ima tootim put maanat aw tutumaywisngwuniqw pay yaw pam pas qa hakiywat naawakna. Pay yaw pas qa hisat hakiywat aw unangwtavi. Pu' yaw pep songoopaviy atkya kwakwtsomove yaw put na'at piw a'ni uuyiy'ta. Noq pay yaw pam maana qa hiita paavay'kyangw pu' piw qa hiita tupkoy'ta. Noq pay yaw put maanat na'at pas qa soosok hiita ang aptungwuniqw yaw pam maana pay put nay engem paasayat aw sasqa. Niiqe yaw pam maana oovi pangso tuuwalatongwu; tuuwalatongwuniiqe pay yaw pam sunala pep pannumngwu.

Noq pu' yaw piw haqam i' iisaw kiy'ta. Noq pay yaw pam sutsep waynumngwu. Sutsep yaw hiita haqe' hepnumngwu. Noq suus yaw pam pas qa hiita tuwaaqe yaw oovi pay naap hiniwqat akw pay yaw nawus pas pangso kiimi hiita hepto. Niiqe yaw pam pay oovi as mootiniqw pay yaw kiqlava kwayngyava hiita hepnuma; nit pay yaw pam pas qa hiita tuwa. Pu' yaw pam oovi pay pas kiimi nakwsu. Noq pay yaw piw pas qa himu pep put aw hintsaki; qa haqam yaw put aw pooko wahahaykuqw yaw pam haqami pitu. Noq yaw pam pangso haqami pituqw piw yaw pep hakim tootim wukotsovawta. Pu' yaw pumuy amu'ove piw yaw hakim tootim poksömiq

Aliksa'i. They say there was a settlement at Songoopavi. A beautiful maiden lived there. All the unmarried young men came to court her at night, but she did not care for anyone, nor did she ever encourage any of them. South of Songoopavi, at Kwakwtsomo, the girl's father owned many plants. Since the girl had neither an older nor a younger brother and her father could not handle all the work, she would go to the field for him. She used to guard the plants, usually all alone.

Coyote, too, had made his home somewhere. He was always prowling about, constantly on the lookout, as is his nature. One day when he had completely failed to find anything, he was forced to go searching in the village, regardless of the consequences. At first, he searched along the edge of the village by the refuse heaps. But he found nothing, and so he proceeded into the village. Quite unexpectedly, no one bothered him; no dog barked at him anywhere. Finally he came to a place where a large group of boys and young men were gathered. Right above them, on the second floor of a house, some of them were competing for a spot near the

naanaqasya. Noq yaw kur puma tutumayt pep tsovawta;
noq yaw pumawat pep atkyayaqam yaw hiita naanami
yu'a'atota. Yaw as puma hinye' put mantuwtotani. Pu'
nöömatotaniqey yaw naanami kitota. Noq yaw iisaw
amumi tuuqaytaqe yaw naqvu'itsiwta.

Niiqe pu' yaw hisatniqw kya pi soosoyam tokwisqw
pu' yaw pam tuwat pangso maanat kiiyat aw nakwsu.
Niiqe yaw ep pituuqe yaw poksöva aqw yorikqw antsa
yaw hak lomamana; niiqe yaw ngumanta. Is, pavan yaw
wukovoli'intakyangw pu' yaw piw wukonaaqay'taqw
pavan yaw pam ayo' wupahayiwta. Pu' yaw pam ngu-
mantaqw kya pi yaw taala naaqayat su'awniqw pavan
yaw angqw talqasaltingwu. Yaw pam pangsoq hutun-
vaasiy'kyangw aqw tayta. "Hin as nu'nen it mantuwte'
it nöömatani." Yan yaw pam wuuwankyangw pangsoq
panta. Nit pu' yaw pam pay put qa aw hingqawt pay
yaw pam pangqw hawqe pu' yaw pay nima.

Noq pu' yaw aapiy pantaqw pu' yaw pam piw hisat
pumuy uuyiyamuy aqle' pannumkyangw piw yaw put
maanat aw yori. Pu' yaw pam pas aw hin yorikniqe pu'
yaw pam oovi haqami ahaypo nakwsu. Noq yaw pep ha-
qam yaw i' patnga pas yan wuuyoqniiqe yaw pep wuko-
vo'o'ta. Pu' yaw piw naapi'at ang wukovuhikiwyungqw
pu' yaw pam pangsoq na'uyta. Pu' yaw taawanasaptiqw
pam maana yaw tsöngmokqe pu' yaw pam kawayvat-
ngatniqe pu' yaw pam oovi pangso haqami kaway'uyit
awi'. Noq yaw kur put iisawuy paysoq aqlap kaway'uyi.
Pu' yaw pam maana oovi pangsoniiqe pu' yaw pang
pop'oltinuma hiitawat nösniqey oovi. Pu' yaw nuvö-
wuutaqa tuwat pangqw put tiimayi. Yaw po'oltiqw yaw

tiny opening in the wall. Those assembled there were
obviously wooers. The ones on the ground were talking
to each other. They were wondering how they could
win the maiden as a sweetheart. They kept telling one
another that they wanted to marry her. Coyote was lis-
tening to them and perked his ears in their direction.

And so one day, I guess when everyone was asleep,
Coyote, too, headed toward the maiden's house. He
looked in at her through the vent hole and confirmed
what he had heard: she was a gorgeous girl. She was
grinding corn at the time. Her hair was done up in large
butterfly whorls, and she wore big turquoise earrings
which hung way down. As she was grinding, light fell
right on her ear pendants so that they shone radiantly.
Coyote was staring at the girl with a strong desire in his
heart. "How, I wonder, can I go about winning her
as my love and making her my wife?" Thus ran his
thoughts as he sat there looking in at her. Without say-
ing a word to the girl he climbed down from the roof
and returned home.

Considerable time went by, and then one day Coyote
strayed past a cornfield where he spotted the same girl.
Because he wanted to get a better look at her, he shifted
to a place closer to the girl where some enormous
pumpkins sat. Their leaves had spread out over a large
area, so Coyote crawled under them to hide. At noon-
time when the girl became hungry, she decided to eat a
watermelon, so she went over to the melon plants.
These plants were right next to Coyote. The girl walked
about bending over here and there as she tried to select
a melon. Coyote, lewd old man, was eyeing her from his
place under the leaves. Whenever she stooped over, he
looked up her dress. She had extremely white thighs!

pam iisaw aqw taynumngwu. Pas pi yaw nu'an qö-tsaqaasi. Yaw pam pangqw put aw hin unangway'ta. "Is as hinnen it nöömata," yan yaw pam wuuwankyangw pangqw put aw kwangway'tuswa. Yaw pam put ang wuuwanlawu.

Pu' yaw pam maana hisatniqw pay angqw nimaqw pu' yaw pam pangqawu, "Pay nu' haak nime' pas ang hin wuuwani hin nu' put hintsanniqey. Nen pu' nu' ason qaavo angqwnen pu' sen nu' hinnen pu' aw hintsanni." Yantiqe pu' yaw pam pay pangqw haak nima pam maana ahoy nimaqw.

Nimaaqe pu' yaw pituuqe pu' pam yaw pep put aw wuuwanlawu hin put maanatniqey. Pu' yaw pam pep pantsakkyangw yaw piw hintiqw oomiq yorikqw piw yaw pangqw tsiliqeki haayiwta. Pu' yaw pam awniiqe ang hintsaknumqw pas yaw piw kwangwatöqtingwu. Yaw kwangwa'ayayaykungwu. Pas yaw tsuu'at siyokin-piyat su'an töqtingwu. "Pay i'wa kyani," yaw yan pam wuuwaqe pu' yaw pam oovi put sukw angqw ayo' tavi.

Pu' yaw ep qavongvaqw son pi yaw pam maana qa piw pangso pasmininiqw pu' yaw pam oovi pay aasavo aw'i. Noq pu' yaw pam ep pituuqe pu' yaw pay pangqe' qaqlava hiita hepnumkyangw piw yaw haqam tumo'alat tuwa. Noq pam pi a'ni tsukuy'tangwuniiqe yaw oovi panta. "Pay i' son piw naat qa hinwat nukngwatini," yan yaw pam wuuwaqe pu' yaw oovi put piw pep kwusu.

Noq naat yaw pam pep pannumqw pay yaw angqw haqaqw pam maana kuyva, pangso pasmi hoytaqe. Pu' yaw pam paasat oovi pisoqtiqe pu' yaw pay oovi piw ahoy pangsoq paki. Ep tavoknen haqaqw pakiwtaqey pay yaw piw ahoy pangsoq. Pu' yaw pam oovi pangqw pay na'uyiy'taqw yaw antsa aw pitu. Pu' yaw pam

Coyote lusted for her in his hiding place. "What on earth can I do to win her as a wife?" he wondered as he hid, staring at her with burning desire. He thought and thought.

When the girl went home some time later, he said to himself, "Well, I'll run home for now and give some more thought to what I can possibly do to get her. Maybe tomorrow, when she returns, I'll manage somehow to have her." With that, Coyote headed to his quarters because the girl, too, had gone home.

Back at his den, Coyote kept racking his brain over how to get the girl. He was deep in thought when, by chance, he looked up to the ceiling where, to his surprise, a bunch of chilies were hanging. He went over to them, and as he was toying with them he noticed that the pods made a most interesting noise. They rattled beautifully, just like the rattle of a rattlesnake. "Maybe this one will serve my purpose," he thought and set one chili pod aside.

The next morning the girl was surely going to the field again, and so he went there ahead of her. When he arrived, he searched along the edges of the field and finally found some devil's-claw. Generally this plant has very sharp points, and this one was no exception. "This will come in handy," thought Coyote to himself and picked one up.

He was still there when the girl came into view as she walked toward the field, so Coyote hurried to get into his hiding place. It was the same spot where he had hidden the day before. Indeed, he was well concealed there when the girl arrived. Sure enough, as on the previous occasion, she kept checking the plants. Before too long

maana pangso pasmi pituuqe pu' yaw antsa piw pang uuyit ang pootiy'numa. Pu' yaw pam pang pay hintsaknumqw hisatniqw pu' yaw piw taawanasaptiqw pu' yaw pam piw nösniqe pu' yaw oovi piw pangso haqam kaway'uyi kuytaqw pay yaw piw pangsoniiqe pu' yaw pang piw hiitawat nösniqey put hepnuma.

Pu' yaw ang sukw hepnumkyangw piw yaw ang an pop'oltinumqw is yaw iswuutaqa pangqw haqaqw na'uyiy'taqey pangqw awsa tayta. Pas pi yaw qötsaqaasiniqw pas piw yaw pay paasat hintsanniqey pan unangway'ta. Pu' yaw pam maana paasat oovi kya pi sukw kwangw'iwtaqat tuwaaqe pu' yaw oovi put nöösa. Paapiy pu' yaw pam tapkimi pu' yaw piw pang hintsaknuma.

Pu' yaw oovi tapkiwmaqw pu' yaw pam iisaw pan wuuva, "Pay pi hisatniqwti. Pay kya as pam nimaninik angqw pewniqw nu' put hin tunatyawtaqey pantsanni."

it was noon, and she was ready to eat again. So once more she headed toward the spot where the watermelons grew and looked for one that she would have for lunch.

In searching for a melon she kept bending over, just as before, and from his hiding place Old Man Coyote fixed his eyes on her. Her thighs were so white that he wanted her right then and there. The girl spotted a ripe melon and ate it. Then she continued her work again until early evening.

As evening approached, Coyote thought, "Well, it's late. Maybe she'll come back here before she goes home. Then I can do to her what I have in mind." With this

Yan yaw pam wuuwaqe pu' oovi paasat pay put aw naat maqaptsiy'ta. Noq pu' pay yaw piw pam maana suuput maamatsiyatniiqe yaw antsa pang hintsaknumkyangw pu' yaw pay put haqamniqw pay suupangso hoytima. Pu' yaw pam maana sukw patngat ep tapkiqw ahoy yawmaniqe pu' yaw oovi pangso patang'uyit aw nakwsu. Pu' yaw pam pangso pituuqe piw yaw suupangso haqaqw pam na'uyiy'taqw. Pangso yaw pamniiqe pu' yaw piw pas put iisawuy su'aqlapniiqat patngat yaw aw maavuyalti. Is yaw qötsamama'at pangqw put aw maavuyawma. Su'aw yaw pam maana oovi put patngat ep ayo' tukuniqe yaw aw maavuyaltiqw yaw iswuutaqa maanat maayat ang put tumo'alay akw harikna. Panis yaw pam pantit pu' yaw pam tsiiliy akw ayayaykina. Pu' yaw pam maana a'ni töqti. "Anaa, nuy tsuu'a kuuki," yaw kitat pu' yaw ahoy sungwnuptu. Pu' yaw iisaw tuwat pangw pisoq'iwta ayayatoynaqe. Pu' yaw pam maana pangqw haqami kiisiy'taqat aw warikqe pu' yaw may aw taatayqw yaw kur angqw ungwtiqw pu' yaw pam pep put pisoq angqw tsonasveveta.

Pu' yaw iisaw pangqw suymakt pu' pangqw maanat aw aakwayngyavaqe warikqe yaw aw pituqw okiw yaw pam maana pep qatuwkyangw pakmumuya. "Ya um hintiy?" yaw pam aw kita.

"Pi nuy tsuu'a kuukiy," yaw pam pakkyangw aw kita. "Noq nu' kur hintini; kya nu' okiw mokniy," yaw pam maana put aw kita.

"Pay um qa hin wuuwantaniy, pay nu' son uumi qa unangwtapniy. Pay nu' piw put aw tuuhikyay," yaw pam put maanat aw kita. "Niikyangw itam oovi pay nimaniy," yaw pam aw kitaqw pu' yaw puma oovi pangqw nima.

Noq pu' yaw puma ep kiive pituqw pu' yaw pam

thought he waited for the girl. She did exactly as he had anticipated and, sure enough, as she was busy working there, she slowly drifted right to the spot where he happened to be lying. The girl was going to take one pumpkin back home with her that evening and therefore headed toward the pumpkin patch. She came to the very spot where Coyote was hiding. Presently she reached for a pumpkin right next to Coyote. Oh, the sensation he felt as she extended her white arms over him! The moment the girl was about to break off the pumpkin, Old Man Coyote reached over to her and scratched her with the devil's claw. No sooner had he done that than he rattled his chili pod. The girl screamed, "Ouch, a rattlesnake has bitten me!" and quickly stood up. Coyote was busy rattling away. The girl ran off to a shady area where she inspected her hand. Blood had oozed from the wound, and she hurriedly sucked it out.

Coyote now quickly leapt out of his hiding place, ran behind the girl, and found her sitting on the ground crying. "What happened to you?" he asked her.

"A rattlesnake bit me," the girl answered in tears. "I don't know what to do. Maybe I'll die," she sobbed.

"Don't you worry about it. I will help you for sure. I'm an experienced medicine man in these matters," Coyote said to her. "I suggest we go home." Whereupon he left for home with her.

When they arrived at the girl's house, the girl's mother

maanat yu'at iisawuy aw pangqawu, "Is uti, ya um hak piw yep it wikva? Piw um hak pangqe' waynumqe oovi," yaw aw kita.

"Hep owiy, pi antsa nu' pang maqnumkyangw piw nu' navotq hak haqam pakmumuyqw kur i'iy. Noq kya pi antsa it tsuu'a kuukiy. Noq pay nu' songqa aw unangwtapniy. Pay nu' piw put aw tuuhikyay," yaw pam put maanat yuyat aw kita. "Paniqw oovi nu' it angqw pew wiikiy," yaw pam put yuyat aw kita.

"Kur antsa'ay. Noq hin pi pas um it hintsane' it qalaptsinani," yaw pam yu'at put aw kita.

"Hep owiy, pay pi uma pi pan tuwiy'yungway. Pay ura hakiywat yan tsuu'a kuukiqw pay hakim haqami kiimi taviyat pu' ura hakim aw qa yungtangwu. Pu' pam pep ura naalös teevepniikyangw pu' piw qa hiita suhut tuumoytangwu. Pu' piw qa hiita sikwitningwu. Pu' nu' hapi mooti it aw pituuqe oovi nu' it qalaptsine' nu' it himuy'vaniqe oovi pay nu' songqa angqw it aw pop-

exclaimed, "Goodness me, who are you to bring my daughter here? You must have been roaming the area."

"Yes, indeed, I was hunting when to my surprise I heard someone crying, and it turned out to be your daughter. I guess it is true that she was bitten by a rattler. But, trust me, I'll take care of her. I'm a doctor and well versed in these things," he lied to the girl's mother. "That's why I brought her back," he said.

"Very well, but I don't know what you can do to heal her," the mother replied.

"I'm sure you are familiar with this custom. You know that when someone is bitten by a rattlesnake, he is taken to a house, and no one enters. For four full days the person remains there without eating any salted foods. Meat, too, is not allowed. Naturally, because I chanced upon her first, I'll claim her when I have healed her and I will, therefore, check on her. Later at night,

tani. Niikyangw nu' hapi pay ason mihikqw qa talqw pu' angqwnen pu' nu' paasat aw tumalay'tamantani qalaptuniqat ooviyoo'," yaw kita pam put yuyat awi'.

Noq pu' yaw puma oovi pep kiive haqam tatkya-qöyvehaqam put engem kiitutwa. Pu' yaw puma oovi pangso put maanat wikyaqe pu' yaw oovi pangso put panaya. Noq pu' yaw pam iisaw pumuy amumi pang-qawu, "Uma hapi ason it angqw nopnawise' pay uma hapi qa aw yungtat pay uma yuk saaqat aqlavo put nöösiwqat o'yat pu' uma aqw it aa'awnayamantani. Noq pu' ason pay qa taalawvaqw pu' i' angqw naap wuuve' pu' put tangate' paasat pu' i' nösmantani. Panwat pay son hak it aqw papkimantani." Yan yaw pam pumuy amumi tutapta.

Pu' yaw puma pay naanakwhaqe pu' yaw oovi pan-totingwu. Pu' yaw ep tapkiqw pam iisaw nimaaqe pavan pas yaw hin unangway'ta yaw ahoy put maanat aw kuyvatoniqe. Noq pantsaki yaw pami'. Aasakis yaw mihikqw pu' yaw pam pangqw pangsoningwu. Pu' pam iisaw pi pay pas nu'an himuniiqe yaw oovi ep pite' aqw pakye' pu' yaw put maanat aw hiita tawlawngwu. Nii-kyangw yaw pang maayat ang pam mapriritikyangw yaw aw tawlawngwu. Pas pi yaw pam maana suphing-put may'taqw pas pi yaw pam iisaw hin unangway'-kyangw pep put pantsakngwu. Pantsakkyangw pu' yaw pam put maanat aw pangqawu, "Ta'ay, pay pi itam wa-'ökniy. Pay ung wa'ökqw nu' uumi hiita tawlawqw pay um akw puwve' pay son hiita tuuyat nanvotniy," yaw iisaw maanat aw kita.

"Pi pay as pu' qa hin pas tuutuya, pi pay oovi nu' as pu' hihin kwangwahinta," yaw pam maana kita.

"Pay tsangaway," yaw pam maanat aw kita.

Noq pay pam iisaw put maanat aw hintsanniqe yaw

when it's dark, I'll come and work on her to heal her." This is what Coyote said to the girl's mother.

On the south end of the village, they found a house for the girl. They took her there and put her inside. Then Coyote directed the parents, "Be sure, now, not to go in to her when you come to feed her. Just leave the food here by this ladder and let your daughter know about it. Later when the daylight is gone, she can climb up the ladder and take the food inside. Then she can eat, and that way no one will go in to her." These were Coyote's instructions to them.

All of them agreed and therefore acted accordingly. That evening, after Coyote had returned home, he was all excited about calling on the girl again. And this is what he kept doing. Each night he went there. He was a creature without any concerns. Whenever he arrived, he entered the house and then sang to the girl. Simultane-ously with his chanting he kept stroking her arm. So soft were the maiden's arms that Coyote became aroused as he did that. Finally, he said to the girl, "All right, let's lie down now. Then I will sing a lullaby for you which will help you to fall asleep, and you won't notice the pain anymore."

"It really doesn't hurt much anymore. I'm quite a bit better now," the girl confessed.
"I'm glad," Coyote replied.
And because Coyote wanted to have intercourse with

put aw qa tuuqayi pumuy wa'ökniqat. Pu' yaw puma oovi wa'ö. Pu' yaw pay ihu suhin'unangwti. Pay yaw pam as panis maayat mapritikyangw pay yaw muusi. Pu' kya pi pam musqe yaw hin unangwtiqe pu' yaw pay pam put maanat atsmi sutski. Is yaw wuutaqa pisoq-'iwta. Pu' yaw pam yukuuqe kwangwahintiqe pu' yaw put maanat aw pangqawu, "Ta'ay, nu' payniy. Pay pi nu' ung yep tuuwalaqe hapi tookyep'uy. Niiqe oovi nu' payni. Pay ason nu' qaavo piw yaasathaqam pituniy," yaw aw kita. "Pay pi pu' panis yaasakis paayis peetiy. Nalöstalawvaniqat ep hapi umungu puma hiita ungem sikwit pu' hiita akw um napwalkuyvaniqat put ungem na'sastotani. Noq ep talavay hapi itam iits taawat aw naawaknani. Noq pu' ason itamuy ahoy pakiqw pu' pay ason son puma itamumi hiita nöösiwqat qa o'yaqw pu' itam nösniy. Pu' paapiy pi pay um songqe qalapte' piw kwangwaqtuniy," yaw aw kitat pu' angqw yama.

the girl, he insisted that they lie down. So finally they bedded down. Coyote quickly got aroused. He was barely stroking her arm when he got an erection. In this excited state now he quickly mounted the girl. Was he ever at work then, the old rascal! When he was done, he felt great and said to the girl, "All right, I'll be leaving now. I've been guarding you here all through the night. That's why I have to go. Tomorrow I'll return again at about this time. There are just three more days left now. At dawn on the fourth day your parents will prepare meat for you and something with which you can end your period of cleansing. Early that morning we will pray to the sun. And by the time we are back in the house I'm sure they will have given us some food, and then we can eat. From then on you will be healed again and will live as happily as before." With these words he departed.

Coyote and the Beautiful Maiden

Noq naat pam pu' pangqw yamakqw pay yaw kur popkot hova'ikwya. Pantotiqe pu' yaw pay put ngööngöya. Pavan yaw pam tatkyaqöymiq o'wat ang tso'timakyangw atkyami hawt pu' kiy aqwa'. "Pas pi uma hiitu nukusvopkot; uma pi inuntotinikyangw. Nu' hapi pay naala maanat aw hintsanay," yaw pam pumuy amumi kita.

Noq pu' yaw pam oovi pangso pantsaki, pangso kiimi sasqa. Noq pu' yaw ep nalöstalqat ep yaw piw pitu. Niiqe pay yaw piw anti. Put maanat aw pangqawt pu' wa'ökna. Pu' yaw oovi puma wa'ökiwtaqw pay yaw piw iisaw palki. Wuutaqhoya yaw musqe pu' yaw pay piw maanat atsmi sutski. Pu' yaw iisaw maanat tsopta. Yaw tookyep pam put pantsaki. Pam yaw pay pas qa hin puwva, nuvöwuutaqhoya. Pay yaw pam pas putsa naatsoviwuysa api'iwta maanatniiqe. Pam yaw okiw tookyep put tsopta. Pu' yaw pam iisaw kur taltimi maanguy'qe pu' yaw puwva.

Noq pu' yaw ep nalöstala. Noq pu' yaw oovi put maanat yumat pay taawat yamakiwtaqw yaw put tiy aw nopnawisa. Niiqe yaw pam iisaw put maanat tookyep pantsakqe yaw mangu'iwtaqe yaw qa taatayi. Pu' yaw as aqw hingqakwa. Yaw qa hak angqw hingqawngwuniqw pu' yaw pam na'at aqw kuyvaqw piw yaw himu epeq tiyat amum puuwi, pooko'eway yawi'. Yaw su'omiq tsangwta himu. Yaw aqw taytaqw yaw kur iisaw. "Is ohiy, ya pam hintiqw piw put amum puuwiy?" yaw pam kita.

Pu' yaw pam oovi paasat tootimuy wangwayi. Yaw pepeq iisaw pakiwtaqw yaw puma put niinayani, kita yaw pam pumuy amumi. Noq pu' yaw oovi puma tootim put kivat pongokya. Paasat pu' yaw put na'at aqw

Coyote had hardly walked out when the dogs picked up his scent. They started chasing him, but he jumped down the south side among the boulders and darted down to the plain toward home. "You no-good dogs," he shouted at them, "you should do what I just did! I just coupled with a girl, and you did not!"

So Coyote kept this up and went to the house on a regular basis. On the fourth day he came again and behaved just as before. First he talked to the girl, and then he laid her down. As they lay there, Coyote was all desire again. The old rascal got an erection, and again he jumped on top of the girl. Coyote copulated with the girl. This time, he continued through the night. He didn't sleep one wink, the sex-crazed old lecher. He was bent only on intercourse because he had the girl. All night long he coupled with her, poor thing. Toward daybreak, finally, he was so exhausted that he fell asleep.

That morning was the fourth day. At sunrise the girl's parents came to feed their daughter. Coyote, however, who had carried on with the girl through the night, was so exhausted that he didn't wake up. The parents called into the house, but no one answered. The girl's father peeked in and was surprised to see something bedded there with his daughter, something doglike, with its snout straight up. As he was staring at this creature, he realized that it was Coyote. "My gosh, why is he sleeping with her?" he exclaimed.

So the girl's father called the young men together. He explained that Coyote was in there and that they should kill him. This is what he commanded them to do. So they surrounded the kiva. The girl's father now

pakiiqe pu' yaw aw pangqawu, "Ya um hintiqw yepehaq it amum yanta?" yaw aw kita.

"Is ohi, nu' qa taatayi," yaw iisaw kitat pu' yaw suq-tuptut pu' yaw pangqw hötsiwmiq tso'omti. Pu' yaw pam ang saaqat ang oomiq suyma.

Pu' yaw puma pepeq kivats'oveq kwanonota. Pu' yaw pam pepeq naanahoy wawartinuma. Pu' yaw puma put aw putskohoy wahitotaqw pas yaw qa himuwa put wungva. Qa himuwa yaw put wungvaqw yaw pam pangqw yama. Pu' yaw pam tatkyaqöymiq hawt pu' yaw pam pangqaqw amumiq kuyta. Yaw puma aqw itsi-vu'iwyungwa. Pu' yaw pam kwasiy horoknaqe pu' yaw pam put amumiq wiilankyangw yaw pangqawu, "Is ali, nu' umuumanay kwangwahintsana, itakw pavul, itakw pavul," yaw pam amumiq kita.

Pas yaw tootim itsivutoti. Pu' yaw puma paasat put ngööngöyaqw a'ni yaw iisaw waaya. Noq pay yaw puma put pas qa wiikiya.

Yanhaqam yaw pam iisaw put maanat aw hintsanqe yaw put nöömata. Pay yuksavo i'i.

stepped inside and shouted to Coyote, "Why on earth are you lying there with my daughter?"

"Darn it, I didn't wake up," gasped Coyote. He sprang up, leaped to the kiva entrance, and quickly exited up the ladder.

There was yelling and shouting on top of the kiva. Coyote was dashing about as the young men hurled their throwing sticks, but not one of them hit him. And because they all missed, Coyote managed to escape. He bounded down the south side of the mesa and looked back to the men. They were furious. Coyote, however, grabbed his penis and waved it at the men, bragging, "What a pleasure it was to do it to that girl of yours! With this I did it, with this I did it!"

The young men seethed with anger. They began to chase him, but Coyote whisked off as fast as he could. His pursuers had no chance to catch up with him.

This is the way Coyote tricked the girl and got to sleep with her. And here the story ends.

Powaq'isawniqw Kolitsiyaw

Aliksa'i. Yaw ismo'walpe iisaw kiy'ta. Niikyangw yaw pam iisaw piw pas nu'an powaqa. Pay yaw pam as pas nu'an himuniikyangw pay yaw piw pas hiita a'ni tuway'numngwu. Pu' piw yaw pam pas nu'an nosha. Pu' yaw piw pay pas hiita angwuy'tangwu. Yaw pam hiita aw hin naawaknaqw pay yaw piw pas put tunatya'at son aw qa antingwu. Niikyangw pay yaw pam as qa hisat sinmuy put powaqay akw yuuyuyna. Pay yaw pam put powaqay akw a'ni mongvasi, pay yaw pam put akw a'ni naataviy'ta.

Noq yaw pam piw hisat pas suutala' angqe' maqnuma. Niiqe yaw pam oovi mootiniqw pay yaw angqe' okiwhinnuma. Pu' pam pi pay piw pas noshaniiqe yaw oovi pay sumangu'i, niiqe pu' yaw pam oovi pan naawakna, "Okiw as yangqaqw su'inumi taavoniqw nu' put niine' kwangwasowani," yaw pam yan naawaknaqe yaw oovi kita.

Noq pay yaw naat oovi qa wuuyavotiqw pay yaw antsa pam sukw taavot wariknaqw pay yaw piw pam taavo antsa suuput aw warikqw pay yaw iisaw antsa qa maqsontat pay yaw put niina. Yanhaqam pay yaw pam piw put powaqay akw mongvastiy. Pu' yaw pam put taavot niinaqe pu' yaw angqe' taynuma. Pam yaw as haqam kiisit atpip qatukyangw yaw as tuuniy siikwantani.

Witch Coyote and the Skunk

Aliksa'i. They say that Coyote had made his home at Ismo'wala and that he was endowed with the powers of witchcraft. Granted, he was a good-for-nothing creature, yet he never failed to get whatever he desired. He had control over events, even if he was extremely lazy himself. Whenever he prayed for something, his wish came true. At no time, however, did he use his witchcraft to hurt people. He achieved many things by means of sorcery and even used it to stay alive.

One day in the middle of summer, he was hunting with little success. He was lazy, of course, and therefore tired easily. So he uttered the following prayer: "Poor me, I wish a cottontail would come my way, right up to me. I would kill him and have a delicious meal." This is what he wished, so he spoke his prayer.

Indeed, just a short time passed before Coyote flushed out a cottontail. As it hopped directly toward him, he killed it with little trouble. In this fashion his powers made him successful. After killing the cottontail, Coyote scanned the area. He wanted to sit in the shade to skin his prey. But neither bush nor tree was in sight. Looking around, he spotted a single cirrus cloud float-

Noq pay yaw pas qa haqam himu himutski. Pu' yaw pam oovi angqe' taynumqw piw yaw ayamhaqam suukya oomaw tsokiwta. Pu' yaw pam put aw taynumt pu' pangqawu, "Okiw as mi' ayam oomaw pewnen inumi kiisiy'tani," yaw iisaw kita. Yaw pam pangqawqw pay yaw antsa piw pam oomaw put aqwwat hoyta. Pantikyangw pu' yaw pay pam oomaw put su'atsve huruutiqe pay yaw antsa put aw kiisiy'ta. Paasat pu' yaw pam pep tuuniy siskwat pu' tuupe. Pu' yaw pam antsa put pephaqam kiisit atpip kwangwanösa.

Panti yaw pamnit pu' yaw paasat pay pam pangqe' kwangwawa'ökma. Pu' yaw pam pang wa'ökiwkyangw pay yaw ang oova taynuma. Noq pu' yaw piw haqamwat yaw kur wisi'omawniqw pam yaw put tuwa. Pu' yaw pam piw pangqawu, "As um pep wuuyoqtit pu' angqwnen it amum yep inumi kiisiy'tani," yaw pam kitaqw pay yaw piw pamwa angqw aw hoytima. Pu' yaw pam mitwat aw pituqw pu' yaw puma naami yan-

ing far away in the sky. After glancing at it he muttered, "Poor me, I wish that cloud yonder would move my way and cast its shadow on me." Indeed, he had hardly spoken when the cloud began drifting toward him. It stopped right above him and provided him with shade. Coyote now skinned his prey and roasted it, devouring the rabbit with great relish in the cloud's shadow.

Having eaten, he lay down and made himself comfortable. Lying there, Coyote stared at the sky. Presently he spotted another cirrus cloud. Once more he cried, "You, there, I wish you would grow in size and come over and join this other cloud to make shade for me." And barely had he spoken than that cloud, too, began drifting his way. When it arrived, the two fused and grew in size. Together they now provided shade for

tiqe yaw antsa wuuyoqti. Pu' yaw puma pephaqam naama iisawuy aw kiisiy'ta. Pu' yaw pam naat kohalmokiwtaqe pu' yaw piw pangqawu, "Uma oo'omawt pewye' ngas'ew inumi hiisakw tsölöknayaniy," yaw pam kita.

Noq pay yaw piw naat oovi qa wuuyavotiqw pay yaw ang oo'omawt pööngalti. Pu' yaw puma oovi put aqwwat naakwustaqe pu' yaw put iisawuy atsve nami'öki. Pantotit pu' yaw puma put aw paalay tsölölöykinaya. Noq pu' yaw puma pantotiqw naat yaw kur iisaw kohalmokiwtaqe pu' yaw piw pangqawu, "Himu as uma tatam pay pas a'ni yoknayani. Pay tatam pas a'ni yokvaqw pay pi nuy ima muumunangwt haqami wikyaniy," yaw pam kitaqw pay yaw antsa tsaavoniqw pay yaw talwiipikkyangw pu' yaw pay a'ni umu. Naat yaw iisaw naa'unay'taqw pay yaw a'ni umukqe yaw put tsaawinaqw okiw yaw pam a'ni wupumtit pu' suqtuptu. "Hihiyya," pay yaw pam panis kitat pu' yaw pay piw ang ahoy wa'ö. Niiqe yaw oovi puma oo'omawt pan a'ni umuknayat pu' yaw a'ni yoknaya. Pu' hapi yaw antsa panmakyangw pay yaw muumunangwt angqaqw qalalatiwisa.

Noq pam iisaw hapi yaw kur piw pövawyat su'angqe wa'ökiwta. Noq pu' yaw pam oovi aqw yorikqw pay yaw antsa angqw put aqw muunangw a'ni hoyta. Qa hin yaw pam waayaniqey unangwti. Pu' yaw pam naat pangsoq taytaqw pay yaw pam muunangw put aw suptukyangw pu' yaw put sutspaata. Pantit pu' yaw pam iisawuy wikkyangw pang pövanawit hinma. Haqami pu' yaw kur pam iisawuy pitsinakyangw pu' yaw kur paasat pas wukovövami. Qa hin yaw iisaw tsawiniwma. "Pas kya nu' pa'öymokni," qa hin yaw yan wuuwa. Pangqw pu' yaw pam muunangw pangsoq wu-

Coyote. Yet he was still so exhausted from the heat that he spoke again, "You clouds, come and sprinkle at least a few drops on me!" This is what he said.

Again it didn't take long before the clouds thickened. They began shifting in Coyote's direction until they met above him. Then they sprinkled rain on him. When they had finished, Coyote still felt hot, so he cried again, "Why don't you let the rain really pour down on me? Then the water streams can carry me off somewhere." Sure enough, it took only a little while; soon lightning was flashing and thunder was rumbling. Coyote had his mind on something else when the thunder cracked with such might that it scared him; the poor creature got so startled that he jumped up. "Hihiyya," he exclaimed, and then he lay back down. Now that the clouds had thundered loudly, they also poured rain. Indeed, some time later streams of water could be heard approaching.

It so happened that Coyote was lying right in a little wash. And as he looked upstream, he caught sight of a torrent moving toward him rapidly. It never occurred to him to run away from it. He was still staring at the flash flood when it bore down on him and snatched him up. It tore and tossed Coyote as it gushed through the wash. The flood took Coyote to a fork where it joined an even wider wash. Coyote was not the least bit scared. The thought that he might drown never entered his mind. Now the water poured into the larger channel and swept Coyote downstream. Lying on his back, he

kovövamiq tso'okkyangw pu' aapiy atkyamiq iisawuy wiiki. Kwangwavayawma yaw iisaw supatangqatskyangw. Pay yaw oovi pam muunangw pas put iisawuy wuuyavo wikt pu' yaw haqami popniwvut pöövat aw pitu. Pu' yaw pam iisaw piw put wukomunangwuy amum anawit popniwma.

Noq pay yaw muunangw hakiy wiikye' pay yaw piw son haqam hakiy qa tuuvangwu. Pu' yaw oovi iisaw pay yaapatiqey yan wuuwaqe pu' yaw oovi piw pangqawu, "Ta'ay, pay kya nu' yaasavo umumniy; pay um oovi nuy yephaqam tuuvaniy," yaw pam muunangwuy aw kita.

Pu' yaw antsa oovi pam muunangw iisawuy tutavoyatniiqe pu' yaw pay put pephaqam ayo' tuuva. Yaw put tuuvaqw pay yaw piw pam an supatangqatskyangw angqe' yeeva. Pay yaw pam piw panis, "Ana," kitat pay pangqe' nakwhaniy'ta. Niikyangw yaw pam muunangw put iisawuy pangso tuuvaqw pay yaw okiw himu ang yeeva. Pay pi muunangw soosok hiita qöriy'mangwuniiqe yaw tsöqatnit pu' mötsikvut enangniqw pavan yaw iisaw masiplangpu. Pu' yaw piw hiihiimu kokohooya mötsikvu aapa pitatata. Pu' yaw piw paas tseekwekiwtaqw yaw pöhö'at huur aw piitakiwtaqw pavan yaw iisawuy tsutsngu'at susmataq. Pas yaw pam kur okiw himu lakharu. Pu' yaw pam pang wa'ökiwkyangw yaw pangqawu, "Ta'ay, pay nam panta'ay. Pay pi nu' pu' hukya; pay oovi uma qe'totiniy," yaw pam kita.

Noq pay yaw antsa tsaavoniqw pay yaw yoyngyala. Yalqw pu' yaw ima hiihiitu tangaltiqam paasat pu' yaw nöngakqe pu' yaw piw ang yakta. Noq yaw kur i' kolitsiyaw pay pephaqam pöövat aqlaphaqam pakiiqe yaw piw pangqe' waynumkyangw yaw put iisawuy pang wa'ökiwtaqat tuwa. Pu' yaw kolitsiyaw pep huruutiqe yaw put hiita masiplangput aw taynuma. Yaw aw tay-

enjoyed bobbing along. After the river had carried Coyote for quite a distance, it reached a sinuous wash. But again Coyote drifted with the swollen stream along the bends of the wash.

Now, when a river drags someone along, it is bound to dump him somewhere. When Coyote thought that he had traveled far enough, he spoke again. "All right, I suppose I won't float with you any further; you can throw me ashore here," he said to the river.

Sure enough, the river obeyed and cast Coyote ashore. He was on his back as before. "Ouch!" he yapped and then lay still. By the time the river threw Coyote there, he was a miserable-looking creature. As a rule a river churns everything up, including mud and debris, so Coyote was one lump of gray. All kinds of flotsam and jetsam were stuck to his body. He was completely soaked, and his fur was matted, so much so that his ribs clearly showed. The poor devil was a skinny thing. Sprawled there, Coyote muttered, "Well, so much for that. Now I'm cooled off. And you rains, you can stop now," he said.

A short while later the rain did indeed cease. Now that the downpour was over, all kinds of creatures that had retreated underground emerged and began walking about. Among them was Skunk. He had burrowed into the bank of the wash and now, roaming the area, he came across Coyote sprawled out. Skunk halted and eyed the grayish-colored ball. He was investigating his

numqw piw yaw put aw himu hingqawu, "Soh, kwaats, kur pew'iy," yaw put aw himu kita.

Pay yaw pam tsawna, pi yaw pam himu a'ni soniwa. Nuutsel'eway yaw himu. Pu' yaw pay kolitsiyaw qa pas aw ö'qalt pu' yaw pay haqaqwniiqey pangqw yaw put aw somisveveta. "Pay um nuy qa mamqasniy. Pay nu' son ung hintsanniy, pi um ikwatsiy," yaw pam put kolitsiyawuy aw kita.

Paasat pu' yaw kur pam iisawuy tönmamatsqe pu' yaw pay paasat qa mamqast pay aw nakwsu. "Pas pi nukuswuutaqa, himu hiita hintsakngwuniiqe piw pay yanhaqam yuwsiy'ta," yaw pam yan wuuwankyangw angqw iisawuy aw hoyta. Pu' yaw pam put aw pituuqe pu' yaw aw pangqawu, "Ya pay as umi? Pas hapi um a'ni piw hin soniwqw oovi nu' ung peep qa maamatsiy," yaw pam iisawuy aw kitaqw pu' yaw iisaw hintiqey yaw put kwaatsiy aw yu'a'ata.

Pay yaw pam iisaw put wuuyavo aw yu'a'atat pu' yaw aw pangqawu, "Ya um qa tsöngmokiwta? Pas hapi nu' pay piw tsöngmokiy," yaw iisaw kita.

"Haw owi? Pay nu' piw tsöngmokiwtay," yaw kolitsiyaw kita.

"Kur antsa'ay, pay itam imuy taataptuy, sowiituy, tukyaatuy ngu'ate' itam pumuy nösniy," yaw iisaw kita.

"Noq pi nu' pay qa un maktuwiy'ta. Pi nu' pay okiw qa pas warikngwuniiqe son kya pumuy wiikiy'numniy," yaw kolitsiyaw kwaatsiy aw kita.

"Pay haakiy, pay nu' naat hin wuuwankyangw uumi pangqawuy," yaw iisaw kita. "Um as haqami kwaakwit yukutoniy. Ason ung put kivaqw pu' nu' paasat piw uumi hinwat tutaptaniy. Niikyangw um hapi pay haak qa haqam sisiwkukniy," yaw iisaw kolitsiyawuy aw kita.

find when to his great surprise a voice spoke. "Listen, my friend, come here!" This is what the voice said.

Skunk got frightened. After all, the thing looked terrible and disgusting. Skunk did not dare go near and sniffed at the thing from where he stood. "Don't be afraid of me; I won't harm you. You are my friend," the voice said to Skunk.

When Skunk recognized the voice of Coyote, he lost his fear and stepped up to him. "This no-good old man is always up to something and now he is dressed like this," he thought as he approached Coyote. Reaching him, he exclaimed, "Is that you? You look awful; I almost failed to recognize you."

Coyote explained what had happened to him. He talked for quite a while and then asked Skunk, "Aren't you hungry? I, for one, am starving."

"Is that so? Well, I must confess I'm hungry, too," Skunk replied.

"Very well, then, let's catch some cottontails, jackrabbits, and prairie dogs to eat."

"I'm not such a skilled hunter as you," Skunk protested. "I'm slow of foot and most likely can't catch up with them."

"Just take it easy. I'll tell you what I have in mind," Coyote continued. "First I'd like you to garner some seeds from a giant dropseed. Bring them here and I'll give you further instructions. Just make sure you don't spray anywhere for the time being," Coyote instructed Skunk.

Pu' yaw pam kolitsiyaw pay piw sunakwhaqe pu' yaw oovi haqami nakwsu. Pu' yaw pay oovi naat qa wuuyavotiqw pay yaw pam ahoy put kwaakwit mokkyangw pitu. "Ta'ay, yep'ey. Ya um it hintsanniqe oovi piw it tuuvinglawuy? Son pi itam suupan it sowani," yaw kolitsiyaw kita.

"Pay itam qa put nösniy. Pay itam pas naat sikwit nösniy, pay naat hintaniy," yaw iisaw kita. "Noq pay um naat qa sisiwku?" yaw iisaw put tuuvingta.

"Qa'ey."

"Kur antsa'ay, pay um haak pas qa sisiwkukniy," yaw iisaw put kolitsiyawuy aw kita.

Paasat pu' yaw iisaw hin tunatyawtaqey put kwaatsiy aw put lalvaya. "Nuy hapi yang ahoy wa'ökqw um hapi it kwaakwit ikurimiq, imo'amiqnit pu' ivosmiq tangataniy. Noq nu' yep piw ungem murikhot pay na'sastay. Pu' um paasat put murikhot yawkyangw pu' um yuk tsomooyat awnen pu' um paasat tsa'lawni, 'Pangqe' kya uma isinom yeesey. Uma peqw tsovawmaniy. Yepeq kur i' itaatuwqa mookiy. Uma peqwyaqw itam put aw tiivaniy,' yan hapi um tsa'lawniy. Noq pu' ason umuy tiivakyangw naalösniy'wiskyaakyangw pu' umuy tiitso'niniqw pu' um amumi pangqawni, 'Uma soosoyam oomiq yoyrikkyaakyangw pu' hapi a'ni kipoktöqtotiniy.' Ason puma pantotiqw pu' um paasat oomiq sisiwkukni. Pu' ason pumuy posva uusisikuyi yungqw paasat pu' itam pep pumuy ngu'ativaniy," yaw iisaw kolitsiyawuy aw kita. "Noq oovi um hapi pay pas haak qa sisiwkukutaniy. Pay um tatam pas put oopoknaniy," yan yaw pam kolitsiyawuy aw tutaptat pu' piw angqe' wa'ö.

Paasat pu' yaw kolitsiyaw oovi put iisawuy tutavoyatniiqe pu' yaw put kwaakwit iisawuy kurimiq, mo'amiqnit pu' posmiq tangata. Pas hapi yaw pam put koli-

Skunk consented and left. Before long he was back with the dropseed grains. "Okay, here they are. What do you intend to do with them? It seems to me that we can't eat them."

"Don't worry, we won't eat them. We'll have meat to eat. Just wait, there is more to it," Coyote replied. "And did you spray anywhere?"

"No, I didn't."

"Very well, just don't spray yet," Coyote repeated.

Coyote now informed his friend of his plan. "I'll lie down again and you put the dropseed grains into my behind, my mouth, and my eyes. There is also a stick here which I have prepared for you. Take the stick and walk over to that little hill over there. There I want you to make the following announcement: 'You people living out there! Come and gather at this place! Our enemy lies dead here! Come, come and we'll stage a dance around him!' That's the announcement I want you to make. And when you are dancing the fourth time and are about to stop, tell the animals, 'Now, all of you look up in the sky and shout the war cry as loud as you can.' The minute they do, you spray your liquid up into the air. Then when your spray gets in their eyes, we'll start to grab them. So you just hold your bladder for now and fill it up as much as you can." After these instructions to Skunk, he lay back down.

Skunk followed the directions and placed the seeds in Coyote's anus, mouth, and eyes. This really amused Skunk. The seeds of the giant dropseed very much re-

tsiyawuy no'a. Pas hapi yaw pam kwaakwi kur aatuy su'an soniwqw pas payaw puma pangqw nöönganta. Hisatniqw pu' yaw kolitsiyaw yukuuqe pu' yaw put iisawuy aw pangqawu, "Ta'ay, nu' yukuy."

"Kwakwhay, pay songqe antsa pantaniy. Ta'ay, um ayo'nen pep tsa'lawniy," yaw iisaw kita.

Pu' yaw oovi pam kolitsiyaw ayo'haqami na'uytaya- 'iwkyangw nakwsu. Pep pu' yaw pam haqami tso- mooyat aw wupt pu' angqe' taynuma. Pantit pu' yaw natönvastat pu' yaw antsa tsa'lawu. Pu' yaw pam iisawuy oovi tutavoyat an tsa'lawu. Noq pay yaw piw kur pam a'ni tönay'taqw pas yaw pövavaqe kwa- ngwapaalöngawtingwu. Noq pay yaw put tsa'lawqw pay yaw kur peetu nanaptaqe pu' yaw oovi kiikiy ang nöngamti. Pu' yaw puma pang naa'awintota hiita tsa'- lawqw. Pu' yaw oovi puma hiihiitu taatapt, sowiit, peetu, tukyaat pangso pövatumpo tsovawma. Pu' yaw puma pep ökiiqe pay yaw naat yaayavaqw put iisawuy aw taayungwa. Pu' yaw haqawa pangqawu, "Ya pay pas antsa mooki?"

"Owiy. Meh, pay pas qa póniniykungwuy," yaw koli- tsiyaw kitat pu' put iisawuy murikhoy akw no'iknaqw pay yaw pas iisaw angqe' sun wa'ökiwta. Pay yaw pas qa rohomti.

"Pay kya um itamumi a'tsalawuy," yaw haqawa kita.

"Qa'ey, meh," yaw pam kitat pu' paasat iisawuy suru- veq ngu'at pu' yaw put a'ni wiiwila. "Pay pas i' yukiw- tay, pay i' sumataq pa'öymokq it muunangw pew tuuvay. Noq pay i' sumataq pas wuuyavotiqw oovi pay it kur aw aatuyay," yaw kolitsiyaw kitat pu' piw paasat murikhoy akw lööshaqam iisawuy hotpeq wuvikna.

semble maggots and looked as if they were coming out of Coyote. When Skunk was finally finished, he said to Coyote, "All right, I'm done."

"Thanks, that should do it, I suppose. Well, then, why don't you go over to the hill and make the announcement."

Snickering inwardly, Skunk left Coyote. He trudged up to a spot on top of the hillock and looked around. Then he cleared his throat and broadcast the announce- ment. He followed Coyote's instructions to the dot. His voice was loud as it echoed pleasantly throughout the wash. Already a few animals that had heard the mes- sage were emerging from their burrows. They talked to each other about what had been announced. Slowly but surely all sorts of cottontails, jackrabbits, kangaroo rats, and prairie dogs assembled by the edge of the wash. Ar- riving there, they stared at Coyote from a respectable distance. One of the animals asked, "Is he truly dead?"

"Yes," replied Skunk. "Look! He doesn't even stir any- more." Whereupon he poked Coyote with his stick. In- deed, Coyote lay quite still. He didn't react to the jabbing.

"You could be lying to us," one of the animals objected.

"No, I'm not," protested Skunk. "Look!" With that he grabbed Coyote's tail and shook it wildly. "This guy is finished. He seems to have drowned, and the river must have dumped him here. Looks as if it's been quite some time, for maggots are already on him," said Skunk and hit Coyote a couple of times across the back with his stick.

Paasat pu' yaw kur peetu hihin tuutuptsiwyaqe pu' yaw oovi iisawuy pangqw aw hoytiwisa. Peetu yaw pay okiw maqasneveq aw hoyoyotota. Pu' yaw pam suukyawa hak aw pituuqe pu' yaw iisawuy aapa paas poota. "Pi pay kur antsa i' pas mookiy. Antsa oovi uma pewyaqw itam it aw tiivaniy. Tsangaw pi' i' mokqe paapu son itamuy yuuyuynaniy," yaw pam kita. "Pay antsa pas aatu kuringaqw yamomotay. Uma pewye' pas naap hin yoyrikyaniy," yaw pam hak mimuywatuy amumi kita.

Pu' yaw antsa mootiniqw pay yaw puma suskyam aw naakwusta. Hisatniqw pu' yaw puma pas soosoyam pangso tsovalti. Niiqe yaw puma tsutsyakya put mokput tutwaqe. Pu' yaw puma oovi pay sunya. Pay yaw pas son hiita qa tiivaniqey pangqaqwa. Pu' yaw oovi haqawa hiita tawlawniqat yaw haqawa pangqawu. Noq pay yaw piw i' kolitsiyaw hiita taawiy'taqey yaw pangqawu. Pay yaw kur piw iisaw put kolitsiyawuy hiita paas tatawkosnat pu' put kolitsiyawuy pan ayata. Pu' yaw pam oovi pephaqam pumuy tatawkosna, niiqe yan yaw pam pumuy amumi tawlawu:

Kaatso'o, kaatso'o'o'o.
Kaatso'o, kaatso'o'o'oy waytoy.
Kaatso'o, kaatso'o'o'oy waytoy.
Lontso'o, lontso'o'o'o.
Lontso'o, lontso'o'o'oy waytoy.
Lontso'o, lontso'o'o'oy waytoy.

Hisatniqw pu' yaw kur puma taawiy'vayaqe pu' yaw oovi aw pitsinayani. Pavan yaw puma tsutsyakya pam mokq. Niiqe yaw puma oovi kwangwtotoya put aw tiivaniqe. "Kwakwhat pi i' qa momortuwiy'taqw oovi kur it muunangw pa'öynina," yaw puma kitotaqe tsutsuya. Kolitsiyaw pay yaw sunvotiy'kyangw paysoq

Now some of the animals were convinced and ventured closer to Coyote. A few, poor souls, were moving fearfully. One actually came up to Coyote and carefully inspected his body. "It's a fact! He is truly dead. Come here and we will dance around him. I'm glad this one has died. He won't bother us anymore," he said. "Maggots are swarming out of his ass. Come here and see for yourselves," he encouraged the others.

First one and then another came up to Coyote. Soon all of them had gathered around him. They were elated to see him dead and agreed to dance in celebration. So one proposed that somebody sing a song. Skunk professed to know a chant. Coyote had taught him a song when he asked him to carry out this scheme. Skunk, therefore, taught the animals the song and sang it for them:

Kaatso'o, kaatso'o'o'o.
Kaatso'o, kaatso'o'o'oy waytoy.
Kaatso'o, kaatso'o'o'oy waytoy.
Lontso'o, lontso'o'o'o.
Lontso'o, lontso'o'o'oy waytoy.
Lontso'o, lontso'o'o'oy waytoy.

Some time later they had mastered the song and were ready to begin. They were delighted that Coyote had perished and were looking forward to dancing because of this. "Thank heavens, he didn't know how to swim and so the river drowned him," they exclaimed amidst laughter. Skunk, who was aware of the plot,

sayta. Pu' yaw iisaw pay na'uytayatit pu' piwningwu. Paasat pu' yaw puma put iisawuy pongokqe pu' yaw naanguy'kyaakyangw put angqe tiiva. Pay yaw puma hiita kolitsiyawuy angqw taawiy'vayaqey pay yaw put akwya:

Kaatso'o, kaatso'o'o'o.
Kaatso'o, kaatso'o'o'oy waytoy.
Kaatso'o, kaatso'o'o'oy waytoy.
Lontso'o, lontso'o'o'o.
Lontso'o, lontso'o'o'oy waytoy.
Lontso'o, lontso'o'o'oy waytoy.

Tsoniy'yungwa yaw puma. Pu' yaw paasat pumuy taawiyamuy so'ngwamiq pituqw pu' yaw i' kolitsiyaw put iisawuy awnen yaw put murikhoy akw wuviviy-kinangwu. Paysoq yaw iisaw angqe' nakwhaniy'ta. Pu' yaw pumuy naalösniy'wisqw pu' yaw pam kolitsiyaw pu-muy amumi pangqawu, "Pu' hapi itamuy so'tapnayaqw uma hapi soosoyam oomiq yoyrikyakyaakyangw pu' uma paasat naalös a'ni töqtotiniy," yaw pam pumuy amumi kita.

Pu' yaw antsa puma su'aw so'tapnayat pu' a'ni töqtoti. "Aw, aw, aw, aaaw," yaw puma oomiq taykyaakyangw kitota. Su'aw yaw oovi pumuy oomiq taayungqw pu' yaw pam su'amuusonveq oomiq wukosisiwku. Pas pi yaw pam kur wukosisimokiy'ta, qa suusa sisiwkukqe. Pu' yaw put sisikuyi'at oomiq yanmakyangw pu' yaw angqw ahoy. Ahoyniikyangw pu' yaw pam pumuy soosokmuy poosiyamuy ang yungya. Pantiqw pay yaw pumuy soosokmuy pep poosi'am qa taalawva. Pas pi yaw kur hiniwti. Pu' hapi yaw puma pep huur uvikyaa-kyangw angqe' may'numya. Pantoti yaw pumaniqw pu' yaw paasat i' kolitsiyaw put iisawuy aw pisoqti, "Ta'ay,

only smiled. And Coyote, too, secretly laughed now and again. Then they formed a circle around Coyote, clasped each other by the hands, and started dancing, accom-panying their dancing with the chant they had learned from Skunk:

Kaatso'o, kaatso'o'o'o.
Kaatso'o, kaatso'o'o'oy waytoy.
Kaatso'o, kaatso'o'o'oy waytoy.
Lontso'o, lontso'o'o'o.
Lontso'o, lontso'o'o'oy waytoy.
Lontso'o, lontso'o'o'oy waytoy.

They danced enthusiastically. Whenever they reached the end of a verse, Skunk stepped up to Coyote and clobbered him with his stick. Coyote, however, lay still. As they were dancing the fourth time Skunk shouted, "Now, when we end the song, I want all of you to look up in the sky and yell the war cry four times."

True enough, no sooner had they finished dancing than they shouted, "Aw, aw, aw, aw," as loudly as they could. At the same time they all looked up. That very moment when everybody was staring up, Skunk, who was right in their midst, ejected a large dose of his spray into the air. His bladder was full because he had not emptied it once that day. His spray rose skyward and eventually fell back down into all of the animals' eyes. Immediately all of them were blinded. No one knew what had happened. With tightly closed eyes the ani-mals groped around. Skunk now bade Coyote to get busy: "All right, get up! Let's grab them! I'm glad they

qatuptuu'! Itam imuy ngu'ataniy. Tsangaw ima kur hin watqaniy," yaw pam kolitsiyaw kita. "Sööwu'uy, taq pay soosoyam watqaniy," yaw kolitsiyaw iisawuy aw kitaqw pu' yaw oovi iisaw pang suqtuptu.

Pu' yaw puma naama pep pumuy ngöynuma. Iisaw yaw pay naap höngiy akwniqw pu' yaw i' kolitsiyaw pay tuwat put murikhot akw pumuy wuvinuma. Niiqe pay yaw puma pas wuuhaqniiqamuy qöyaqw pu' yaw peetu ahoy poosiy taalawnaya. Pu' yaw puma nanapta puma pep hintsakqw. Paasat pu' yaw puma pay pangqw watkita. Pu' yaw puma mimuywatuy aa'awnaya, "Pay hak naap haqami pakimantaniy. Ima kur son itamuy ookwatuwniy," yaw puma kitikyaakyangw watkita. Pay yaw himuwa naap haqaminingwu. Peetu naat poosiy qa taalawnayaqam yaw okiw angqe' wiwtinumya, pu' peetu yaw okiw pövamiq löhöhöta.

Yanhaqam yaw puma pep hintiqe yaw oovi naama a'ni sikwiy'vay. Paasat pu' yaw puma haqaminiiqe pu' yaw puma pephaqam pumuy tuunimuy siskwani. Noq pay yaw i' kolitsiyaw as iisawuy hihin iingyala, niiqe yaw oovi pan wuuwanta, "Hin as nu' it hintsane' pay qa it angqw sikwit maqani? Pay nu' as naala hin it tuyqawvani," yan yaw pam wuuwankyangw pep put iisawuy amum pumuy siikwanta. Pu' yaw puma soosokmuy siskwa. Noq pas pi yaw is ali, pavan yaw kwangw'ewakw sikwiy'yungwa. Pu' yaw piw pavan wiy' yungwa. Pu' yaw puma paasat haqami tum'owatniiqe pu' yaw piw tumqöpqöta. Pu' yaw puma piw kok'o'oya. Pu' hapi yaw utuhu'niqw pavan yaw iisaw lengihayiwkyangw yaw kwangwtoyniy'ta sikwitpet awi'. Pantit pu' yaw puma qöpqömiq qööha. Paasat pu' yaw a'ni töövutiqw paasat pu' yaw puma pumuy pangsoq aama. Amt pu' yaw puma piw atsmi qööha. Paasat pu' yaw i'

can't run away," he shouted. "Come on, you're wasting your time! They might all escape," Skunk yelled as Coyote quickly jumped up.

Both of them fell to chasing the animals. Coyote used his own strength and Skunk clubbed them with the stick. They had already dispatched a large number when some gained their eyesight back. They now realized what Skunk and Coyote were up to and fled. To the others they shouted, "Just scramble into any old hole! These two have no mercy!" Saying this, they scuttled to safety. The animals darted away in every direction. Some, still blinded, were stumbling around. Others were falling into the wash.

This is what Skunk and Coyote did there. Together the two had amassed a lot of meat. Presently they retired to skin their prey. Skunk, however, didn't really want to have Coyote along anymore, so he began racking his brain. "What can I possibly do that I won't have to share this meat with him? If only I could have all of this myself!" Thoughts of this sort were crossing his mind as he skinned the animals with Coyote. Soon all of them were skinned. What a delight to see their clean-looking meat! They were also quite plump. Coyote and Skunk now went in search of some flat rocks, and then they built a pit and lined it with the rocks. Next they hauled in wood. Because the weather was hot, Coyote's tongue was hanging out; still, he was looking forward to the roasted meat. The two lit a fire in the pit, and when the embers were glowing, they placed the meat inside. On top of the sand with which they buried the

kolitsiyaw pangqawu, "Ta'ay, pay haak yantaqw pay itam haak aw maqaptsiy'tani. Pay itam oovi haak yuknen pay pi haak aasavo naami yu'a'ataniy," yaw pam kolitsiyaw kita.

Pu' yaw oovi puma pangqw haqami hotskit atpipo. Pep pu' yaw puma put hotskit atpikyaqe kwangwawa-'ökiwkyangw yaw naami hiihiita yu'a'alawu. Pas pi yaw iisaw put aw hiihiita kwangwayu'a'ata. "Pas nu' puunathaqam piw pas it wukosowi'ngwat niinaqw oovi itam a'ni sikwiy'yungway."

Yaayan yaw pam hingqawlawqw paysoq yaw pam kolitsiyaw put iisawuy aw sayta. "So'on pi pas antsani, oovi pi um yangqe' okiwhinnuma," yan yaw pam wuuwankyangw pu' aw pay hihin puutsetuqayta.

"Noq oovi um hisat inuukyaqe tuwat waynume' ason hak aw nöstongwuy. Pay pi nu' son ung isikwiy angqw qa maqaniy," yaw pam iisaw kitalawu.

"Haw owi? Is ngaspi um maakyaniiqe oovi'oy. Kur antsa'ay, pay nu' son hisat qa uumiq kiikinumtoniy," yan yaw pam kolitsiyaw put hu'wantoyniy'taqe yaw put tayawniy'ta.

Pu' yaw pam piw hisat pay naat tiyoniikyangw hopimanat tsopqey yaw aw pangqawlawu.

"Haw owi? Pay pi pas um suhimutaqaniiqe oovi son piw pay antsa qa pantiy," yaw pam put aw kitaaqe yaw put iisawuy aa'angvay'ta. Hisatniqw pu' yaw pam kolitsiyaw pangqawu, "As tum qatupte' itaasikwitpey aw poota. Pay suupan son pu' haqam as qa kwasiy," yaw pam kitaqw pu' yaw puma oovi qatuptuqe pu' yaw antsa put yaaha.

Noq antsa pay yaw as kur kwasikyangw pay yaw naat pas a'ni mukiniqw pay yaw oovi puma haak hiisavo put

meat they built a second fire. Thereupon Skunk suggested, "All right, that'll do for now. We'll just wait. Why don't we move over here and chat while we wait?"

Thus, the two moved under a juniper tree. There they made themselves comfortable. They stretched out and started talking. Coyote was bragging to Skunk about all kinds of things. "Just recently I killed a big deer, so we have heaps of meat."

Coyote bragged about this and similar stories while Skunk only smiled. "No way can this be true. Why else would you roam around here so destitute?" he thought inwardly, and was a little disgusted listening to Coyote.

"So when you pass my den the next time, drop in to eat. I'd be more than happy to share my meat with you," Coyote continued.

"Is that right? How I envy you for being such a good hunter! Very well, then, I'll certainly visit you one of these days," Skunk responded to keep Coyote in a good mood.

Coyote also told him how once, when he was still young, he had coupled with a Hopi girl.

"You don't say? Because you are so handsome you must have succeeded," Skunk replied to humor him. "Well, why don't we get up and check our roast? I think it should be done by now." With these words the two got up and dug up the meat.

Indeed, the meat was cooked but still very hot; so Skunk suggested that they lay it out in a row for a

haqe' leetsilaniqat yaw pam kolitsiyaw pangqawu. Pay yaw ason pam hihin hukyaqw pu' yaw puma tuumoytani. Pu' yaw oovi puma put haqe' leetsilat pu' piw put hotskit ahoy awniiqe pu' piw put atpikyaqe kwangwawa'ö. Noq oovi yaw puma pang piw wa'ökiwtaqw pay yaw piw iisaw hiita yu'a'ativaqw pay yaw pam kolitsiyaw paasat pay qa aw tuuqaytat pay yaw tuwat angqe' taynuma. Pay yaw pam oovi pas ephaqamsa put hu'wanangwu. Naat yaw oovi puma pay qa wuuyavo pang wa'ökiwtaqw yaw pam kolitsiyaw put iisawuy aw pangqawu, "Meh, kur ayoq oomiq yoriku'u. Pas pangqe hiitu hinyungqam puuyawnumya. Pay piw hiitu a'ni haalayvitniiqe pas hiitu suuhaqamiyangwuy," yaw pam put aw kita.

Pu' yaw pam iisaw oovi tuwat oomiq yorikqe pu' yaw angqe taynumkyangw yaw qa hiita tuwaaqey pangqawu.

"Pi pay as angyangwuy. Pay um pas aqwsa tayte' pay piw angyaqw pay um sonqa tuwaniy," yaw pam put aw kita.

Pu' yaw oovi pam iisaw pavan pas navos'öqalay'kyangw angqe oovaqe taynuma. Naat yaw oovi pam oovaqe pannumqw pay yaw pam kolitsiyaw oomiq sisiwkukt pu' pay ayo'haqami suumumamayku. Pu' yaw pam kolitsiyaw pantiqw pay yaw pam oomiq panmakyangw pu' yaw angqw ahoyniiqe yaw put iisawuy suuposmiq. "Hihiyya, ana," yaw iisaw kitat a'ni töqti."

"Ya himu'uy?"

"Hep piiyiy, piw himu su'ivosmiq hintiy. Noq pas is anay, a'ni tuyvay. Pas hapi qa taalawvay," yaw pam kitikyangw a'ni pep töötöqa.

"Is ohiy, antsaa'. Pay um haak pang sun wa'ökiwtaniy. Pay um haak uuposiy qa purukintaniy, niikyangw um

while. Once it had cooled off a little, they could eat it. So they laid it out in a row, trotted back to their site under the juniper tree, and once more settled down comfortably. While lying there Coyote began telling stories again. This time, however, Skunk didn't listen but surveyed the area instead. Only occasionally would he mutter something. They had not spent much time lying there when Skunk suddenly said to Coyote, "Hey, look over there in the sky! All the different creatures that are flying around! They are very fast and disappear quickly."

Coyote glanced up into the air and looked about but remarked that he couldn't see a thing.

"But I saw them flying around. If you keep your eyes fixed on that spot, you're bound to see them when they come again."

Coyote strained his eyes and stared at the sky. He was still staring upward when Skunk sprayed and quickly rolled to the side. His spray rose up only to fall back down right into Coyote's eyes. "Hihiyya, ouch!" Coyote yelled.

"What's the matter?"

"Well, I don't know. Something fell into my eyes. Oh, the pain! It really hurts. There is only darkness," Coyote said while howling loudly.

"Too bad, indeed! Just lie still there a while and don't open your eyes. You can rub them, however. If you do

pay haak mapritaniy. Pay kya as um pantiqw pam hihin tomakniy. Pay um haak oovi pantaqw nu' ungem haqami ngaheptoniy. Pay as yang hiihiimu pan'e'way kuuyungway," yaw pam put aw kita.

"Kur antsa'ay, um hapi tur pisoqtiniy, taq ivosi a'ni tuutuyay."

Pu' yaw pam iisaw put kolitsiyawuy tutavoyatniiqe pu' yaw oovi poosiy mapriritaqw paasat pu' yaw pas a'ni tuyva. Paasat pu' yaw i' kolitsiyaw pisoqtiqe pu' yaw pep peehut sikwitpeyamuy suutangativa. Pu' yaw pam put tangatat pu' yaw haqami wari. Noq yaw kur pangqe' piw tupqay'kyangw pu' yaw pep haqam piw pas wukolöqötski wunuqw pangso yaw pam put sikwimokiy kima. Pu' yaw pam pep put ang wupqe pu' yaw pepeq ooveq put sikwimokiy tavit pu' pangqw piw ahoy put iisawuy awi'.

Noq pu' yaw pam piw ep ahoy pituuqe pu' yaw piw peehut tangativaqw pay yaw kur iisaw navotqe yaw aw pangqawu, "Ya um naat qa hiita ngaatuwa? Pas hapi nuwu pay ivosi a'ni tuyvay. Pay nu' as uututavoyniiqe ivosiy maprilawqw pas hapi qa tomay," yaw pam a'ni ananatikyangw aw kitalawu.

"Qa'ey. Noq oovi kur nu' yukyiqwat piw hepniy. Pay nu' pepeq son pu' hiita qa tuwaniy. Pepeq pay nu' as suyan put aw yorikiy'tay. Pay oovi um haak pang pantaniy," kita yaw pam put awniqw yaw iisaw naanakwhaniy'ta.

Pu' yaw pam kolitsiyaw paasat oovi piw pumuy sikwitpeyamuy tangativakyangw paasat pu' yaw kur soosok tangata. Niikyangw pay yaw pam suukw put sustsaakw pep put iisawuy engem peeta. Pantit pu' yaw pam pangqw pangsoq löqötskit aqw ahoy waaya.

that, the pain might subside a little. Just stay there as you are while I get some medicine for you. All sorts of medicinal herbs grow here," Skunk said to him.

"Very well," Coyote replied, "but hurry because my eyes are sure hurting."

Coyote obediently followed Skunk's instructions and started rubbing his eyes, which made the pain grow even worse. Skunk, on the other hand, busily bagged some of their roasts. Having accomplished that, he took off. Now, it so happened that a canyon was there, and he saw a gigantic ponderosa pine. Skunk lugged his bag of meat over to the tree. He climbed the tree, deposited the bag at the very top, and hurried back down to Coyote again.

Presently he bagged a few more roasts. Coyote had heard him, apparently, for he called out to him, "Haven't you found any medicine yet? My eyes are burning more and more. I followed your advice and have been rubbing them, but the pain has not stopped," he moaned.

"No, I haven't found anything yet. That's why I'm still looking. I'm sure I'll find something, though. I was certain I had seen a particular herb here. Just stay where you are," he counseled him, so Coyote sat still.

Skunk continued to load their roasts into a bag and finally had bagged all of them. Only one, the tiniest, he left for Coyote. Then he scurried back to the ponderosa pine.

Noq pu' yaw hisatniqw put iisawuy poosi'at hihin tomakqw pu' yaw pam oovi poosiy puruknaqe pu' yaw angqe' taynuma. Yaw pam angqe' taynumkyangw yaw puma haqam put sikwitpet hukyaniy'taqw pangso yaw pam yorikqw yaw kur pam peep soosoy haqami. Pay yaw pas suukya hiisayhoya epniqw yaw pam yan yorikqe yaw pan suuwuwa. "Pay kur kya pi pam inumi yeetaqw oovi qa himu ep'e; pu' piw pam qa haqamo," yan yaw wuuwaqe yaw itsivuti. "Is itse pam himuniiqe. Son pi nu' qa ngöyve' tuwe' put soosok nawkiniqw pas piw inungaqw waaya," kita yaw pamniiqe pu' yaw pam pep put kukyat hepnuma.

Pu' yaw pam put kuktuwaaqe pu' yaw pam oovi put ang hinmakyangw put ngöyva. Noq kur yaw pam kolitsiyaw taatöqhaqaminiiqe yaw kur haqam tuupelva oomiq wuuvi. Pu' yaw pam oovi pangsoq put angk wupqe pu' yaw piw aapiy put kukyat anga'. Panmakyangw pu' yaw pam put wupalöqötskit aw pitu. Noq pay yaw pangso put kolitsiyawuy kuk'at so'ta. Pu' yaw pam iisaw pep put kolitsiyawuy oovi taynumqw pay yaw qa haqamo. Pu' pam put löqötskit ang oomiq yorikqw yaw pepehaq pam kolitsiyaw kwangwatsokiwkyangw put sikwitpet kwangwatumoyta. "Kwaats, pew haawi'iy! Itam ura naama put nösniy. Oovi um pew hawqw itam yepeq tuumoytaniy," yaw pam iisaw put aqw kita.

"Pay nu' yepeqniy, pay nu' yepeq kwangwatsokiwkyangw kwangwatumoytay. Pay nu' oovi son hawniy," yaw pam put ahoy aw kita.

"Haw owi? Pay pi kur antsa'ay. Noq um son nuy ngas'ew put angqw hiisa' maqaniy? Pas nu' okiw tsöngmokiwta," yaw iisaw kita.

"Sööwu pi nu' ung angqw mamqaniy. Noq um pi pay nu'an powaqwuutaqaniiqe pay son piw hin qa neengem

Somewhat later, when Coyote's eyes were hurting a little less, he opened them and squinted around. He also cast a glance toward their roasted meat that was cooling off and noticed that most of it had disappeared. Only one single piece, a tiny one, was left. The minute he saw that, it dawned on him, "I guess Skunk played a trick on me, for nothing is left and he is nowhere in sight." As this thought flashed through his head, he grew furious. "Darn that guy! You bet I'll go after him, and when I find him, I'll take everything away from him. But why did he run away from me in the first place?" With these words Coyote began searching for his tracks.

Discovering Skunk's prints, Coyote pursued them. Skunk had evidently gone south and scrambled up the cliff walls. Coyote climbed after him and continued following his tracks. Finally he came to the giant ponderosa. There the tracks ended. Coyote looked about for Skunk; there was no sign of him, however. Then he peered up the trunk of the tree and spotted Skunk sitting there quite leisurely, munching away on the roasted meat. "Friend, come down! Remember, we were going to eat that together. Why don't you climb down and we'll eat here?" Coyote called up.

"Well, I'm staying up here. I'm sitting here very comfortably and enjoying the meal. I won't come down," he replied.

"Is that so? Very well, then, but couldn't you at least give me some of the meat? I'm starving!"

"Why should I share with you? Being the old witch that you are, you are bound to get some meat for your-

haqam peehutniy. Pay nu' pas ung angqw qa maqaniqe oovi nu' uungaqw waayay," yaw pam kolitsiyaw kita.

Pay yaw pam kolitsiyaw oovi put iisawuy qa hiita angqw maqa. Pu' yaw pam hiitawat ang sowe' pu' yaw pay ööqayatsa aqw atkyamiq tuuvangwu. Pu' yaw pam ööqa put iisawuy aqw postoq okiw yaw pam put angk maavuyawmangwu. Pu' yaw put ngu'e' pu' yaw pam pay okiw putsa ngaroroykungwu. Paas yaw kur pam kolitsiyaw put tuupewtaqat ang sikwiyat poswangwu. Pantsaki yaw puma pephaqamo. Paysoq yaw kolitsiyaw put iisawuy aw tututsiwa. Hisatniqw pu' kya pi yaw pam kolitsiyaw put iisawuy ookwatuwqe pu' yaw pay hiisakwhoyat aqw tuuva. Pas hapi yaw iisaw put angqw kwangwayukuuqe pu' yaw as piw kolitsiyawuy aw pangqawu pangqw hawniqat. Noq pay yaw kolitsiyaw pas qa nakwha.

Pu' yaw pam kolitsiyaw pan wuuwa, "Pay kur kya pi i' son nuy maatapni. Hin as nu' it hintsanqw i' aapiyniqw nu' ahoy nimani?" Yan yaw kolitsiyaw wuuwankyangw yaw pepeq tsokiwta.

Pu' yaw pam iisaw put kolitsiyawuy aqw pangqawu, "Um qa peqw hawqw nu' tur yepeq it löqötskit atpip qööqw i' ung enang uwikniy," yaw pam aqw kita.

Noq pay yaw pam kolitsiyaw put qa aw tuuqaytat yaw tuwat pisoq tuumoyta. Pu' yaw oovi pam iisaw itsivutiqe pu' yaw angqe' kootinumqw yaw pam kolitsiyaw qa navota. Pu' yaw pam iisaw wuuhaq kootaqe pu' yaw ep komokvakyangw pu' yaw piw aqw pangqawu, "Ta'ay, nuy uusikwiy angqw maqaa'! Um nuy qa angqw maqaqw nu' yepeq it uwiknaqw i' sonqa ung enangni," yaw pam aqw kita.

Noq pay yaw pas kolitsiyaw qa hin pan unangwtiqw pu' yaw oovi pam iisaw pepeq put komokiy put lö-

self again. I just didn't want to share with you, that's why I ran away from you," Skunk said.

Skunk gave none of his meat to Coyote but just cast down bones whenever he had devoured a roast. And each time a bone dropped down to Coyote, the poor creature stretched out his paws to catch it. When he finally had it, he chewed on the bare bone. Skunk had always cleaned off the meat to the last little bit. This is how poor Coyote fared. Skunk was simply mocking him. At one point, though, Skunk apparently had pity on Coyote and threw a little roast down to him. Coyote took a bite and found it delicious. Once more he tried to persuade Skunk to climb down. But Skunk refused.

Skunk thought, "I suppose he won't leave me in peace. What on earth can I do to him so that he leaves and I can go home?" Skunk pondered the situation as he sat up there.

Now Coyote threatened Skunk. "If you don't come down, I'll set fire to this ponderosa, and you and the whole tree will go up in flames."

Skunk, however, paid no attention to him and busily munched away. Coyote flew into a rage and began to gather wood. But Skunk paid no attention. Finally, when he had piled up a lot of sticks and brought over his load of wood, he shouted up once more, "All right, give me some of your meat! If you don't, I'll set this tree on fire, and you can bet that it will burn you!"

When Skunk did not react, Coyote began stacking up the wood under the ponderosa pine. "Hey, wait a min-

qötskit aw tatsiminta. "Soh, haakiy," yaw kolitsiyaw kita. "Meh, nu' uumiq it pas wuukoq wiy'taqat tuuvaniy. Oovi um peqw tayte' haqamiwat postoq um ngu'aniy," yaw pam iisawuy aqw kita.

Pu' yaw iisaw kwangwtoyqe pu' yaw oovi pangsoq taynuma. Pu' yaw kolitsiyaw qa sööwunit pu' yaw pam atkyamiq kuriy iitat pu' yaw put iisawuy suuposmiq piw sisiwku. Pu' yaw iisaw piw atkyahaq a'ni paklawu. "Anaa, hihiyya, piw pay ivosi hintiqe oovi a'ni tuyvaa. Hihiyya, pas hapi qa taalawva. Pu' hapi pay pas ivosi sumataq suus qa taalawva," yaw pam kitikyangw okiw yaw angqe' tsotso'tinuma, pu' piw mapyayatinuma.

"Pay pi um nawus pantaniy. Naapas um himu nu'an ihuwuutaqaa," yaw pam aqw kitaaqe yaw qa hin okiw ookwatuwa.

Pu' yaw pam iisaw pas hin unangwtiqe pu' yaw angqe' wawartinuma; hiihiita yaw ang ongtinuma. Pantsaknumkyangw pu' yaw kur pam haqami tumpo pitut qa navota. Noq pangsoq pi yaw a'ni tuupelay'taqw pangsoq yaw pam okiw poosi. Yaw aqw posqe yaw angqe' a'ni yeevaqe yaw okiw sumoki.

Yanhaqam yaw pam kolitsiyaw put iisawuy hintsant pu' pangqw haawi. Pu' yaw pam ahoy nimaniqe pu' yaw pam pep put iisawuy koyat paas naanami tutukmoltat pu' put angqe soma. "Pay pi nu' it kimani. Pay pi tsangaw it paas koota. Pu' pi pay pam kur it hintsanni," kita yaw pamniiqe pu' yaw oovi pam pangqaqw put komokiy'ma.

Yanhaqam yaw kolitsiyaw pay naala sikwitpet naasanay. Naat kya oovi pam haqam put ööyiwta. Pay yuk pölö.

ute!" Skunk shouted. "I'm going to throw this big fat roast down to you. Look up here and watch where it is falling so you can catch it."

Coyote was looking forward to the promised meat and strained his eyes upward. Skunk, however, lost no time; he aimed his behind down and sprayed into Coyote's eyes. Coyote howled loudly. "Ouch! Hihiyya, something awful happened to my eyes again; they are hurting terribly! Hihiyya, it's all dark! I think this time I'm blind for good." Whining like this, the poor thing was jumping about and waving his paws.

"You'll have to stay there like that. You are such a sucker!" Skunk shouted back without an inkling of compassion.

Coyote went berserk and started running about. He was bumping against things and finally reached the edge of a mesa without knowing it. The dropoff was very steep, and that's where the poor creature fell. He hit the ground so hard that he was killed on the spot.

This is what Skunk did to Coyote before he came down the tree. Because he was going to return home, he stacked up Coyote's wood and tied it up. "I might as well take this along. I'm glad he already gathered all this wood. He has no use for it anymore," he muttered to himself and went home with the wood.

This is how Skunk alone ate his fill of the roasted meat. I suppose he is still stuffed with it somewhere. And here the story ends.

Iisawniqw Matsaakwa

Coyote and Horned Lizard

Aliksa'i. Yaw ismo'walpe iisaw kiy'ta. Noq pu' yaw pay put ismo'walay aqlaphaqam piw yaw i' matsaakwa tuwat kiy'ta. Pam yaw pep kiy'takyangw pu' yaw kiy angqw pay qa wuuyavo haqam piw kaway'uyiy'ta. Wuukokaway'uyiy'ta yaw pami'. Niiqe yaw pay pam pangso tuwat sutsep sasqangwu. Talavay yaw awnen pu' pay ep paslawngwu, pu' pay yaw pam sutsep pep hiita hintsakngwu, kawayvasay epe'.

Noq yaw pam hisat piw ang hintsaknuma, pastinuma yaw pami', matsaakwa, kaway'uyiy anga'. Pay pi yan taala' kawayvatnga pas ang wukovo'okiwyungngwu. Noq yaw pantaqw yaw pam put ang pastinuma. Yaw pam pep pantsaknumqw yaw kur iswuuti piw pangqe' maqnuma. Maqnumkyangw yaw pam put su'aw pitu. Pituuqe yaw aw taynuma. "Ya sen hak piw yephaqam kaway'uyiy'tay?" yaw yan wuuwankyangw yaw angqw qalangaqw aw tayta. Noq yaw kur matsaakwa pep uuyiy'taqe yaw pang hintsaknuma. Pay yaw pam oovi put qa aw hingqawt pay yaw pan wuuwa, "Pay pi nu' haak aapiyni. Pay pi ason i' hisatniqw sonqa nimani. Ason i' hisatniqw nimaqw pu' nu' angqw ahoynen pu' sukwat pas nukngwat yawmaqw itam put nöönösaniy," yaw pam yan wuuwaqe pu' yaw pay oovi pam qa aw hingqawt pay pangqw ahoy kiy aw'i, iswuuti. Pu' yaw pam pep qa

Aliksa'i. They say Coyote was living at Ismo'wala. Somewhere in the vicinity of Ismo'wala Horned Lizard also made his home. A watermelon patch with many watermelons in it was not far from his house. Horned Lizard never tired of going there. He was wont to amble there in the morning to hoe weeds, and he was always busy with something in his field.

One day Horned Lizard was weeding his watermelon plants. It was summer now, and the melons were full grown. So he was clearing the weeds among them. And as he was going about his business, it so happened that Coyote Woman was hunting in that same area. On her hunt she chanced upon the field. On reaching it, Coyote Woman peered about. "I wonder who owns these watermelons here." This is what crossed her mind while she watched from the edge of the field. Then she discovered Horned Lizard busy at work. Coyote Woman didn't say a word to him but simply thought, "Well, I'll just leave for the time being. He is bound to go home at some time or other. I can always come back later and help myself to a delicious melon. That will be our meal then." With this intention Coyote Woman trotted home. She had not spoken one word to Horned Lizard. At

kwangwahinta. Pas yaw pam as kyaanavotiy'ta. Sen yaw naat matsaakwa qa nimaqw pas yaw pam putsa wuuwanta, kawayvatngat pi tuwaaqe.

Noq yaw kur taawanasapti. Taawanasaptiqw pu' yaw oovi matsaakwa pangqawu, "Pay pi taawanasaptiy," yaw kita, "nu' sukw it tukye' kwangwanösniy," yaw yan pam wuuwaqe pu' yaw pam oovi pas susnukngwat kawayvatngat tuku. Pangqw pu' yaw pam put taqatskiy aqw yawma. Epeq pituuqe pu' yaw pam put tsiikyakna. Naahoy kwanaknaqw, is ali yaw paas kwangw'iwta; pavan yaw paalangput tokoy'ta. Yanti yaw pamnit pay yaw naat oovi pam pu' tuumoyvaqw pay yaw himu haqam hingqawu. A'ni yaw himu haqam hingaqwu, "Wu', wu', wuu," yaw kita.
"Is itse, pas pi tasavum yaqay taayungngwuy," yaw kita. Pam hapi yaw wuuwaqw yaw tasavu. "Pas pi tasavu yaqay taytangwu. Su'aw nuy tuumoytaniqw pu' piw angqaqöy," yaw kita. Pu' yaw pam oovi maqaptsiy'ta. Noq antsa yaw hak angqw aw'i. Niikyangw pay yaw qa tasavuy, yaw kur iisaw'u. Yuumosa yaw angqw put aqwa'. Yaw pam itsivuti, matsaakwa. "Is itse, angwu nu' pas nukngwat tsiikyakniy'taqw pu' pay piw i' hak angqaqöy," yan yaw wuuwa. Nit pay yaw nawusta. Niiqe pu' yaw oovi put aqw pitu, yaw kur iisaw. Pu' yaw pam put pay nawus tunös'a'awna. "Yangqw tuumoyta'ay," yaw kita, "nu' pu' tuumoytay," yaw kita. "Um tuumoytaniy," yaw aw kita.
Pu' yaw oovi puma naama pephaqam put nöösay, kawayvatngat. Pas pi yaw iswuuti kwangwanösa. Pu' yaw oovi puma put sowaaqe pu' yaw hölöqvuyat angqw paas haari. Paalayat soosok hiiko enang. Pantit pu' yaw

home, however, she was ill at ease. She was restless wondering whether Horned Lizard had left for his home. That was the only thought on her mind, now that she had discovered the melons.
When it was noon, Horned Lizard said, "Well, it's noon; I'll pick one of my melons here. That should be an enjoyable lunch. He clipped off the best he could find and lugged it to his field hut. There he cracked it open, split it in half, and found that it was deliciously ripe. Its meat was dark red. This is what Horned Lizard did. And he had just begun to eat when he heard a voice. It was quite loud and sounded somewhat like this: "Wu', wu', wuu."

"Darn it, these Navajos have a keen sense of smell!" Horned Lizard muttered. Obviously he thought that he had heard a Navajo. "A Navajo can see through his nose. So, of course, he has to come right now when I'm starting to eat." He waited and sure enough, someone was coming. But it was not a Navajo as anticipated; it turned out to be Coyote Woman. She headed straight for Horned Lizard. The latter became angry, "Blast it, just when I have the best melon split open, Coyote has to show up." But Horned Lizard had no choice but to resign himself to the situation. By now Coyote Woman had come up to him, so he had to invite her to eat. "Here, help yourself; I'm just having lunch. Go ahead and eat."
The two devoured the watermelon together. Coyote munched with great delight. When they had finished the melon, they carefully scraped every bit out of the rind, and drank the juice along with the meat. After

pay puma pephaqam yu'a'ata. Pantsakkyangw pay yaw puma hiita ep neepewti. Niiqe pay yaw puma a'ni naangwuta. A'ni yaw puma naangwutaqw pu' yaw iisaw pan wuuwa, "Pay pi son i' nuy angwuy'tanikyangoy," yaw yan wuuwa. "Pay nu' it pas sowe' pu' nu' kawayvasayat pas himuy'vaniy," yaw yan wuuwa. "Nu' it himuy'vaqw paasat pu' itam son tsöngmokiwyungwmantani. Pay itam pas itsa akw yesniy," yaw yan wuuwaqe pu' yaw pay pam matsaakwat sumoyta. Matsaakwat sumoytaqe pay yaw pam put pas pantaqat kwu'u. Pay yaw pas qa mömtsat payu'.

Pu' yaw iswuuti put kwu'ukqe yaw tsuyakiwta. Su-'anti hapi yaw pamniiqey wuuwa. Pam hapi yaw matsaakwat uuyiyat himuy'vaniqe oovi. Ang pi yaw kawayvatnga paas kwangw'iwyungwa. Pam hapi yaw paapu qa mamaqamantani. Pam yaw pangqw pasngaqw put oo'oyqw pay yaw puma put noonove' pay yaw songqe

that they fell to chatting, and in the course of their conversation the two had a difference of opinion. As a result, they began to quarrel. While they were quarreling furiously, Coyote Woman thought, "He shouldn't really get the upper hand in this dispute. Why, I'll just gobble him up, and then his watermelons will be mine. When all of this belongs to me, my children won't go hungry any more. We'll just live off these melons here." With these thoughts crossing her mind, she quickly lapped up Horned Lizard and swallowed him whole. She didn't even bother to chew him up.

This accomplished, Coyote Woman felt triumphant. She was convinced that she had done the right thing. Now she would be the owner of Horned Lizard's beautiful ripe melon plants. Hunting would no longer be necessary. She would simply carry the fruit from the field, and by eating those she and her family would

akw yaaptotini. Yan yaw pam wuuwankyangw pep uuyit ang taynuma.

Noq naat yaw pam pep pantaqw piw yaw himu haqaqw hingqawu. Noq pay yaw haqaqwniqw pay yaw pam qa suyan navota. Pu' piw himuniqw pu' oovi pam paasat pas paas tuqayvaasiy'ta. Pu' yaw pam tuqayvaasiy'taqw pay yaw antsa piw himu haqaqw hingqawu. Niikyangw yaw suupan put iisawuy atpipahaqaqwniqw pu' yaw pam oovi qatuptuqe pu' haqam as qatuuqey pangso yaw taynumqw pay yaw qa himu as pepe'. Pu' yaw pam wuuwanta, "Ya sen himu haqaqw hingqaw-lawu?" Yan yaw pam wuuwa.

Pu' yaw piiwu. Paasat pu' yaw pam hakiy tönma-matsi. Noq yaw kur matsaakwa. Pam hapi yaw kur pay naat qa mooki. Pam iisaw hapi yaw put pay pas suupan-

probably have food for a long time. These were the things that went through her mind as she was looking about the plants.

Coyote Woman was still daydreaming when, to her surprise, she heard a voice. She was not able to determine exactly where it came from. There it was again. This time she strained her ears. Listening attentively, she heard it once more. No doubt, some creature was talking. The voice seemed to be originating from somewhere underneath Coyote Woman. She got up and investigated the spot where she had been squatting, but no one was there. "What on earth is causing this noise?" she wondered.

There it was again. This time she recognized the voice; it was Horned Lizard. Evidently he was still alive. Coyote Woman had swallowed him whole, but appar-

taqat kwu'ukqw pay yaw kur pam qa hintiqe yaw put ponoveq may'numkyangw yaw pangqawlawu, "Ya sen nu' haqamo? Pas hapi yangqw qa talqw pas kur hinta. Pas as a'ni yang himu hinyungqw pay nu' qa maatsiy'numa haqamniiqeyu," yaw naami pam kitikyangw angqe' qa talpuva may'numa. Hiihiita yaw langaminnumkyangw pu' piw mutsnuma. Noq pu' yaw pam pangqw iisawuy ponoyat angqw pantsaknumqw pas yaw iisaw qa kwangwahinta. Pu' yaw iisaw paasat wunuptuqe pu' yaw pep pasve naanahoy leeletstinuma. Pu' yaw pam pas qa kwangwahintaqe pu' yaw put matsaakwat aw pangqawu, "Ya um hintiqw pas pepeq qa sun yanta? Ason pi um naap uukiy epnen tatam pi pay qa sun yantani. Um oovi pangqw yamakni taq nuwu pay nu' hin unangway'ma," yaw pam matsaakwat aw kita.

Pu' yaw matsaakwa put aw pangqawu, "Pi yepeq qa taala, pu' piw qa haqami hötsi'ewayniqw oovi nu' kur haqami kya pi yamakni," yaw matsaakwa kita.

Pu' yaw piw angqe' may'numa. Hisatniqw yaw kur pam iisawuy kyelevosnayat aw pituuqe put muutsiknaqw a'ni yaw iisaw wahamtingwu. Pu' yaw piw haqamiwatniiqe pu' yaw piw hiitawat kya pi langaknaqw yaw iisaw a'ni paklawngwu. Pantsaki yaw pam pangqwniqw yaw iisaw okiw hin unangway'ta. Pu' yaw pam piw aqwhaqami pangqawu, "Ya um hintiqw sööwu qa pangqw yamay? Taq nu' sumataq pay hintini," yaw iisaw kita.

Pu' yaw matsaakwa piw aw pangqawu kur haqami yamakniqey. Pu' yaw iisaw hihin itsivu'iwkyangw aqwhaqami pangqawu, "Pay um ikurimiqwat yamakni, pay pangsoq pam wuuyaq hötsiltingwu. Pay um pangsoqnen pay um sonqe aqw yamakni. Niikyangw um pisoqtini," yaw put aw kita.

ently he had not come to any harm and was now thrashing around in her stomach. There was no light in her stomach, so Horned Lizard was feeling his way around. He was pulling and squeezing all sorts of organs as he was shifting around. And as a result of his carrying on in there, Coyote was not feeling well at all. She got to her feet and began staggering across the melon field. She really felt sick; so she said to Horned Lizard, "Why can't you hold still in there? If you were in your own house, you could do as you please. You better come out because I'm slowly beginning to feel funny."

"But it's so dark in here," answered Horned Lizard. "Also, nothing resembles an opening. I just can't see where I can come out."

Horned Lizard continued to grope his way around. At some point he reached Coyote's kidneys, and when he pressed on them, Coyote howled in pain. So Horned Lizard plodded on. Whenever he pulled on something new, Coyote Woman cried out sharply. The poor thing was feeling miserable. Once again she whined to Horned Lizard inside, "Why is it taking you so long to come out? I think I'm about to have a fit."

Horned Lizard countered with the same reply as before. He claimed he couldn't find an exit. This time Coyote snarled, somewhat annoyed, "Come out through my ass! There is a big hole there. If you go in that direction you will probably get out. And make it fast!"

Pu' yaw oovi matsaakwa put iisawuy kurimiqwat nakwsu. Noq yaw put iisawuy siihu'at pepeq huruhintaqw pu' yaw pam oovi as iits pangqw yamakniqe pu' yaw pay suwiptaniqey wuuwa. Pu' yaw pam pay qa pas put siihuyat aasonaq aqwhaqaminiqe pu' yaw pay oovi pepehaq put naahoy langamintiva. Noq piw yaw kur matsaakwa a'ni hongviniiqe yaw siihuyat naahoy langaknaqw pay yaw pam okiw sutkingwu. Paasat pu' yaw tis pam iisawuy pavan tuuhotima pangsoq hoytaqe. Pu' yaw iisaw as okiw a'ni ananatikyangw angqe' wawa-'öktinumkyangw nawawatinuma. Noq pay yaw matsaakwa qa hin put aw wuuwankyangw yaw tuwat haqami yamakniqey pas putsa. Pu' yaw hisatniqw pay yaw kur iisawuy sisimokiyat aw pituuqe pu' yaw put piw pep huur muutsiknaqw pay yaw okiw iisaw naami sisiwku. Pantsaknuma yaw pam pangqwniqw pay yaw iisaw kur okiw mooki. Pantsakmakyangw hisatniqw pu' yaw pam kur kurimiq pitu. Pu' yaw pam pangsoq pituuqe pu' antsa iisawuy kuringaqw yamakqe pu' yaw antsa talpumi kuyva.

Noq puma pi naat pu' kawaynösa. Noq put yaw matsaakwat hotpa naat put kawayvatngat sivosi'at pitam'iwtaqw pankyangw yaw pam pangqw yama, iisawuy kuringaqw. Paniqw yaw oovi matsaakwat hotpa qömvit akw tsokom'iwtangwu. Pam hapi yaw kawaysivosi pang huurtotiqw pam pankyangw iswuutit kuringaqw yama.

Noq iswuuti pi pay pang mooki. Yan pay yaw pam kaway'uyit qa himuy'va. Pay yaw matsaakwa piw ahoy naapti. Naat kya oovi ephaqam piw paslawngwu. Pay yuk pölö.

Presently Horned Lizard set forth in the direction of Coyote Woman's behind. Her innards were tightly packed thereabouts. Horned Lizard was anxious to get out quickly and decided to take a shortcut. But since he was unable to penetrate Coyote's innards he started yanking them right and left. Surprisingly enough, he was quite strong. He just pulled the intestines apart until they snapped in two. Working his way along in this fashion he was causing Coyote Woman even more suffering. The poor creature was howling in pain, and rolling around on the ground moaning. Horned Lizard, however, paid no attention to her. His mind was set on locating the hole where he could emerge. Eventually he reached Coyote's bladder. And as he pressed on it with all his weight, poor Coyote urinated on herself. As a result of all this turmoil in her bowels, Coyote Woman died. Horned Lizard, in turn, finally managed to reach Coyote's behind. He actually came out through it and emerged into the daylight again.

The two had, of course, been eating watermelons, so the seeds were still attached to Horned Lizard's back as he made his exit through Coyote Woman's behind. The melon seeds stuck to him, and in this fashion he came out through her behind.

Small wonder Coyote Woman perished there! Thus she failed to get to own any watermelons. Horned Lizard had them back in his possession again. He is probably still hoeing his field there. And here the story ends.

Appendixes

The Hopi Alphabet

with Pronunciation Guide

Hopi, an American Indian language spoken in northeastern Arizona, is a branch of the large Uto-Aztecan family, which covers vast portions of the western United States and Mexico. It is related to such languages as Papago, Paiute, Shoshone, Tarahumara, Yaqui, and Nahuatl, the language of the Aztecs, to mention only a few. Navajo, Apache, Havasupai, Zuni, Tewa, and many other languages in the American Southwest are completely unrelated to it, however. At least three regional Hopi dialects, whose differences in terms of pronunciation, grammar, and vocabulary are relatively minimal, can be distinguished. No prestige dialect exists.

Although traditionally the Hopi, like most Amerindian groups, never developed a writing system of their own, there today exists a standardized—yet unofficial—orthography for the Hopi language. Langacker has presented a "simple and linguistically sound writing system" (see Milo Kalectaca, *Lessons in Hopi*, edited by Ronald W. Langacker, University of Arizona Press, Tucson, 1978) for the Second Mesa dialect of Shungopavi (phonemically Songoopavi). My own generalized Hopi orthography is equally phonemic in nature and is based on the dialect habits of speakers from the Third Mesa communities of Hotevilla (Hotvela), Bakabi (Paaqavi), Oraibi (Orayvi), Kykotsmovi (Kiqötsmovi), and Moenkopi (Munqapi), who comprise the majority of Hopis. Speakers from the First Mesa villages of Walpi and Sichomovi (Sitsom'ovi), as well as from the communities of Shungopavi (Songoopavi), Mishongnovi (Musangnuvi), and Shipaulovi (Supawlavi), simply need to impose their idiosyncratic pronunciation on the written "image" of the preponderant dialect, much as a member of the Brooklyn speech community applies his brand of pronunciation to such words as "bird" or "work."

Hopi standardized orthography is thus truly pan-Hopi; it is characterized by a close fit between phonemically functional sound and corresponding symbol. Unusual graphemes are

---

avoided. For example, the digraph *ng* stands for the same phoneme that *ng* represents in English *sing*. Symbols like *ṅ*, as the translator of the New Testament into Hopi elected to use, or *ŋ*, which is suggested in the symbol inventory of the International Phonetic Alphabet, are not employed. In all, twenty-one letters are sufficient to write Hopi, of which only the umlauted *ö* is not part of the English alphabet. For the glottal stop, one of the Hopi consonants, the apostrophe is used.

Hopi distinguishes the six vowels *a, e, i, o, ö,* and *u,* the last of which represents the international phonetic symbol *i.* Their long counterparts are written by doubling the letter for the corresponding short vowel: *aa, ee, ii, oo, öö,* and *uu.* The short vowels are found in combination with both the *y-* and *w-*glide to form the following diphthongs: *ay, ey, iy, oy, öy, uy* and *aw, ew, iw, öw, uw.* Only the diphthong *ow* does not occur. The inventory of consonants contains a number of sounds which have to be represented as digraphs or trigraphs (two- or three-letter combinations): *p, t, ky, k, kw, q, qw, ', m, n, ngy, ng, ngw, ts, v, r, s, l.* The two semivowels are the glides *w* and *y.* Notably absent are the sounds *b, d,* and *g,* to mention only one prominent difference between the Hopi and English sound inventories. Because Hopi *p, t,* and *k* are pronounced without aspiration, speakers of English tend to hear them as *b, d,* and *g.* This accounts for many incorrect spellings of Hopi words in the past.

The following pronunciation guide reflects the Third Mesa dialect. It lists all the functional Hopi sounds, with the exception of those characterized by a falling tone—a phonetic feature not shared by First and Second Mesa speakers. Each phoneme is illustrated by a Hopi example and accompanied by phonetic approximations drawn from various Indo-European languages.

Phoneme and Sample Word			Indo-European Sound Approximation

VOWELS

(E = English, F = French, G = German, R = Russian)

Short vowels

a	p*a*s	'very'	E c*u*t	F p*a*tte
e	p*e*p	'there'	E m*e*t	F h*e*rbe
i	s*i*hu	'flower'	E h*i*t	G m*i*t
o	m*o*mi	'forward'	F c*o*l	G s*o*ll
ö	q*ö*t*ö*	'head'	F n*eu*f	G L*ö*ffel
u	t*u*wa	'he found it/saw it'	R B*ы*Tb	E j*u*st (when unstressed)

Long vowels

aa	p*aa*s	'carefully/completely'	F p*â*te	G St*aa*t
ee	p*ee*p	'almost'	F *ê*tre	G M*äh*ne
ii	s*ii*hu	'intestines'	F r*i*re	G w*ie*
oo	m*oo*mi	'he is pigeon-toed'	F r*o*se	G B*oo*t
öö	q*öö*tö	'suds'	F f*eu*	G T*ö*ne
uu	t*uu*wa	'sand'	G B*üh*ne (but lips spread without producing an [i] sound)	

DIPHTHONGS

With y-glide

ay	tsa*y*	'small/young'	E fl*y*	G Kl*ei*der
ey	*ey*kita	'he groans'	E ma*y*	
iy	yaap*iy*	'from here on'	E fl*ea*	
oy	aho*y*	'back to'	E t*oy*	G h*eu*te
öy	hö*y*kita	'he growls'	F o*ei*l	
uy	*uy*to	'he goes planting'	G pf*ui* (but with lips spread instead of rounded)	

With w-glide

aw	a*w*ta	'bow'	E f*ow*l	G M*au*s
ew	pe*w*	'here (to me)'	E m*e*t + E *w*et	
iw	pi*w*	'again'	E h*i*t + E *w*et	
ow		nonexisting		
öw	ngölö*w*ta	'it is crooked'	G L*ö*ffel + E *w*et	
uw	p*uw*moki	'he got sleepy'	R B*ы*Tb + E *w*et	

CONSONANTS

Stops

p	*p*aahu	'water/spring'	F *p*ain
t	*t*upko	'younger brother'	F *t*able
ky	*ky*aaro	'parrot'	E *c*ure
k	*k*oho	'wood/stick'	F *c*ar
kw	*kw*ala	'it boiled'	E *qu*it
q	*q*ööha	'he built a fire'	G *Kr*aut (but *k* articulated further back in mouth)
qw	yang*qw*	'from here'	E *w*et added to pronunciation of *q*
'	pu'	'now/today'	E 'ouch G Ver'ein

Nasals

m	*m*alatsi	'finger'	E *m*e
n	*n*aama	'both/together'	E *n*ut
ngy	yu*ngy*a	'they entered'	E ki*ng* + E *y*es: si*ngy*ular (casually pronounced)
ng	*ng*öla	'wheel'	E ki*ng* G fa*ng*en
ngw	kookya*ngw*	'spider'	E ki*ng* + E *w*et: pe*ngw*in (casually pronounced)

Affricate

ts	*ts*uku	'point/clown'	E hi*ts* G Zu*ng*e

Fricatives

v	*v*otoona	'coin/button'	E *v*eal G *W*inter
r	*r*oya	'it turned'	syllable initial position: E lei*s*ure (with tongue tip curled toward palate)
r	hin'u*r*	'very' (female speaking)	syllable final position: E *sh*ip F *ch*arme
s	*s*akuna	'squirrel'	E *s*ong
h	*h*o'apu	'carrying basket'	E *h*elp

Lateral

l	*l*aho	'bucket'	E *l*ot

GLIDES

Preceding a vowel

w	*w*aala	'gap/notch'	E *w*et
y	*y*uutu	'they ran'	E *y*es

Succeeding a vowel
See diphthongs

Hopi Alphabet

Glossary

English glosses are in alphabetical order.

Aliksa'i

Tuutuwutsniqa sutsep aliksa'it akw yaynangwu. Noq hakim put aw tuuqayyungqam hu'wanayanik hakim, "Oh," kitotangwu. Pu' pay aapiy pam tuutuwutsqw paapiy pu' ·hakim put piw pay an hu'wantiwisngwu. Noq pay qa soosoyam hopiit pan tuuwutsit yaynayangwu. Itam orayngaqwyaqam pay tuwat pan tuwiy'yungqw pu' imawat kiyavaqsinom peetu, "Haliksa'i, kur yaw ituwutsi," yan tuuwutsiy yaynayangwu.

Aanu

Ima aa'ant pay qa sunyungqam yangqe hopiikivaqe yeese. Ima peetu sikya'a'antniqw pu' piw pala'a'ant. Noq pu' peetu sisiw-'a'antniqw pu' piw ima peetu toko'a'ant. Noq hopit navoti-'atniqw hak pumuy qa yuuyuynangwu, pu' piw kiiyamuy qa sakwilawngwu. Hak yaw naap hinwat pumuy yuuyuynaqw puma yaw hakiy ankitotangwu. Niikyangw pay as itam tsaatsa-yomniiqe it yan navotiy'yungkyangw hakim hisat kohooyat imuy sikya'a'antuy kiiyamuy aqw tsuruknayat pu' paasat angqw ahoy horoknayaqw put ang peetu naat tsöpölöwyungqw pu' hak pumuy ang ayo' tsatswingwu. Paasat pu' hak put kohooyat ang lengitsmiqw pam kwangwasuhukwangngwu.

Tsööviw

Ima tsöötsöpt pay pas yaakye' yan nuvatukya'oviy ahaykye' yeese. Puma yaw as hisat pay hopiikivaqe enang yesngwuniqw pay hintaqat akw puma pu' qa pangqe yeese. Pu' hisat himuwa

Aliksa'i

A storyteller usually begins with *aliksa'i*. In reply to this introductory formula the listeners utter, "*Oh.*" As the narrator continues with his story, we keep acknowledging his story with this same response. But not all Hopis begin their tales in this manner. We, who trace our ancestry to Orayvi, follow this custom, while some living in the distant villages of the other mesas commence by saying, "*Haliksa'i*, it is my story."

Ant

There are many varieties of ants native to Hopiland. Some are yellow while others are red, and some are tiny in contrast to others being huge. Hopis believe in leaving ants unmolested and not destroying an anthill. People claim that, as a consequence of disturbing them in any manner, they will build their nests in a person's body. Even though we knew this as children, we would still take a small stick and poke into the opening of an anthill of yellow ants. After removing the stick, we would shake off all the ants clinging to it and then lick the stick, which had a pleasantly salty taste.

Antelope

Antelopes inhabit an area far from Hopiland in the vicinity of Nuvatukya'ovi (San Francisco Mountains). Once they were creatures of Hopiland, but for some reason they no longer dwell

a'ni kya pi hönginen pam put amum warikye' pu' pas put maa-nguy'nat pu' paasat put niinat pu' put ahoy sikwimoktangwu.

Noq pu' pam piw sutsep lööqmuy tiitangwuniqw oovi hopi-wuuti pan lööqmuy tiitaqw pumuy pan tuwiy'yungngwu puma tsöviwhoyatniiqat. Pu' pay i' suukyawa piw tsöpkatsina. Pu' tsu'tikive ima piw peetu tsöötsöpt imuy tsuutsu'tuy amumum-yangwu.

Tsöqa'astiwngwu

I' hopi hiita hintsakye' pam pay pas it tsöqa'astiwngwut son piw qa enangningwu. Noq pay soosoy hiitu piw nanap hinwat tsö-qa'asiy'yungwa. Meh, ima tsuutsu't pas naap hinwat tsöqa-'asiy'yungngwu. Pu' ima peetu katsinam piw it powamuykatsinat an lomatsöqa'asiy'yungngwu. Pu' himuwa pay haqe'sa hiisakw hiita akw naalewiy'yungngwu. Meh, i' orayve tseeveyo pay panis tuumatsa haqe'sa akw lewiwtangwu.

Noq pay himu hinwat it tsöqa'asit makiway'te' pam pay pansa tsöqa'asngwu. Pam pay qa hisat alöngtingwu. Noq i' tsöqa'astiw-ngwu pay qa suupwat piiw. I' tuumaniqw pu' siivuniqw pu' suta pam pay soosoy put aw awiwa. Noq pu' i' siipiki, supnala, sakwaa-piki piw tuwat naap yuykiwkyangw pam tsöqa'astiwngwu.

Momsayrut

Hakim paamuyva hiita tselewuyyaniqw ima momsayrut tuwat pep qeniy'yungngwu. Noq ima tiivaniqam pu' piw tawvongyay'-yungwniqam mooti kivaapeq tuwanlalwakyangw puma manta-ngay'yungngwu. Pu' pu' ima mamant imuy mömuy amawtota-ngwu. Pu' ep tiikive puma pay löölöyömsa nööngantangwu. Ima sustsayom maanat talavayngaqw amawmuy amumum wunimaqw pu' aapiy pay tapkimiq ima pas wukomamantyangwu.

there. Long ago, a man who possessed the endurance to run down an antelope did so till the animal was fatigued, whereupon he bagged it and carried the meat home.

Because an antelope always gives birth to two fawns, the twin offspring of a Hopi woman are referred to as *tsöviwhoyat* or "little antelopes." There is also an Antelope kachina. A society known as the Antelopes performs in conjunction with the Snake society during its ceremony.

Body Paint

Whenever a Hopi is involved in a ceremony, body paint is a prerequisite. According to the ceremony in question, the partici-pants are distinguished by their own individual markings. For ex-ample, the members of the Snake society share the same charac-teristic body painting. Some kachinas whose bodies are most elaborately painted are colored after the Powamuy kachina. Others are only daubed with paint in a few places. The Tseeveyo kachina from the Third mesa village of Orayvi, for instance, is smeared only with kaolin on certain areas of his body.

The body paints assigned by tradition to a particular person or kachina are never varied. There is quite an assortment: kaolin, soot, and red ocher are naturally available, whereas yellow, red, and blue pigments are manufactured body washes.

Buffalo Dancers

Among the social dances performed in the lunar month of Paamuya (approx. January) is the Buffalo Dance. At first, rehear-sals take place during which the male dancers and the chorus that sings for them have girls accompanying them in the kiva. The girls dance as partners behind the sons of related clan or phratry members. On the day of the public performance the dan-cers emerge two pairs at a time from the kiva. Generally, the youngest girls and their partners dance in the morning (that is, in the early stages of the dance), while the older girls perform later toward afternoon and evening.

Pu' paasat ephaqam haqaqwwat kivangaqw sen pas ayangqwwat kitsokingaqw pumuy amumi hiituywatuy tiikivey'yungqamuy piw kiipokyangwu. Pu' kiipokyaqam ephaqam pay ep mihikqwsayangwu, ep puma toktay'yungqat epe', pu' ephaqam puma pas taalö'yangwu, taawanasapviipiy. Pu' ep pan kiipokyaqw puma tapkimi pay pas hayp naanangk kiisonmi ökiwtangwu. Nen pu' oovi pas tapkiqw puma tawvongyay'yungqam ephaqam pep pas qa atsat namiq'ongtangwu. Noq pu' ima titipkoyaqam ephaqam qa an maasantotangwu mimuywatuysa amumi tuuqayyungwe'.

Mosayurmana

I' mosayurmana kanelkwasat aatöqe kwasay'kyangw pu' atsva wukokweway'tangwu. Pu' pitkunat torikiwkyangw pu' mö'öngtotskyangw pu' honhokyasmiy'tangwu. Pu' pam piw sakwatnit maasomtangwu. Pu' taywave piw ngumnit qömay'kyangw pu' ep qömvit akw pöqangwkukvey'taqat antangwu. Pankyangw pu' pam qötöveq piw sutsvoqwat kwasrutnit pu' kyaasurut enang riikokniy'tangwuniikyangw pu' ayoqwat pam it heesit iitsiy'tangwu. Pu' put sunasave pam maana koopaveq it kyarngunat kwavöhöt enang nakway'tangwu. Pu' pam piw it qömvit höömit akw pöngiwtangwu, poosiy atsva. Pankyangw pu' pam it taawa-'ikwilnit iikwiwtangwu.

Mosayurtaqa

I' mosayurtaqa put maanat amawa'at qömvit pukuwtangwu. Niikyangw pam qa napnay'te' pam pang qöötsat tuumat akw hotsitsvey'tangwu. Pu' atö'öt pitkunkyangw pu' wukokwewat aakwayngyavoqwat kwewtangwuniqw oovi put wukokwewat tsona'at aakwayngyavoq siwukiwtangwu. Pu' paasat pam porookyanapnay'kyangw pu' sawkototsiy'kyangw pu' tsamimit piw

It is customary now that a dance group from another kiva or even from another village will raid or challenge those who are the featured dancers. Such a dance challenge is only permitted on the night before the actual dance, which all the participants spend in a sleepless vigil, or on the dance day itself following the noontime break. By late afternoon the "raiding" groups of dancers file into the plaza one after another at ever decreasing intervals. By evening they may literally bump into one another. As a result, the dancers occasionally gesture incorrectly when listening to an opposing group.

Buffalo Girl

The female Buffalo dancer typically wears a woolen dress and is girded about the waist with a wedding sash. Over the dress on the upper torso she dons a kachina kilt, leaving the right shoulder bare. Her feet are clad in a pair of wedding boots adorned with multi-hued ankle bands. To each wrist is attached a shank of blue yarn. Her face is daubed with white cornmeal and decorated with two black markings on each cheek. These markings, which run parallel to each other, are known as *pöqangwkuku* or "Pöqangw tracks." On top of her head, jutting out to one side, are affixed a pair of eagle feathers and a macaw tail feather, while on the opposite side is attached a Mariposa lily carved from cottonwood root. The center of her head is adorned with a bunch of assorted short parrot and eagle down feathers. Loose bangs of black hair cover the forehead and eyes. Completing the costume, she wears a shield representing the sun on her back.

Buffalo Man

The male Buffalo dancer, partner of the female Buffalo performer, has a blackened face. He appears shirtless, his upper body marked with zig-zagging, white, painted lines depicting lightning. As a kilt he wears the *atö'ö*, a red, white, and black-bordered ceremonial cape, around his waist, together with a woman's wedding sash arranged in such a way that its fringes cascade behind him

sawkototsiy atsva somiy'tangwu. Pu' paasat pam sakwatnit piw hokyay ang somiy'tangwu. Pu' mosayurqötöt ang pakiwkyangw pu' aalay'tangwu. Pu' pam putngaqw aayat yawkyangw pu' suyngaqwwat sowi'ngwat aalayat yawtangwuniiqe pam put akw maasantangwu.

Poli'ini

I' maana wuuyoqte' kongtanisaytiqw pu' put yu'at aw poli'innangwu. Niiqe pam mooti put paas naawusnat pu' pam put angayat sunasavaqe tsiikyat pu' paasat it ngölat akw pu' sutsvaqw aw yukunat pu' paasat ayangqwwat piwningwu. Pu' himuwa maana wupa'angay'kyangw pu' piw a'ni höömiy'te' pam wukovoli'intangwu. Noq hopi pan wukovoli'intaqat aw sutsep kwangway'tuswangwu. Noq it maanat poli'ini'at it povolhoyat masayat aw pay hihin hayawtangwuniqw oovi paniqw pam poli'ini yan maatsiwngwu.

Pu' ima mamant naat pay qa kongtotanisasayom puma naasomyungngwu. I' naasomi pay put maanat nan'ivaqw naqvuyat atsve somiwtangwu, niikyangw pam pay qa poli'init an yaasaqaningwu.

Moosa

Peetu hopiit pangqaqwangwu moosa mihikqw waynumngwuniikyangw pu' piw qa töqnumngwu. Noq yaw ima peetu popwaqt pumuy akw enang yang kitsokiva yaktangwu hakiy hintsatsnanik, hakim pumuy qa maamatsyaniqat oovi.

Pooko

Hakim yaw popkotuy qa yuuyuynayangwu. Puma popkot yaw it tsowilawuy nay'yungqw oovi hakim pumuy qa yuuyuynayangwu. Hak yaw put yuuyuyne' hak yaw tamötspöltingwu. Put tamötspölöt qa himu powatangwu. Yan i' piw itamumi maqastutavoniqw oovi itam popkotuy qa yuuyuynayangwu.

Tu'oynaaqa

It hopit tu'oynaaqa'at pay it tsorposit pingput angqw yukiwta-

---

from the waist. Then he wears netted stockings and brown moccasins above which are worn fringed ankle bands of the same color. On his head he has a covering denoting a buffalo's head with horns on each side. In his left hand he carries deer antlers which he uses in gesturing.

Butterfly Hairdo

When a girl reaches a marriageable age, her mother styles her hair in a way termed *poli'ini*. First she brushes her hair thoroughly before parting it in the center. Then, using a wooden hoop for support, she fashions a whorl on each side of her daughter's head. When the girl's hair is long and luxuriant, she will inevitably have large whorls. A girl wearing her hair in this fashion is most attractive in the eyes of the Hopi. The similarity of the whorls in the girl's hair style to the wings of a butterfly account for its appellation *poli'ini* or "butterfly hairdo."

Pre-adolescent girls, on the other hand, have a hairdo referred to as *naasomi*. The *naasomi* is worn on both sides of the head above the ears and is not as large as the *poli'ini*.

Cat

Some Hopis claim that a cat will roam about at night without uttering a sound. Therefore, in order not to be recognized, sorcerers travel about the villages in the guise of a cat when they intend to harm a person.

Dog

Dogs should not be teased by people, for they are said to be the offspring of Tsowilaw. One who transgresses this taboo will be afflicted with incurable stiffening of his joints. This is a very painful malady. Since this has been given us as a warning, we do not harm dogs.

Ear Pendant

The mosaic type of Hopi ear pendant is made from crushed frag-

ngwu. Pam tsorposi pay it qa pas wuuyoqat paakot nevewvutsqat atsva saanat akw pitam'iwtangwu. Noq pam it qaa'öt tuu'oyiwtaqat anhaqam soniwngwuniqw oovi put pan tuwiy'yuyangwa.

Paatsikiw

Hopi pay it hiita paatsikiwuy hisatngahaqaqw tuwiy'taqe pam oovi put mamqasi. I' sino naat pu' hikwsit makiwkyangw aapiy hiisavoniqw pay pam it hakiy qataymataq qatuuqat tutavoyat qa an hinmaqw pu' pam pumuy amumi yaavati. Pu' pam oovi pumuy peetuy pas qa nanaptaqamuy, qa unangwtalyaqamuy haqami hintsanniqe pu' pam oovi suus it paatsikiwuy akw pumuy haqami hintsana. Noq pu' pay angqaqw piw hopi navotiy'taqw pay qa suup kitsoki it paatsikiwuy akw haqami hiniwti. Noq yepeq palatkwapiy epeq paniwti. Pay puma pepeg piw pan pas qa unangwtalyaqw pu' i' na'amniqa kikmongwi pumuy qa angwuy'numqe pay naap pumuy amungem pan naawaknaqw pep haqamwat pan paatsikngwu. Niikyangw paasat pam pay it paalölöqangwuy angqwwatniiqe pay oovi qa pas soosokmuy yep tuuwaqatsit epyaqamuy panwat powata.

Hihiyya!

Hak naat naa'unay'taqw sen himu hintini. Sen hak hakiy tsaawinani, sen hak naat yantaqw pay himu hakiy tuuhotaqw hak pangqawngwu. "Hihiyya!"

Matsaakwa

Hopi pay it matsaakwat kyaptsiy'tangwu. Pam yaw imuy yooyoyangwtuy pok'amniqw oovi hak yaw put yuuyuynaqw puma yaw hakiy mu'ayangwu. Paniqw oovi himuwa haqe' waynumqw pay itam put qa aw hintsatskyangwu.

Noq ima songoopavit tuwat tuptsiwniy'yungqw yaw matsaakwa tuuhikyaningwu. Paniqw oovi tsaatsayom haqe' yayvantinumyaqw himuwa naaroopikne', ang pelekqw, angqw ungwtiqw

ments of turquoise that are inlaid on a square cottonwood slat and held in place by a special mixture of pine sap. Because the entire creation resembles a stack of corn in storage, the pendant is known as *tu'oynaaqa*, or "stacked corn earring."

Flood

The Hopi have met with floods from time immemorial and are consequently fearful of this disaster. Not long after people were first created, they disobeyed the instructions given them by their creator, which caused him to be displeased. Having decided to do away with those who did not heed him and who would not give up their corrupt ways, he got rid of them by means of a flood. The Hopi also know by tradition that several settlements were in the past destroyed by floods. One good example is Palatkwapi. Again, people had become so incorrigible that their father, the village leader, could not control them any longer and had to instigate a flood himself. Since this flood was caused by the Water serpent, it affected only the villagers of Palatkwapi rather than the entire world population.

Hihiyya!

Suppose a person is preoccupied and something unexpected happens. Maybe he is frightened by another or is suddenly injured while doing something. In any of these situations he generally exclaims, *"Hihiyya!"*

Horned Lizard

The Hopi have such great respect for the horned lizard, being a creature of the rains, that a person molesting it will be struck by lightning. For this reason, the horned lizard is left well alone when encountered.

The people of Songoopavi believe the horned lizard to be a medicine man. Thus, when children go climbing around somewhere and one gets scratched or chafes his skin in a way that it

puma yaw put matsaakwat hepyangwu. Pu' puma put matsaa-
kwat aw taviyaqw yaw pam matsaakwa may akw ang may'num-
ngwu, ang pay mamkyangwu. Pas suupan tuuhikyat antingwu.
Pantsaknumngwuniqw oovi puma pan tuptsiwniy'yungwa pam
tuuhikyaniiqat. Noq pay kya pi pam hakiy pantsanqw pay hakiy
haqam hintaqw pam put aw lomahintsanngwu, tomaknangwu.
Paasat pu' puma piw matsaakwat maatatvengwu. Paniqw oovi
pay hakim tsaatsayomye' matsaakwat qa niinayangwu, hakim
pay put paasyangwu.

Kiva

Yang kivanawit pay hiihiitu katsinam tiilalwangwu. Niikyangw
pay qa pumasa it kivat akw mongvasya. Pay hiituywatuy wiimiya-
muy aw pituqw puma piw pang yungyiwta. Ima taataqt it wuw-
tsimuy pang hintsatskyangwu. Pu' ima popwamuyt, leelent,
tsuutsu't, pay puuvuma haqamwat yungyiwtangwu.
    Pu' ima tsetslet tuwanlalwe' pay puma piw kivanawit pan-
tsatskyangwu. Noq pu' hakim taataqt, tootimnen yangqe' tö-
mölnawit piw hakim kivaapa yesngwu. Pu' hakim pay pang
hiihiita pay taqahiita tumalay'yungngwu.
    Ephaqam himuwa tuulewniy pangso yawme' pam pep put
langakniy'tangwu. Pu' hakim piw it hiita tihut, awtat, puuvut
hiita powamuymi pang kivanawit yuykuyangwu. Noq ima mo-
moyam piw naap wiimiy'yungqe oovi ima mamrawt, lalkont piw
haqamwat put aw pituqw pep kivaape yungyiwtangwu. Niiqe
oovi pay qa taataqtsa pang yesngwu. Pay ima tsaatsayomsa qa
wiiwimkyam pangso qa yungtangwu. Pas ason paamuynawit pu'
piw angktiwqat ep ima katsinam pang yungyiwmaqw pu' pam
tsay pangsoq yuy, soy amum tiimaytongwu. Pu' puma pangsoq
ep tiimaywise' puma pay tuuwingaqwsa tiitimayyangwu imuy
momoymuy amumum. Hikis ima mamant naamahin wiiwim-
kyamniikyangw hisat qa nanalt pangsoq tiimaywisngwu, pu' piw
tsetsletuy tuwantawise'.

| Kiva | (right column heading) |

Many different kachinas hold their dance performances in the
kivas. But they are not the only ones who make use of the kiva.
When the initiates of a secret society are to hold their cere-
monies, they also assemble within these underground structures.

    For example, the men stage their religious activities here dur-
ing Wuwtsim. In addition, the Powamuy, the Flute, and the
Snake societies, to mention only a few, congregate here for their
secret endeavors.
    Social dancers, too, use the kivas to practice. In winter, men
and boys occupy the kivas engaging in whatever activities are as-
signed to them. Thus, one may bring his weaving to the kiva and
set up his loom there. For Powamuya, kachina dolls, bows and
arrows, and other items of this nature are manufactured there.
Since the women, too, have rituals of their own, the Maraw and
Lakon societies also carry out their ceremonies in a kiva. So these
religious chambers are not occupied solely by men. A kiva is off
limits only to uninitiated children. It is not until the month of
Paamuya and the night dances following the Powamuy rites that
these children, accompanied by their mothers or grandmothers,
are allowed to witness the dances. On these occasions they
watch, together with the women, from the raised area at the
south end of the kiva's interior. At one time even young girl initi-
ates were not permitted to witness dances unaccompanied. The
same was true when they went there to practice for a social dance.

Noq ima hisatsinom as soosoyam kivat ang yesngwu. Niiqe oovi i' kiva hopitniqw pay piw kiihuningwu. Niikyangw pam pay itamuy pu' hinyungqat kiy'yungqw qa pantangwu. Pam hisat pay yaw tutskwat aqw hangwniwkyangw pu' ki'amiwtangwu. Niiqe oovi himuwa pangsoq pakininik pam pay it saaqatsa ang pangsoq pakingwu.

Mongwi

I' mongwi pi pay hakim hiita hintsatskyaqw pam moopeq'iwtangwu. Niikyangw pam it pahaanat mongwiyat qa panwat. Pam pay hakimuy hiita qa paysoq a'yalawngwu. Pam hakimuy qa amumi pan naawaknangwu hakim put unangwyat hintsatskyaniqat. Niikyangw pay hakim son naap hiita ep hakiy aw qa yankyaakyangw hiita hintsatskyangwuniqw pam oovi paniqw mong'iwtangwu.

Leenangwva

Leenangwva orayviy taavangniqw hisat ima hisat'orayvit yaw pangsosa pas kuywisngwu, pep kya pi pay pas sutsep paahuningwuniqw oovi. Noq pu' ima leelent hisat piw orayve yungyiwte' puma tiikive sen totokpe pep piw pas hintsatskyangwuniqw oovi pam pumuy aw maatsiwa. Noq pu' piw it nevenwehekiwuy ep piw ima mamant taataqtuy, tootimuy amumum pep tsovalte' pu' pangqw nankwusaqw pu' paasat ima tootim, taataqt pangqw neevenwisngwu.

Maasaw

I' hak himu maasaw yaw susmooti yep it tuuwaqatsit ep qatuqw ima hopiit pew nönga. Noq pam yaw hak it yep tutskwat hakiy engem pas himuy'taqat aw tunatyawta. Niiqe pam oovi imuy hopiituy hu'wanaqw pu' puma yep yesva. Noq pu' pam hak yaw pay son hisat pas hin soniwqey pankyangw hakiy aw naamaataknani, pi yaw pam nuutsel'ewakw pitsangway'ta. Pu' kur pam hakiy aw pituninik pam yaw suhopiniikyangw suhimutaqaniikyangw yaw hakiy aw namtaknangwu.

The ancestors of the Hopi all lived in kivas once. Thus, in the eyes of the Hopi, the kiva is also a home. However, it was not like the dwellings we inhabit today, but rather was simply a hole dug in the ground with a cover on top. Entering the kiva was, therefore, only possible by descending a ladder.

Leader

A *mongwi* is the person in charge when any activity is taking place. But he is not like the white man's leader. He does not tell others to do things just for the sake of it. Nor does he bid others do his wishes. But people must have someone overseeing them in any endeavor, and that is the reason he is in charge.

Leenangwva

Leenangwva lies southwest of Orayvi. It was the main spring where the old residents of Orayvi went to fetch water. Apparently, it held a constant supply of water. Way back when the members of the Len or Flute society practiced their rites in Orayvi, they did something important at Leenangwva on the final day of the ceremony or on the day before. Hence, the spring is named after them. Also, at the time of Nevenwehe, unmarried girls used to congregate at the spring along with men and older boys. After departing from the spring, the boys and men gathered wild greens.

Maasaw

Maasaw was the first inhabitant of the land when the Hopi emerged into this upper world. He is its overseer for another being who is the true owner of our world. Permission for the Hopi to settle here was therefore given by Maasaw. Owing to his grotesque features, it is said that he will never reveal his real face to anyone. Should he approach someone, however, he will do so in human form and as a very handsome man.

Noq pu' pam antsa imuy hopiituy hu'wana yep yesniqatniqw pu' puma as put aw ö'qalya put mongwiy'yungwniqey. Noq pay pam qa nakwha. Pay yaw itam naat a'ni hin tunatyawkyaakyangw pew öki. Ason yaw itam put aw antsatsnaqw paasat pu' yaw pam sen pantini. Pay yaw as pam antsa mooti yepniikyangw pay yaw pam naat nuutungktatoniqey pumuy amumi yan lavaytit pu' haqami naatupkya.

Tuuhikya

Ima hopitutuhikt pay piw tuwat qa suupwatya. I' suukyawa öqatuhikyaniiqa pay pas hakiy ööqayatsa haqam hintaqat put aw mamkyangwu, put aw yukungwu. Pu' i' suukyawa piw ngatwiy'taqa, pam it soosok hinyungqat ngahut tuwiy'tangwuniiqe pam putakw tuwat hakiy tuuyayat qalaptsinangwu. Noq pu' i' piw suukya povosqa, pam piw pay tuwat pas naap hinwat tuwiy'ta. Pam hakiy hiita aw tuwe' pu' pam hakiy hintaqat put aa'aawnat pu' paasat hak hin put qalaptsinaniqat pam hakiy put piw aa'aawnangwu. Pu' pam piw ephaqam hakiy ep it hiita tuukyaynit horoknangwu. Pay ephaqam it hiita kuuta'ewakw sen sotsava'ewakw hakiy aw himuwa panaqw pam put hakiy ep horoknangwu. Pu' sen hak pay hiita ep qa nanap'unangway qa an hintiqw pu' pam piw put hakiy aw tuwe' pu' pay put hakiy aa'aawnat pu' hak hin put aw ahoy antsanniqat hakiy aw tutaptangwu. Noq ima povosyaqam pu' pay sulawtiqw oovi qa hak pu' put tuwiy'ta.

Pu' hopi piw navotiy'taqw i' honani piw a'ni tuuhikyaningwu. Noq ima tuutuhikt tuwat piw pay hiita aw yankyaakyangw putakw sinmuy tumalay'yungwa. Ephaqam himuwa it hoonawuy pan'ewakw hiita pay pavanniiqat namaqangwunen pam put nay'kyangw pu' put pantsakngwu.

Musangnuvi

Pam musangnuvi pi pay susmooti peqw pituuqe pam yep kwangwup'oviy taavangqöyveq mooti kitsokta. Kitsoktat pu' pam as songoopaviniwtiniqe pu' pam oovi pangso kikmongwit aw maqaptsita. Pu' yaw pam piw a'ni lavayiy'ta, a'ni yaw nukpantuqayta

After being granted permission to inhabit his land, the Hopi entreated Maasaw to be their leader, but he refused. He told them that they had arrived here with great ambitions that must be fulfilled before he would become their leader. He added that it was true he was the first being on this earth and he would also be the last. After these words he disappeared from sight.

Medicine Man

There is more than one type of Hopi medicine man. One is the bone doctor who treats or cures only maladies of a person's bones. Another one is the herb doctor, knowledgeable in the use of all the medicinal plants, who performs his remedies by means of them. The last is the seer or crystal gazer who has his own method of treatment. Looking through his crystal he will diagnose the ailment of a person and then instruct him in the appropriate treatment. At other times he will remove the object causing the sickness. For instance, he may draw out a thorn or a shell implanted in the patient by another person. Moreover, if the seer detects that someone has unknowingly violated a taboo or committed some other wrong act, he will enlighten the person and instruct him in the remedy he should apply. These seers no longer exist, and with them has died knowledge of their practice.

The Hopi also perceive the badger as a great healer. Medicine men in general rely on some animal as they serve their patients. Sometimes a medicine man may choose a powerful creature such as a bear to be his symbolic father to help him practice his skills.

Musangnuvi (Second Mesa village)

When the Musangnuvi people arrived here they first settled on the west side of Kwangwup'ovi. In due course, when they expressed a desire to become integrated members of the village of Songoopavi, they approached the *kikmongwi* to ask his permis-

kya pi pam musangnuvi. Noq yaw kikmongwi hingqawqw pay yaw pam piw naap hin put aw sulvaytingwu. Noq pay yaw pam put aw pangqawu, "Pay kur uma hin yep songoopave itamum yesniy," yaw kita. "Pay itam wuuhaqti yep'e. Pu' uma pas antsa yep itamum hopiituy amumum yep yesninik uma pep hoop tuukwive naap kitsoktotani. Pep hapi nu' ivoshumiy hiihiita tangay-'ta. Kur uma pas antsa yep itamumyaninik uma pangsoye' uma pep kiitote' pu' uma pep ivoshumtangay tuuwalayaniy," yaw amumi kita. Pu' yaw pay musangnuvi nakwhaqe pu' panti.

Naalös

Hopi pay pas sutsep naalössa aqw hiita hintingwu. Pu' pam pay piw nanalsikisniikyangw pu' piw suukop enang akw hintsakma. Noq oovi hiituwat sen hiita yungyiwte' kur puma pas aqwhaqami pan yungyiwtaninik puma suukop taalat ang aqw yungyiwtangwu. Pu' puma ephaqam pay panis nanalsikis sen naalös yungyiwtangwu. Pu' oovi piw himuwa hiita sen aw maqaptsitaninik pam piw naat naalös pantit pu' pay paasavoningwu. Ason pepeq pu' pam hinwat put aw lavaytingwu, kur pay qa aapiy hu'wananinik. Pay oovi qa himu hopit hiita himu'at qa naalöq aqw tuwaniy'ta. Pu' pay i' hak itamuy it hikwsit maqaaqa pu' pay paayista itamuy powataqw oovi pu' yaw pam kur piw naat itamuy hiitawat akw powataniniqw paapiy pu' yaw itam pas hin yesniqey pas pan yesni.

Nuvatukya'ovi

Nuvatukya'ovi pay it hopiikit aatavang tuukwi pan maatsiwa. Pangso itam tuwat it itaahintsakpiy nimaniwuy ep pu' piw ephaqam powamuyve uymokwisngwu. Pu' pang piw tuutuskyaniqw pang piw puma uymokwisqam it paahoy oo'oytiwisngwu. Pu' pam pep piw itamuyniqw imuy katsinmuy kii'amniqw oovi yaw pepeq ooveq piw pas kiva. Pu' i' hopi hiisaq tutskwat makiway'-taqw pam piw put qalalni'at.

sion. Tradition has it that they were very loquacious and that they spoke quite aggressively. Whenever the *kikmongwi* said something, they were quick to give a negative reply. But the *kikmongwi* of Songoopavi spoke to them as follows: "There is no way that you can live with us here in Songoopavi. We have become quite numerous here. If your heart is indeed set on living here with the Hopi, build your own settlement at that butte off to the east. There I have my seeds stored. If you really want to settle here among us, go to that place, establish a village, and guard my seeds." The Musangnuvis consented and did exactly that.

Number "Four"

A Hopi always does things four times, or in multiples of four: for example, eight and sixteen times. Thus, when a group of people engage in a ceremony which is planned to run its entire length, they will be in session for the full sixteen days. At other times they may go on for only eight or even four days. By the same token, when a Hopi seeks a response to his inquiry he will ask up to four times only and then quit. At that point he will be given an answer if he did not receive one right away. Thus, there is not a single aspect of Hopi culture that does not require the number four as a determiner. Likewise, the creator has now purified us thrice. If he cares to repeat this purification and cleanses us once more, we will live thereafter as we should.

Nuvatukya'ovi (San Francisco Mountains)

The mountain range to the southwest of Hopiland is known by the name of Nuvatukya'ovi. The Hopi go there during the Home dance, and occasionally at Powamuya, to gather evergreens. Since shrines are located there, those who go to gather these evergreens deposit *paaho* at these sites. It is Hopi belief that the mountains are one of the homes of the kachinas; therefore, there is a kiva at the summit of the peaks. Nuvatukya'ovi also constitutes one of the traditional boundary markers of the Hopiland.

Orayvi

Peetuyniqw hopi yaw songoopave susmooti kitsokta. Noq pu' yaw puma hakim pep naatupkom, i' kikmongwiniqw pu' tupko'at, kya pi hiita ep neepewtiqw pu' i' tupko'atwa yaw pangqw naakopanqe pu' pam kwiniwiqniiqe pu' orayve tuwat naap kitsokta. Noq pay pi qa soosoyam it sun navotiy'yungqw peetuyniqw hopi pay öngtupqaveq yamakkyangw pu' angqe' mooti nakwsukyangw pu' paasat orayve mooti kitsokta.

Noq pu' hayphaqam puma pep it pahanqatsit, tutuqayiwuy ep piw neepewtotiqw pu' paasat puma pep naahonayaqw pu' ima qa pahannanawaknaqam pu' pangqw nöngakqe pu' oovi hotvelpeq tuwat kitsoktota. Pu' pay puma piw tuwat hiita ep neepewtotiqw pu' puma peetu paaqavitwat ep yesva. Noq pu' ima peetu pay pahannanawaknaqam orayve huruutotiqam atkyami hanqe pu' piw pepwat tuwat yesva. Pay puma pep tumalyesva. Noq pam pepeq pu' kiqötsmovi yan natngwaniy'ta. Paasat pu' piw peetu munqamiqwat hintiqw pi oovi tuwat nönga. Niikyangw pangsoq pay ima orayvit hisat sasqaya. Puma pepeq paasay'yungngwuniiqe oovi pangsoq naap hisat sasqayangwu. It naatsikiwuy akw pu' oovi orayviy kwiniwiqwat pu' qa suukya kitsoki.

Mongwu

I' mongwu yaw hakiy sowangwuqat yan it hakimuy aw lavaytangwu hakim tsaatsayomniqw. Noq oovi himuwa tsay hin naawaknaqw hakim put tsaakw put mongwut akw tsatsawinayangwu qa pantaniqat oovi. Pu' oovi piw himuwa mihikqw tiy puupuwvitsne' mongwut hakiy sowaniqat put tawsomiy'taqat put tsaakw aw tawlawngwu.

Noq pu' pam pay yaw piw hiita qa lolmat taalö' piw tuu-'awvangwu. Noq oovi tiikive tsukulalwaqw i' mongwu imuy tsutskutuy amumi pan suutalö' piptungwu, naat hapi puma hintaqat qa lomahintaqat aqw ökiwisqw oovi. Pu' haqamwat hakimuy amungaqw himuwa pas a'ni tuutuyqw pam kya pi pumuy pep pavan hin u'nangwnanik pam pangso mihikqw piptungwu.

Put mongwut pöhöyat angqw sipalvahototangwu sipala a'ni

Orayvi (Third Mesa village)

According to some, the Hopi first settled at Songoopavi. There the *kikmongwi* and his younger brother are said to have differed over some matter. As a result, some believe the younger brother left, headed north and started his own community at Orayvi, while others claim that the Hopi, after their emergence at the Grand Canyon, first embarked on a migration before establishing their first settlement at Orayvi.

More recently, the people of Orayvi clashed owing to differing views regarding the white man's way of life, in particular, schooling. This led to the banishment of the faction that rejected the Anglo way of life. It, in turn, founded the village of Hotvela. After renewed conflicts there, some people settled at Paaqavi. Next, several of those who wanted to adopt the way of the whites, and who had remained at Orayvi, moved below the mesa and established another village where they worked for the government. Today that place is known as Kiqötsmovi. Yet others, for some reason, migrated to Munqapi, a place the Orayvians had already been going to on foot for ages because of the farming land they owned there. Thus, as a result of the banishment, several villages now exist north of Orayvi.

Owl

As children we were told that an owl can devour us. Therefore, an obnoxious child is threatened with the owl to stop his bad behavior. When a mother sings a lullaby to her child at night, the song tells of the owl consuming a child.

The owl is thought of as a harbinger of bad news if it hoots in broad daylight. During a public kachina-day dance the Owl kachina, therefore, calls on the clowns in broad daylight, letting them know that they are destined to meet a bad end. Also when some member of a family is seriously ill, an owl will drop in on them at night only to upset them.

From the owl's downy feathers *paaho* are fashioned for peach

aniwtiniqw oovi. Pam mongwu tuwat sipaltsotskiva mihikqw
maqnumngwuniiqe oovi sipaltsokit epeq tsokiwtangwu. Put
pöhö'at a'ni mukiningwuniqw pam sipala siy've' qa tuusungw-
tiniqat oovi put pöhöyat angqw sipalvaholalwa.

Hisat yaw ima hopiit haqami tuwvöötote' puma yaw it mo-
ngwutnit pu' piw it hotskot töötökiyat akw mihikqw hiita naa-
'awintotangwu.

Öngtupqa

Öngtupqaveq yaw itam hopiit nöngakqat it yan hopi navotiy'ta.
Pepeq yaw haqam sipaapuniy epeq yaw itam nönga. Noq pam
naat pay epeq panta.

Noq pu' hak mookye' hak yaw ahoy pangsoq öngtupqamiq
nimangwu. Noq pu' ima katsinam yaw piw pepeq kiy'yungwa
ispi pangqe paayuniqw oovi. Noq pu' oovi ima oo'omawt piw
pangqw hakimuy amumi ökiwtangwu. Puma pay ima katsinam
pumuy akw hakimuy poptayangwu.

Paayu

It homol'oviy aatevenge' muunangwuy mumunqat i' hopi paayu
yan tuwiy'ta. Noq pu' i' öngtupqavaqeniiqa pavan hihin wuko-
munangw pisisvayu yan maatsiwa.

Piktotokya

I' piktotokya lööq taalat akw it tiikivet angk qa pitsiwtangwu.
Pam it suus qa hiita angkningwu. Noq pu' paasat put angk
totokyaningwu. Noq it piktotokyat ep ima momoyam tuwat put
piikit pisoq yuykuyangwuniqw oovi pam paniqw piktotokya.

Kivutsmo

Hisat himuwa tiitaqw put wuutit kiivu'at enang yamakqw pu'
put tiposhoyat so'at put kiivut haqami yawmangwu. Noq pay
put pangso haqami suuvo oo'oyayaqw pam pep kivutsmo yan

orchards so that they may bear an abundance of fruit. At night,
while hunting in these orchards, the owl perches on the peach
trees. Because owl feathers retain warmth, *paaho* made from
them prevent the peach trees from freezing when they bloom.

Long ago, when the Hopi went on the warpath, they used the
cries of the owl and the poor-will to communicate with each
other at night.

Öngtupqa (Grand Canyon)

We Hopi know by tradition that we made our emergence at
Öngtupqa, that is, the Grand Canyon. There, at a site known as
Sipaapuni, we came out of the underworld. That place still exists.

When a person dies he is said to return home to Öngtupqa.
Kachinas are also supposed to reside in the canyon because of the
river flowing there. Therefore, clouds descend upon us from that
region. The clouds are kachinas who visit us in that form.

Paayu (Little Colorado River)

The river that flows past the southwest side of the Homol'ovi
ruins is called Paayu by the Hopi. The river that flows through
the Grand Canyon, however, which is much larger, is referred to
as Pisisvayu (Colorado River).

Piktotokya (ceremonial day designation)

Piktotokya occurs two days before *tiikive*, the day of the public
dance performance. *Piktotokya*, in turn, is preceded by the day
suus qa himu "once nothing day." On *piktotokya* the women are
traditionally busy preparing *piiki*, hence the name *piktotokya* or
"*piiki totokya*."

Placenta Hill

In olden days, after a woman had given birth and the placenta
was expelled, the grandmother of the newborn would get rid of
it. It was usually taken to a mound where all the afterbirths were

maatsiwngwu. Noq hopi pi pay hiita mamqasngwuniiqe oovi pangso piw qa wungwupngwu. Hak yaw pangso wuuve' hak yaw tumtsoktingwu. Noq pu' peetuyniqw yaw hakiy yu'at mokput tiitangwu.

Kiisonvi

I' kiisonvi pam pay haqamwat kitsokit ep pay sunasavehaqamningwuniqw oovi pam pan natngwaniy'ta. Noq himu hintsakye' sen katsina pite' pam pep wunimangwu. Pu' pay piw aapiy hiihiimu tiitikive pep hintsakiwa. Meh, pay ima tsuutsu't, lalkont, kwaakwant, pay ii'ima pep tiikivey'yungngwu.

Pu' pay pangqw naanan'i'vaqw kiikihu aqwwat hongyangwu. Pu' pay haqaqw piw aw kiskyay'yungngwu. Pu' hisat himuwa hiita huuyaniniqw haqawa put engem pan tsa'lawqw pu' pam paasat piw ephaqam pep huuyangwu.

Nakwakwusi

Nakwakwusit hak pay piw aw okiwlawkyangw put yukungwu. Pu' hak piw naat put aw tsootsongngwu. I' nakwakwusi pay qa suupwat engem. I' suukya pöötaviningwu, pu' paasat pay hak piw put nakway'tangwu. Pu' ephaqam hak hiita put hikwsitoynangwu. I' nakwakwusi pay it kwavöhötnit pu' pösöptonit angqw yukiwta.

Paaho

I' himu paahoniqa pam pay soosok hiita angqw yukiwkyangw pu' piw qa sun yuykiwa. Niikyangw pam pay qa hisat kwavöhöt angqw yukilti. Pu' pay piw it koyongvöhöt angqw enang paaholalwa. Meh, pay kivaapa panyungwa, haqaqw kyeevelngaqw haayiwyungngwu. Pu' pay imuy katsinmuy ninmaniniqw pu' pumuy put huytotangwu. Pu' pay piw ima hiihiitu kwaakwant, aa'alt, wuwtsimt puma piw qa sunyungqat paaholalwa. Pu' piw soyalangwuy ep qa suukya paaho yukiltingwu. Pay imuy hiituy

disposed of, hence the name *kivutsmo* or "placenta hill" for this depository. Among the taboos which a Hopi adheres to is one that tells him not to climb on this hill. One who violates this taboo is supposed to contract hepatitis. According to others, the mother of such a violator will give birth to a stillborn child.

Plaza

The plaza is usually situated somewhere near the middle of a village; hence, it is used as the dance court if a ceremonial activity is taking place, for example, and kachinas have come. Various other non-kachina dances are also performed in the plaza. The Snake, Lakon, and Kwan societies, for instance, carry out their dance performances there.

Houses are erected on all four sides of the plaza, and alleys lead into it. In the past, when certain items were to be traded, someone would make a public announcement on behalf of the vendor, who would then sell his things at the plaza.

Prayer Feather

A *nakwakwusi* is fashioned to the accompaniment of a prayer. Then smoke is exhaled on it. This type of prayer feather has more than one function. It can be the symbol of a path laid out, but it can equally well be worn on the head. It also serves to represent symbolically the breath of life. A *nakwakwusi* is produced from the downy breast feather of an eagle, together with handspun cotton twine.

Prayer Stick/Prayer Feather

A *paaho* is not only made from a variety of items, but it is also fashioned in many different ways. While it is never made from the breast feather of the eagle, it can be made from turkey feathers. For example, *paaho* can be found hanging from the ceilings of kivas. When kachinas are to return to their homes they are given *paaho*. The members of Kwan, Al, and Wuwtsim societies each fashion their own unique *paaho*. A great diversity of *paaho* are made at the time of Soyalangw. It is said that those for whom

amungem put yuykuyaqw puma tuwat put ömaatote' yaw tuwat haalaytotingwu. Pu' pay piw pam hakiy unangwvaasiyat, oki-wayat enang yawmangwu. Pu' pay himuwa tuuhikya hakiy aw mamkyaqa piw paahot enang hakiy hiita tuuyayat enang hom-'oytongwu. Pu' pay hopi qa hiita qa engem paahotangwu. It taa-wat, muuyawuy, pu' imuy qataymataq yesqamuy, pu' pay aapiy soosok hiituy amumi enang tatqa'nangwqey pumuy amungem pam piw paaholawngwu.

Tsa'lawu

Hisat himuwa sinmuy hiita navotnaninik pam hakiy tsa'law-'ayatangwu. Pu' ephaqam i' pas tsa'akmongwi naap put hiita tunvotnangwu. Noq tsa'lawqa pay sutsep haqami oomiq wupt pu' paasat pangqw tsa'lawngwu. Niikyangw pam it mooti akw yaynangwu: "Pangqe' kya uma sinom yeese, kur huvam pew tuqayvastota'a." Itakw pam yaynat pu' paasat pam mitakw so'tapnangwu: "Pay yanhaqam inumi tutaptotaqw oovi nu' yan-haqam umuy aa'awna. Pay yanhaqamo." Pu' tsa'lawqa piw sutsep hiita tsa'lawe' put wiisilanmangwu.

Yooyangw

Hopi sutsep it yooyangwuy oovi hiita aw okiwlawu. Put uuyi-'at hapi imuy oo'omawtuy paalayamuy hiihikwkyangw pu' nawungwniy'mangwu. Noq pu' paasat itam hopiit putakw enang nayesniy'yungngwu. Aasakis himu pas pavanniiqa hintsakqw hakim it yooyangwuy oovi enang wuuwankyaakyangw put hiita hintsatskyangwu. Aasakis ima katsinam ninmaniqw pay naat hakim piw put amumi tuuvinglalwangwu, itaalavayiy angqe' tuu'awvayaqw yokvaniqat.

Napwala

Hak napwalaninik hak nawus hiita naamewangwu. Hakim hiita yungninik hakim ep naanapwalangwu. Ephaqam hakim nanal taalat aqw naanapwalakyangw pu' ephaqam pay hakim panis

the *paaho* is intended are elated upon receiving it. A *paaho* carries with it a person's most intense wishes and prayers. A medicine man who has treated you takes what ails you along with a *paaho* and goes to deposit it. In fact, there is nothing that the Hopi does not make a *paaho* for. He makes it for the sun, the moon, deities who exist unseen, and all the other beings that he relies upon for his existence.

Public Announcement

In the past when a Hopi wished to inform his fellow villagers of certain things, he would petition someone to make a public an-nouncement on his behalf. At other times, a formal announce-ment could be made by the *tsa'akmongwi* or official village crier. To broadcast his message the crier always climbed on a rooftop. The opening formula of his announcement usually sounded as follows: "Those of you people out there heed my words." The conclusion was equally formalized: "This is the announcement I was instructed to make known to you. That's about it." Whenever the crier shouted out his announcement he typically drew out the last word of each sentence.

Rain

The Hopi are forever praying for rain. By drinking the moisture of rain-bearing clouds their plants will grow. With the resulting crops the Hopi sustain themselves. Whenever a serious ceremony is conducted, longing for rain is always on the mind of the participants. Also, whenever the kachinas are about to return home, prayers for rain are uttered so that they may carry these petitions with them.

Ritual Purification

When a Hopi intends to undergo a purification rite he must ab-stain from certain things. Each time people are to participate in an esoteric ceremony, they subject themselves to this cleansing

naalös taalat ang naanapwalangwu. Pu' hakim naanapwale' hakim ephaqam hiita qa suhut pu' piw qa sikwit noonovangwu. Pu' hak piw it natkot qa tumalay'tangwu.

(No Equivalent Hopi Terms)

Hopi pay it hiita natkolawniqey puuvut hiita pay qa aw hin wuuwantangwuniiqe oovi pay naap timuy amuqlap puuvut hiita yu'a'atangwu. Pu' piw hiita pay as pi tuyoy'ewakw hintingwu, niikyangw pam pay itamumi qa himu. Noq oovi ephaqam tuuwutsit ep himuwa pay pas sonqa sisiwkuktongwu pu' piw siisitongwu. Pu' piw hiituwat naatsoptangwu. Noq i' himu tuuwutsi pantaqa yaw mumuspiy'taqa tuuwutsiningwu. Pu' pay himuwa aw pay pas hoyoknanik pam ephaqam pay kunatwiy'te' aw hin yukuqw hakim ephaqam put aw tsutsuyngwu.

Pu' piw yep kiisonve ima tsutskut qa haamanyat put pan-'ewakw hiita hintsatskyaqw antsa hakim amumi tsutsuyngwu. Ephaqam puma piptuqwuutit tsopyangwu. Pu' ephaqam pay hiita tuyoy'ewakw noonovangwu sen sisikuyi'ewakw hikwyangwu.

Kolitsiyaw

Kolitsiyaw pi pay yangqe hopiikivaqe nuutum waynumngwu. Pay pam qa pas wuuyoqaniqw oovi himu put yuuyuynanik sen niinaninikt pay as sonqa panti. Niikyangw himuwa put kur aw hintsakqw pam itsivute' pam tuwat hakiy aw sisiwkukngwu. Pu' pam a'ni hovaqtuqat hakiy aw sisiwkukngwuniqw oovi hak put qa yuuyuynangwu. Pu' i' himu sen pooko'eway ephaqam put aw hintsakqw pam put aw sisiwkuqw put sisikuyi'at put pookot aapa peep qa hovaviwngwu. Noq pahankwa pangqawniniqw pam hakiy aw hovalangwuy pavoyangwu. I' kolitsiyaw imuy kiyavaq-vituyniqw pöötsa.

Noq pu' ima katsinam qötsatotsiy'yungqam peetu piw put puukyayat akw pangqe tootsiy angqe akw somiy'yungngwu. Noq pam pi piw qöötsat hoveeloy'tangwuniqw oovi pam suusunasava pankyangw pu' qömvit akw nan'ikyaqe uutsiwtangwu. Niiqe oovi

process. At times the cleansing lasts eight days, at other times only four. Neither salt nor meat may be consumed, and, in addition, abstention from any sexual activity is required.

Scatological and Erotic References

The Hopi does not think twice about referring to sex and related subjects, and he will openly talk of these things in the presence of his children. He will also do many things that may be considered repulsive in the eyes of a cultural outsider, but these things are not so to him. Thus, characters in a story will urinate or defecate and engage in sexual activities. Tales with erotic references are termed *mumuspiy'taqa*, i.e., "stories containing arousing material." If a narrator is somewhat of a comic, he will embellish his tale along these lines to amuse his audience.

In the plaza, too, the clowns do things of the above-mentioned nature without embarrassment, and people laugh at them. Sometimes the clowns will engage in mock sexual activities with a Piptuqa Woman and at other times they will eat filth or drink urine.

Skunk

The skunk is one of the creatures native to the Hopi country. It is not very large in size, so other animals could probably harm it or even kill it, should they wish. However, if a skunk is angered, it "urinates" on the offender. It urinates such a repugnant odor at him that it is usually left alone. Sometimes a dog will annoy a skunk and will thereby receive a dose of its urine, whose strong scent is difficult to get rid of. According to the white man, a skunk "sprays" its scent. To people of the First and Second Mesa villages the animal is known by the name *pöötsa*, not *kolitsiyaw*.

Some of the kachinas who wear white moccasins adorn them with the pelt of the skunk. A skunk-skin ankle band is bordered by black markings with a white stripe running down the center. This looks quite handsome and goes rather well with the white

pay piw pas soniwngwu. Qötsatotsiy'taqat su'aapeningwu. Noq pu' ima tsuutsu't piw put puukyayat enang na'tsiy'yungngwu yungyiwte'.

Songoopavi

Songoopavi pay orayviy aatatkyahaqam. Noq peetuy navoti-'amniqw pep yaw i' hopi susmooti kitsokta. Niikyangw pay qa pep oove, pay puma aapiy wuuyavotiqw pu' pangso yayva. Noq pu' piw peetu navotiy'yungqw yaw puma hakim pep naatupkom, i' kikmongwiniqw pu' put tupko'at matsito yan maatsiwqa, hiita ep pay neepewtiqw pu' pam tupko'atwat oraymiqniiqe pu' pangsoq tuwat peetuy sinmuy tsamkyangw pu' qatuptu. Noq pay hintaqat akw pi puma songoopavitniqw pu' orayvit qa sun tuuqayyungwa naamahin as puma sun hopiitniikyaakyangw.

Taatawi

Hopi hiita hintsakninik pam hisat taawit akw enang hiita hintsakngwu. Meh, taaqa hisat pasminen tawkyangwningwu. Pam yaw uuyiy navotnaniqe oovi tawkyangw pangso pitu-tongwu, aasavo yaw puma havivokyalniqat oovi. Pu' pam pang waynumkyangw piw tawnumngwu.

Noq pu' wuuti, maana piw ngumante' pam taawit akw enang ngumantangwu. Pam ngumantawiningwu. Taawit akw yaw put tumala'at pay qa pas maqsoniningwuniqw oovi pam tuwat taw-kyangw ngumantangwu. Noq pu' wuuti piw tiy puupuwvitsne' pam piw put aw puwvitstawit tawlawngwu. Noq pu' hakim tsaatsayomnen hakim hohonaqye' hakim piw naat pay taawit akw enang hohonaqyangwu. Pu' piw hakim momoryaqw pep pu' piw naat suukya taawiningwu. Pu' hikis piw nukpana it hiita tuskyaptawit piw maskyay'ta. Putakw pam yaw hakiy warikna-ngwu hakiy aw tunglay'te'.

Pu' soosoy himu wiimi taawitsa akw pasiwta. Noq pu' ima wuwtsimt, mamrawt, katsinam, tsetslet, tsutskut, ii'ima soo-soyam nanap taawiy'yungwa. Pu' i' piw tsu'tawiniqw pu' len-tawiniqw pu' kwantawi. Noq pu' sosotukyaqam piw pas naap

moccasins. Members of the Snake society employ the skunk pelt as part of their ceremonial standard.

Songoopavi (Second Mesa village)

Songoopavi lies approximately southeast of Orayvi. According to the traditions of some, the Hopi established their first settlement there. However, they did not settle on top of the mesa then but migrated there much later. Tradition also has it that two broth-ers, the *kikmongwi* and his younger brother Matsito, had differ-ences of opinion which resulted in the latter's moving to Orayvi. He took some people along and founded Orayvi. For some un-known reason the people of Songoopavi and the people of Orayvi do not speak the same dialect, even though they are all Hopi.

Songs

In the past, when a Hopi engaged in some activity, he usually did so to the accompaniment of a song. For example, long ago a man would go to the fields singing. The reason for the singing was to alert the crops of his approach. He wanted them fully awake be-fore his arrival. And, as he walked about his plants, he also sang.

Likewise, when a woman or a young girl ground corn, she did it to a song—a grinding song. With the accompaniment of a song her work was not so tedious. Whenever a woman put her child to sleep she sang it a lullaby. When we were playing as children, we did so while chanting various songs. And when we swam, there was still another song. Even an evil person had a song at hand, a song that made you go crazy. With it he caused a person to go wild when he desired that person sexually.

All rituals are complete only with song. Thus, the members of the Wuwtsim and Maraw societies, the kachinas, the social dan-cers, and even the clowns, all have their individual songs. There are also Snake dance songs, Flute ceremonial songs, and the

taatawiy'yungwa. Puma pantsatskyaqam put tawkyaakyangw nanavö'yangwu. Pu' momoyam piw yungyaplalwe' puma ephaqam pay it owaqöltatawit tawkyaakyangw pantsatskyangwu.

Noq pu' paasat i' tuutuwutsi as hisat pay sumataq pas sonqa taawiy'tangwu. Niikyangw peehu pay pu' suutokiwa. Pu' hopi yaw pay yaapaniiqe oovi qa suukw hiituy lavayiyamuy ang enang yeewatima. Niiqe oovi ephaqam himuwa taawi si'olalvayngwu, pu' piw tasaplalvayngwu. Pu' pay aapiy piw himusinmuy lavayi'am hiita taawit pay pas son ep qa pakiwtangwu. Pu' pay peehu taatawi pay pas hisattatawiniqw oovi pay peehu kur hiita lalvayya.

Noq iisaw hiita tuuwutsit ep tawme' pam pas sonqa wukotawmangwu. Qa hisat pay pam tsaakw ang tawma, pavan pam umukniy'tangwu.

Powaqa

I' powaqa pi pay songyawnen nukpananingwuniqw oovi itam hopiit as pumuy qa awiniy'kyaakyangw pewwat atkyangaqw nöngakniniqw pay puma hin pi nanaptaqe oovi pew antsa itamum nönga. Noq pay puma haqam yaw palangwuy epeq tuwat tsovaltingwuqat pay yan lavayta. Pu' pay hin pi puma tuwat sinot naanami tuuwiklalwa. Pu' pay puma qa naap yep yeese. Puma yaw naap sinomuy qatsiyamuy akw yaaptotingwu. Pu' pam yaw hakiy akw yaaptinik pam yaw hiita patukyat akw hakiy unangwhoroknangwu. Pu' pay puma tuwat mihikqwsa put hiita tuwiy hintsatskyangwu. Pu' pay puma piw yaw imuy hiituy popkotuy akw enang yakta.

Noq pu' piw himuwa haqam pay as naap maqsoniy akw hiita haqamniqw pay himuwa qa naane' hakiy aw qa kwangwatayte' pam hakiy a'ni powaqsasvingwu. Noq himuwa pam himunen son put nakwhangwu. Pu' yaw hak put panhaqam hintsakqat nu'ansanqw pam yaw hakiy hiita nukngwat akw uunatoynaniqey antingwu, it hiita himuy'tiwngwuqat sen tokoy, hak yaw put qa lalvayniqat oovi.

Kwan songs. People who played the guessing game *sosotukpi* also had songs of their own. Players sang as they competed against one another. At times when women are weaving wicker plaques, they weave while singing the Owaqöl or Basket dance songs.

Finally, it seems that folktales generally include songs, but some of them have been forgotten. The Hopi is said to be a mockingbird. That is why he composes songs using the languages of many other people. Thus, a particular song might be in the Zuni language, another in Navajo. As a matter of fact, Hopi songs generally include the words of other cultures. Some are so ancient that the meaning of the words is completely obscure.

When Coyote sings within a story, he always does so in a very deep voice. He never sings in a high-pitched tone. If anything, he bellows the song.

Sorcerer/Sorceress

A sorcerer is the equivalent of an evildoer. For this reason we, the Hopi, did not inform the sorcerers that we wanted to ascend to this upper world. Somehow, however, the sorcerers found out about it and made the emergence with us. They are reputed to congregate at a place called Palangwu. How they convert people into their ranks is not known. Sorcerers and witches do not live on their own. They increase their life spans at the expense of their relatives. Whenever one of them seeks to extend his life, he extracts a relative's heart with a spindle. All witchcraft activities are carried out only at night. Sorcerers are also said to go about disguised as animals.

Sometimes when a Hopi acquires something through his own hard work another person, who is envious and looks upon the former with disfavor, will label him a witch. If he is one he will never admit it, of course. A witch who is caught red-handed performing acts of witchcraft will try to entice the person who finds him or her to accept some valuable object, such as a possession (in the case of a sorcerer) or even her own body (in the case of a sorceress). This is to keep the person from revealing the witch's identity.

Paahu

Hisat hopi naat angqaqw haqaqw hoytaqe pam it hiita kuywi-korot enang yanma. Niiqe pu' pam haqam huruutininik pam pep put tutskwave amqw pu' pam paahu pep yamakqw pangqw pu' puma hiihikwyangwu. Noq pu' puma yukyiq hopiikimiq ökiiqe pu' puma yang pay haqam i' paahu nööngantaqw pang puma pay put ahaykye' yesva. Niiqe pu' puma yang it haqe' paahuniqw puma pang put tuwiy'vayaqe pu' put nanap tungwaatota. Pu' himuwa piw haqam paahut naat pu' yamakqat tuwe' pam put naatoylay aw tungwangwu.

Noq pu' yang it paavahut ang haaqe' piw ima katsinam kiy'yu-ngwa. Niiqe oovi ima hopiit pangso enang hom'o'oyya, it yooya-ngwuy oovi. Noq pu' i' paahu it hopit aw pas himuniqw oovi puma hisat piw aasakis yaasangwvaqw puma pangqw paytsina-yangwu.

Noq pu' pep piw i' paalölöqangw yaw qatungwuniqw oovi hakimuy tsaatsakwmuyniqw ima wuuwuyoqam hakimuy amumi pangqaqwangwu. Yaw hak qa pangqe paavaqe hintsakinumngu. Pu' pam yaw piw suutawanasave pepeq yamakngwu. Pu' piw yaw hak haqaqw paangqaw hikwninik hak yaw pangqw piw qa motolhikwngwu. Hak yaw hiita akw kuyt pu' pangqw hikw-ngwu. Pu' hak ngasta kuyapiy'te' hak yaw pay may akw pangqw kuyt pu' hikwngwu. Pu' i' piw suukyawa maqastutavo, hak yaw qa paahut aqlap piw naatsoptangwu. Hakiy yaw pantiqw yaw pam maana paalölöqangwuy engem nö'yiltingwu.

Taawa'ikwilni

I' mosayurmana tuwat it taawa'ikwilnit iikwiwkyangw wunima-ngwu. Noq put taawa'ikwilnit sunasaveq it taawat taywa'at pey'kyangw pu' paasat angqw naanan'i'voq pam it kwasrut akw angqe ngöyakiwtangwu. Pam put oomi hölölaqw pu' pam taawa oova yanmangwu. Pu' i' palahömi put kwasrut eetsetsep angqw haayiwyungngwuniqw pam put taawat taalawngwayat tu'awiy'ta. Pu' ima leelent piw put taawa'ikwilnit yuwsiy'yungngwu.

Spring

Ages ago, when the Hopi were still on their migratory route, it was customary for them to take a water vessel along. Each time they intended to settle at a site, they buried the vessel in the ground, whereupon a spring emerged, affording them a source of water supply. When they finally arrived at Hopi country, they established settlements at places situated close by springs. As soon as they became familiar with the springs in the area they gave them names. Thus, the discoverer of a newly emerged spring would name it according to his clan totem.

Some springs are inhabited by kachinas, so the Hopi go to these sites to deposit prayer feathers to ask for rain. Obviously, water is most precious to the Hopi. For this reason they conduct communal spring-cleaning parties which take place every year.

The elders also remind children that Paalölöqangw, the Water serpent, inhabits every spring and that one should therefore not play around these locations. The serpent is said to make his appearance there exactly at noon. When someone wants to drink from a spring, he should not do so by bending over it. Instead, one should ladle the water out. If a ladle is lacking, the cupped hands should be used to take a drink. A third taboo relating to pools of water forbids sexual intercourse in or near the water. A consequence of breaking it is that the girl will be impregnated by the Serpent.

Sun Shield

The Buffalo girl customarily wears a sun shield on her back while dancing. The center of this shield depicts the face of the sun, as conceived by the Hopi. Its periphery is ringed by eagle feathers radiating in all directions. The feathers lift the real sun up so that it can traverse the sky. In the spaces between the feathers hang tufts of red horse hair to symbolize the sun's rays. Members of the Flute society also adorn their backs with sun shields.

Supawlavi

Supawlavit pi pay yangqw songoopangaqw pangso kwiipilti. Yaw hisat yep songoopavi sulawtiqw puma yaw put hiita wiimiyat aapiytotani. Niikyangw pay naat songoopavi qa haqaminiqw pay ima supawlavit pu' pew songoopami hiihiita wiimit tuwitawisngwu, wuwtsimuy, marawuy. Pu' puma tsuutsu't oovi pongyay pep oyiy'yungwa.

Tangu'viki

Tangu'viki pay piw it sakwapngumnit angqw paqwri'iwkyangw pu' piw pay as it somivikit an angvut ang mookiwkyangw pam pay qa haqe' somiwtangwu. Pu' pam pay oovi panis angvut akw mookiwtaqw pu' put kwalaknayaqw pu' pam kwasingwu. Noq pam pi hisat son hiita akw qa tangu'iwkyangw kwalakiwmangwuniiqe oovi pan tuwat maatsiwa.

Totokya

I' totokya pay suukw taalat akw it tiikivet angk qa pitsiwtangwu. Noq ephaqam himu hintsakninik pam pay ephaqam totokpeningwu. Meh, it angklalwaqat ep totokpe mihikqw ima katsinam yungyiwmangwu. Pu' kur himu taala' pas tiikive hintsakniniqw paasat pu' hakim totokpe mihikqw put hiita engem toktay'yungngwu. Noq pu' hak piw hiita haqami tokilte' pu' hak put angk pituqw pam ep mihikqw piw hakiy songyawnen totokya-'atningwu.

Koyongo

Peetuy navoti'amniqw yaw ima sinom palatkwapiy epehaq pay naap qa antipuy akw paatsikya. Niiqe yaw puma pepeq imuy wuuwukmuy pay maatatveqw puma yaw qa so'niqe pu' yaw puma oovi kokoyongktniwti. Pay son pi qa hakiy a'ni hiita pa'angwniyat, nu'okwayat akwa'. Niiqe pu' yaw puma haqe' pas oovaqe leetsiwtaqw yaw pumuy amumiq i' paahu pituqw pay

Supawlavi (Second Mesa village)

The village of Supawlavi is an offshoot of Songoopavi. It is said that, if ever Songoopavi becomes extinct, the people of Supawlavi are to carry on its ceremonies. But as Songoopavi still exists, the inhabitants of Supawlavi go there to be initiated into the necessary societies, such as the Wuwtsim and the Maraw. Consequently, the altar pieces of the Snake society are also kept at Songoopavi.

Tangu'viki (Hopi dish)

The batter of *tangu'viki* is made from blue corn flour wrapped in cornhusks just as *somiviki*; however, it is not fastened anywhere. Consequently, it is boiled until fully cooked, wrapped only in cornhusks. Long ago, *tangu'viki* must have been weighted down by some object while being boiled, which obviously gave rise to its name.

Totokya (ceremonial day designation)

The ceremonial day termed *totokya* occurs on the day before *tiikive*, the day of the public dance performance. Occasionally, a particular ceremonial event actually takes place on *totokya*. For example, during the post-Powamuy season of kiva night dances, the kachinas stage their dances on *totokya*, that is, the eve of *tiikive*. In the event of a day dance in summer, those involved keep an all night vigil on *totokya*. Also when a person elects to undertake a certain activity at a particular time, the preceding day is spoken of as if it were his *totokya*.

Turkey

One Hopi myth tells of the people of the legendary city of Palatkwapi and how, owing to their wrongful ways, they brought a flood upon themselves. Fleeing, they abandoned their elders who, not wishing to perish, transformed themselves into turkeys, probably with the assistance and benevolence of some superhuman being. Perched on a high ledge only their tails be-

pumuy suru'amsa aqw morokiwta. Pu' pam paahu pi qöötöy'-
tangwuniqw oovi pumuy suruyamuy qalavaqe pam qöötsa-
ningwu. Pam yaw put paahut qöötöyat tu'awiy'ta.

Yöngösona

It yöngösonat hopi lööqmuy tuwiy'ta. Suukya paangaqw kiy'-
taqw pu' mi'wa pay tutskwava waynumngwu. Niikyangw i' tuts-
kwavaniiqa pay qa yangqe hopiikivaqe waynuma. Pam pay pas
yaakye' imuy yavaqkooninmuy kiiyamuy pas yuukyaqe haqe'
tuwat waynumngwu.
   Noq ima katsinam peep soosoyam put yöngösonat putngaqw-
wat hokyaasomyungngwu. Pu' kiyavaqkiva ima tsuutsu't piw put
pay pangqwwat piw hokyaasomyungngwu. Noq pu' i' aalay'taqa
pam pu' put pas sulövaqw hokyaasomtangwu. Pu' put yöngö-
sonat aw i' tana wiwyungngwu. Niiqe himuwa oovi put hokyaa-
somkyangw potsatsataqw pam qalalatangwu. Pu' ephaqam
himuwa pas a'ni tönay'tangwu. Noq pam yaw it tsöptanat akw
pas a'ni tönay'tangwu. Noq pu' pay pam pi haqniqw oovi himuwa
pay kaneelot tanayat aw somtangwu. Noq i' katsina pay qa hisat
pey'taqat yöngösonta. Pu' hiitawat tiyooyat kur put yöngö-
sonhoyat ima katsinam engem kwusivayaniqw pamwa paasat
pey'tangwu, pay naap hinwat.

Poksö

I' hisatki pay pas sutsep haqaqw poksöy'tangwu. Noq hisat pi pay
hopiiki qa panaptsay'tangwuniqw oovi pam kiikihu panyung-
ngwu. Pu' taala' utuhu'niqw pangqw i' kosngwaw papkiqw pep
kiihut aasonve qa pas utuhu'tingwu. Noq pu' haqam himuwa
ngumantaqw pep piw pay pas hisat sonqa poksöy'tangwuniqw
pangqw i' tiyo mantuway aw yu'a'ataqw pam pep ngumantangwu.

Walpi

Walpi pay pas hisatkitsoki. Pay puma walpit son oovi qa imuy
orayvituy pu' piw imuy songoopavituy amuusaqhaqam pepeq
tuwat yesvakyangw haqaqw pi puma tuwat pangsoq öki. Noq

---

came submerged when the waters rose up. Because of the water's
foam, the tips of the turkey's tail feathers are white now. The
white still symbolizes the froth.

Turtle

The Hopi is familiar with two kinds of turtles. One dwells in the
water; in contrast, the other inhabits the land. However, the lat-
ter does not roam the Hopi country. Its habitat is far beyond the
land of the Walapai.

   Nearly all Hopi kachinas carry a turtle-shell rattle tied to the
right leg. In the villages beyond the Third Mesa area the mem-
bers of the Snake society actually wear turtle-shell rattles on
both legs. A member of the Al or One Horn society does likewise.
Attached to this turtle shell are animal hoofs. These produce a
clacking sound when the person wearing one stomps his foot.
Some rattles resonate loudly, especially those using deer hoofs,
but since they are hard to come by, sheep hoofs are generally sub-
stituted. Kachinas never wear painted turtle shells, by the way.
Only if the kachinas are to bring a turtle shell rattle as a gift for a
young boy will it be decorated with paint in some fashion.

Vent Hole

The ancient dwellings were never without vent holes. Because
the Hopi did not have windows in those days, vent holes were
there for the same purpose. In summer, when the weather was
hot, it was through this opening that a cool breeze entered the
house. Then it was not so hot in the interior. The room where a
person ground corn was always equipped with this opening.
Through it a suitor talked to his girl friend while courting her.

Walpi (First Mesa village)

Walpi is an old village. The people of Walpi may have settled at
this location at about the same time as the people of Orayvi and
Songoopavi. However, it is uncertain where they came from. Just

pay puma piw imuy songoopavituy amun as atkya yesngwuniqw pu' pay i' himu tuwqa pas peqw hopiikimiq kikiipoklawqw pu' pay puma haqam kitsoktotaqey put aa'omi yayvaqe pu' pepwat pay ngas'ewya. Noq pu' walpiy angqw hoopowat puma peetu naakwiipayat pu' pep piw it sukwat kitsoktotaqw pamwa pep sitsom'ovi yan natngwaniy'ta. Pu' pepeq sushopaq it waalay'taqat aatavang piw ima hopaqkingaqwyaqam piw hisat peqw ökiiqe pu' pepeq yesva. Pay pam navoti qa sunta. Noq pepeq put kitsokit i' hopi hanoki yan tuwiy'ta.

Qötsaqaasi

Hopitaqatniqw i' wuutiniqw pu' piw maana tuwat qötsaqaasiy'te' nukngwaningwu. Noq oovi taataqt, tootim sen hiitawat aw pan navotiy'yungwe' put pan yu'a'atotangwu. Niikyangw pu' pay piw it qötsatotkoy'taqat, sikyavut, i' hopitaqa tuwat pas naayongniy'tangwu.

Yap pahaha

Hak hakiy naa'unay'taqat tsaawinanik hak hakiy aw pangqawngwu, "Yap pahaha." Pu' pay hak hiita ep piw tsawne' hak pangqawngwu. Meh, hak hiita tsuu'at'ewakw aw peep wuukukye' pangqawngwu.

like the Songoopavi residents, they used to live below the mesa, but continual raids by enemy groups made them move to a site above the original settlement, where they were better off. In time, some relocated at a place east of Walpi and founded a new village known as Sitsom'ovi. Finally, people from a Rio Grande pueblo arrived and settled at the easternmost end of the mesa, just west of the place called Waala. That village is termed Hanoki by the Hopi.

White Thigh

A woman or girl possessing light-complexioned thighs is sexually most desirable to the Hopi male. When men or boys know of a female with this asset, they spread the word. By the same token, men are attracted to a female who is, overall, lighter-skinned than average. The term for a woman like that is *sikyavu* which, literally translated, means "yellow person."

Yap pahaha

To scare someone who is distracted one simply yells, "*Yap pahaha*." The same exclamation is uttered by a person who is frightened. "*Yap pahaha*" will be screamed, for example, when one narrowly misses stepping on a rattlesnake.

Ekkehart Malotki, born in Germany but now a naturalized citizen of the United States, is a philologist and linguist whose research is devoted to analyzing the Hopi language and salvaging Hopi oral traditions. He received his Ph.D. in linguistics from the University of Münster in 1976 and has taught German, Latin, and Hopi at Northern Arizona University since 1977. Among his published works is a monograph on Hopi temporal expressions in which he refutes B. L. Whorf's claim that Hopi is a "timeless language."

Michael Lomatuway'ma, a Third Mesa Hopi from the village of Hotevilla, has been employed as library assistant at Northern Arizona University since 1983. In addition to having shared a close working relationship with the author and having co-authored *Hopi Coyote Tales / Istutuwutsi*, he has assisted several other investigators of Hopi culture and has provided consulting services to such institutions as the Museum of Northern Arizona and the Heard Museum.

Anne-Marie Malotki, a native of the French-speaking part of Switzerland, gained her design experience while working with architects in Switzerland and Germany. She has illustrated two previous books compiled by Ekkehart Malotki, *Hopitutuwutsi / Hopi Tales* and *Hopi Coyote Tales / Istutuwutsi*.

Designed by Linnea Gentry Sheehan
Composed by G & S Typesetters
Printed by Thomson-Shore, Inc.
Bound by John H. Dekker & Sons